Heike Beardsley & Ulrike Vögl
Keltensonne

Heike Beardsley & Ulrike Vögl

Keltensonne

Historischer Roman

PIPER

Mehr über unsere Autoren und Bücher:
www.piper.de

Wenn Ihnen dieser historische Roman gefallen hat, schreiben Sie uns unter Nennung des Titels »Keltensonne« an empfehlungen@piper.de, und wir empfehlen Ihnen gerne vergleichbare Bücher.

© Piper Verlag GmbH, Georgenstraße 4, 80799 München
www.piper.de
Für direkten Kontakt und Fragen zum Produkt wenden Sie sich bitte an: *info@piper.de*

ISBN 978-3-492-50325-9
© 2020 Piper Verlag GmbH, München
Redaktion: Sandra Lode
Covergestaltung: FAVORITBUERO, München
Covermotiv: Bilder unter Lizenzierung von Shutterstock.com genutzt

*Und die ganze Welt verändert sich,
wenn nur einer fehlt.*

(unbekannter Autor)

Wir widmen dieses Buch
unserem lieben Papa Walter Braunmiller.

teil 1

1. Begegnungen

Keltisches Oppidum auf dem Donnersberg, 100 v. Chr.

Die kleine, grob gezimmerte Holzbank, auf der Rowan im Schatten der großen Buche am Rande des Dorfplatzes saß, war schon seit jeher einer ihrer Lieblingsplätze gewesen. Von dort aus konnte sie nicht nur das weite Tal betrachten, das sich unterhalb der keltischen Siedlung erstreckte, sondern auch das bunte Treiben an den Marktständen ungestört beobachten.

Der Markt, der sich in der Mitte der Ansiedlung befand und um den sich die bescheidenen Katen der Bewohner drängten, war stetig gewachsen. Vor allem in letzter Zeit schienen immer mehr Händler ihren Weg auf den Donnersberg zu finden. Dies verwunderte Rowan ein wenig, waren doch laut ihrem Vater viele Halunken in der weitläufigen, hügeligen Landschaft rund um das Dorf unterwegs. Nicht nur Krieger aus anderen keltischen Stämmen stellten eine Gefahr für Leib und Leben dar, sondern auch einzelne Römerpatrouillen wurden neuerdings immer häufiger in der Gegend gesehen.

Rowans Blick glitt wieder über das Markttreiben. Alle möglichen Dinge wurden zum Verkauf angeboten. Bauern priesen ihr Gemüse an, wobei es sich in dieser beginnenden Frühlingszeit vornehmlich um Winterzwiebeln und Steckrüben aus dem Vorjahr handelte. Waffenhändler boten nebst den üblichen Langspeeren auch geschmiedete Kurzschwerter an, wie sie vor allem die angesehenen Krieger und Söhne aus höherem Haus an ihrer Seite trugen. Zwei Schmuckhändler priesen filigran gefertigte Arm- und Halsbänder aus Silber und anderen edlen Metallen an, sowie hübsche Fibeln, mit denen die Menschen ihre Umhänge schließen konnten.

Rowan seufzte und betastete die schlichte, aus Rinderhorn gefertigte Fibel, die ihren wollenen Umhang am Hals zusammenhielt. Das ehemals raue Material war vom vielen Gebrauch glatt geworden, und Rowans schlanke Finger fuhren über die abgerundeten Stellen.

Ihr Vater Alan war Bauer, so wuchs sie in einfachen Verhältnissen auf. Daher konnte sie die hübschen Dinge, die auf dem Markt angeboten wurden, nur bewundern. Bauern verdienten sehr wenig, meist reichte das Erwirtschaftete gerade aus, um die eigene Familie zu ernähren. Krieger dagegen brachten oft Beute von ihren Kriegszügen mit nach Hause, sodass sie weitaus bessergestellt waren.

Das Kriegshandwerk wurde in Rowans Dorf als ehrenvoll betrachtet, immerhin schützten die Männer die kleine Siedlung vor Angreifern. Die Familien der Krieger wurden mit Ehrerbietung behandelt, und man sah sie oft auf dem Markt, wo sie sich die schönsten Schmuckstücke leisten konnten. Aber in der ewigen Gefahr zu leben, dass der Vater bei einem Kampf verletzt oder gar getötet werden könnte, mochte sich Rowan nicht vorzustellen. Obwohl sie mit ihren fünfzehn Jahren durchaus Gefallen an Schmuck fand, verzichtete sie lieber auf goldene Armreife und Fibeln und schloss dafür ihren geliebten Vater jeden Abend gesund in die Arme.

Zärtlich berührten ihre Finger abermals die raue Spange.

Ihr Vater hatte ihr diese selbst geschnitzt und Rowan trug sie sehr gerne.

Alan war ein fleißiger Mann und arbeitete von Sonnenaufgang bis Sonnenuntergang. Immerhin konnte er mehrere Felder am Fuße des mächtigen Donnersberges sein Eigen nennen, weshalb seine Familie in strengen Wintern auch keinen Hunger leiden musste, wie so manch andere Bauernfamilie.

Rowan lächelte liebevoll, als sie an ihren Vater dachte. Mit ihm hatte sie sich immer besonders gut verstanden. Sie erinnerte sich noch, wie er sie, als sie klein war, abends nach getaner Arbeit auf seinen Schoß gehoben und geherzt hatte. Wie früher erzählte er ihr auch heute noch gerne lustige und spannende Geschichten aus der schottischen Heimat seiner Vorfahren. Er hatte sie währenddessen oft mit Apfelschnitzen gefüttert. Die hatte er mit seinem Messer von einem Apfel abgeschnitten, den er auf dem Weg zurück vom Feld von einem Baum gepflückt oder aus dem Vorratskeller stibitzt hatte. Sehr zum Missfallen seiner Frau, die ihm seit jeher vorwarf, das Kind zu sehr zu verhätscheln.

Rowan atmete tief ein und vermeinte, den vertrauten, herben Geruch ihres Vaters wahrzunehmen und das leicht kratzige, wollene Tuch seiner Tunika an ihrer Wange zu spüren. Ein warmes Gefühl breitete sich in ihr aus. Warum nur konnte ihre Mutter nicht so herzlich wie ihr Vater sein? Ihr Gesichtsausdruck verdüsterte sich bei diesem Gedanken.

Oft genug hatte sie sich die Geschichte ihrer unglückseligen Geburt anhören müssen. Gerda wäre bei Rowans Geburt beinahe verblutet, und nur den geschickten Händen der Kräuterfrau Alenja, die den Frauen des Dorfes bei Geburten beistand, war es zu verdanken gewesen, dass sie die Geburt ihres zweiten Kindes überlebt hatte. Rowan wusste, dass sich ihre Mutter sehnlichst einen Stammhalter gewünscht hatte. Gerda war die ganze Schwangerschaft hindurch davon überzeugt gewesen, dass sie nach ihrer ersten Tochter Berit endlich den ersehnten Sohn erwartete. Immerhin hatte sie deswegen beinahe täglich zwei lange Jahre im Tempel geopfert und fleißig gebetet. Dass die Geburt dann unerwartet schwer gewesen war, hätte sie für einen Sohn in Kauf genommen. Als ihr aber Alenja nach tagelangen Qualen ein blau angelaufenes, rothaariges, blutverschmiertes, kleines Mädchen in die Arme legen wollte, hätte ihr Entsetzen nicht größer sein können. Deshalb weigerte sie sich, das hässliche Ding in die Arme zu nehmen oder ihm die Brust zu geben.

Alan flehte seine Frau verzweifelt an, sich des hilflosen Bündels anzunehmen. Allerdings umsonst. So war ihm nichts anderes übrig geblieben, als eine Amme für das Baby zu suchen. Zum Glück wusste Alenja Rat, da eine Dorfbewohnerin kurz zuvor ebenfalls mit ihrer Hilfe einem Buben das Leben geschenkt und Milch im Überfluss hatte. So war Rowan schließlich zu Venia gebracht worden, die sich gegen ein Entgelt gerne des Mädchens annahm. Fast ein ganzes Jahr lang hatte Rowan in der Hütte ihrer Amme gelebt, die direkt neben ihrem Elternhaus lag. Sie war zusammen mit ihrem Milchbruder Johs gestillt worden und hatte seither eine sehr enge Bindung zu ihm.

In Gedanken versunken bewegten sich Rowans Hände wieder in Richtung des Korbes, den sie auf dem Schoß hielt, und sie rollte geschickt einen der langen, weichen Wollfäden zu einer festen Kugel auf. Ihre Mutter hatte ihr einen ganzen Korb voll frisch gesponnener Wollfäden mitgegeben und ihr den Auftrag erteilt, diese sorgfältig aufzurollen.

Gewiss will sie die einem Wollhändler verkaufen, um das magere Familieneinkommen aufzubessern, ging es Rowan durch den Kopf.

Es war viel Arbeit gewesen, die Wolle von den wenigen Schafen, die der Familie gehörten, zu erhalten. Die Tiere mussten vor der eigentlichen Schur das ganze Jahr über gefüttert und bestallt werden. Es war eine von Rowans Aufgaben, jeden Morgen in dem einfachen Verschlag hinter der elterlichen Kate nach ihnen zu sehen und mit der grobzinkigen Heugabel Futter in den tönernen Trog zu wuchten. Danach musste sie ausmisten und die Tiere tränken. Anschließend molk sie die einzige Kuh, die ihr Vater besaß. Wenn sie sich dann selbst am Brunnen gesäubert hatte, ging sie üblicherweise bei Sonnenaufgang zurück in die kleine Wohnstube, in der sie mit ihrer Mutter und ihrem Vater lebte und die die einzige Kammer der Kate darstellte. Ihre Mutter war dann meist bereits mit dem Zubereiten des einfachen Morgenmahls, einem Frühstücksbrei aus Haferkleie, beschäftigt, und Rowan beeilte sich, ihr dabei zu helfen.

Ein kühler Windhauch zerrte an ihrem Haarschleier, und sie ließ kurz von der Arbeit ab, um ihn mit geübten Handbewegungen wieder zu richten. Als sie die vielen Wollfäden in ihrem Korb betrachtete, entfuhr ihr ein leiser Seufzer. Sie wusste, dass sie noch länger mit dieser eintönigen Arbeit beschäftigt sein würde. Im Anschluss musste sie dann ihrer Mutter noch beim Zubereiten des Abendbrotes helfen.

Ein lauter Aufschrei vor einem der Stände ließ Rowan jäh aufblicken. Ein dicker Händler mit feistem, rotem Gesicht hielt einen wild zappelnden Jungen grob am Ohr fest. Sie erkannte Kirran und fragte sich schmunzelnd, was er schon wieder angestellt hatte. Der Bengel schaffte es beinahe täglich, sich in unmögliche Situationen zu bringen.

Sie kannte den jüngeren Bruder ihres Milchbruders Johs gut, schließlich wohnte er mit seinem Vater und den vier Geschwistern immer noch in der benachbarten Kate.

Eine stetig größer werdende Menge von Marktbesuchern drängte sich um den kräftigen Gemüsehändler, der gerade angefangen hatte, wüst auf Kirran einzuschimpfen, und verstellte ihr den Blick. Deutlich hörte sie aber die laute Stimme des Mannes, die über den Marktplatz dröhnte.

»Stibitzen wolltest du, du Lausbub. Das werde ich dir schon austreiben!«

Rowan stieg neugierig auf die Holzbank, um einen besseren Blick auf das Geschehen zu haben. Sie sah, wie Kirran verzweifelt versuchte, sich aus dem eisernen Griff des Mannes zu befreien. Er schien sich damit aber eher noch mehr Schmerzen zuzufügen, wie man aus seinem leidenden Gesichtsausdruck schließen konnte.

Ruckartig wichen die Menschen auseinander und bildeten, wie von unsichtbarer Hand geführt, eine Gasse. Ein Raunen ging durch die Menge. Rowan stand auf Zehenspitzen und schielte nach rechts. Ein riesiger Mann mit einer furchteinflößenden Narbe, die sich quer über die linke Gesichtshälfte zog und auch an der kahl geschorenen Seite des Hinterkopfes deutlich sichtbar hervortrat, bahnte sich einen Weg durch die Menge. Seine muskelbepackten Arme waren unter der grauen, für seinen Stand üblichen derben Alltagstunika, nackt. Die Beine steckten in für die Jahreszeit eigentlich unpassenden, eng anliegenden Hosen, die nur bis kurz übers Knie reichten.

Die Sonnenstrahlen waren schon etwas kräftiger an diesem ersten Frühlingstag, weshalb der Mann wohl auch keinen Umhang trug. Die meisten Menschen ihres Stammes waren bei diesen milden Temperaturen noch in ihre wärmenden Umhänge gehüllt, da der Wind oben auf dem Donnersberg frisch sein konnte.

Mit festen Schritten und zu Fäusten geballten Händen stapfte der Mann auf den dicken Händler zu, dessen Gesichtsausdruck neben Verärgerung auch eine Spur Verunsicherung zeigte. Unruhig blickten seine kleinen Äuglein in die Menge, als erhoffte er sich Beistand.

Der Junge hörte umgehend mit dem Zappeln auf, als er den hünenhaften Mann erblickte, der sich vor dem ungleichen Paar aufbaute.

Rowans Arme überzogen sich mit einer feinen Gänsehaut. Sie hatte Kirrans Vater Morcant, ihren Nachbarn, sofort erkannt.

Morcants Frau Venia, Rowans geliebte Ziehmutter, war vor etwa einem Jahr im Kindbett verstorben und hatte das Mädchen, das sie in sich trug und sich sehnlichst gewünscht hatte, mit in den Tod genommen.

Von diesem Tag an war Morcant noch wortkarger und mürrischer geworden. Einst war er als gefürchteter Krieger mit dem Stammeshäuptling gegen aufständische Stämme gezogen und hatte so manche Narbe bei den blutigen Kämpfen davongetragen. Man erzählte sich in der Siedlung, dass Morcant eigenhändig ein halbes Dorf brutal erschlagen und dabei auch vor Frauen und Kleinkindern nicht Halt gemacht hatte. Vor allem die Kinder liebten solche Schauergeschichten und erzählten sie gerne weiter. Manch ein Junge wünschte sich insgeheim wohl, auch einmal ein so großer, stattlicher Krieger zu werden, wie es Morcant einst gewesen war. Trotz seiner zweiunddreißig Lenze waren dessen Arme immer noch genauso muskelbepackt wie eh und je.

Der Tod seiner Frau hatte Morcant dazu gezwungen, den Speer gegen einen Pflug zu tauschen und sich als Bauer um das Haus und die fünf Kinder zu kümmern. Nur noch selten konnte er an Beutezügen teilnehmen. Dies schmeckte dem Krieger natürlich nicht, deshalb ließ er seine Launen oft an den hilflosen Kindern aus, wie die Schreie aus dem Nachbarhaus, die Rowan häufig vernahm, bezeugten. Ihr bester Freund und Milchbruder Johs war Morcants ältester Sohn und obwohl er nie klagte, wusste sie, dass er es zu Hause nicht leicht hatte.

Als Rowan noch in Morcants Hütte gelebt hatte, war er die meiste Zeit auf Kriegszügen gewesen. Sie konnte sich nicht an ihn erinnern, da sie noch zu jung gewesen war, als ihr Vater sie dann schließlich aus dessen Kate in ihr Elternhaus zurückgeholt hatte.

Während sie älter wurde, spürte Rowan jedoch, dass Venia schreckliche Angst vor ihrem Ehemann empfand. Deshalb hatte sie auch einmal versucht, mit ihr über Morcant zu sprechen, um ihr etwas von der Last abzunehmen. Venia hatte ihre Ziehtochter umarmt, ihr die widerspenstigen, roten Locken aus dem Gesicht gestrichen und geseufzt: »Mach dir keine Sorgen, meine Kleine. Es geschieht alles so, wie die Götter es vorbestimmt haben. Sie haben mir schließlich auch dich gebracht.« Dann hatte sie Rowan ein Stückchen von sich weggeschoben und ihr ernst in die Augen gesehen. »Am Weg der Götter darfst du niemals zweifeln. Vergiss das nicht!«

Erst als sie Rowans zögerliches Nicken bemerkt hatte, ließ sie sie los und drückte ihr einen liebevollen Kuss auf die Stirn.

Die Erinnerung an dieses Gespräch half Rowan durch die harte Zeit der Trauer nach Venias Tod. Haderte sie anfangs noch mit den Schicksalsgöttern, erinnerten sie die Worte ihrer Ziehmutter daran, dass man auf die Götter vertrauen musste. Rowan wünschte sich sehr, dass sich ihre Amme mit ihrem heiß ersehnten Töchterlein nun an einem besseren Ort befand. Insgeheim dachte sie sich, dass wohl jeder Ort besser war, als an der Seite des brutalen Morcant.

Auf dem Marktplatz wurde es schlagartig totenstill, und Rowans Aufmerksamkeit wandte sich wieder den Geschehnissen dort zu.

Morcant blieb kurz vor dem Händler stehen, den er um mindestens zwei Haupteslängen überragte. Er blickte ernst auf seinen Sohn hinab und wandte dann seinen düsteren, durchdringenden Blick langsam dem Händler zu, dessen tief liegende, schwarze Augen unruhig hin und her zuckten und dessen eigentlich rote Gesichtsfarbe stetig blasser wurde.

»Lass ihn sofort los!«, bellte Morcant mit tiefer Stimme, die keinen Widerspruch duldete.

»Aber, aber ...«, stammelte der Mann, doch der düstere Blick, mit dem ihn sein Gegenüber anstarrte, brachte ihn zum Schweigen.

Er lockerte den Griff um Kirrans Ohr, und dieser nutzte die Gelegenheit, um flink hinter seinen Vater zu schlüpfen. Morcant legte den Kopf leicht schief und betrachtete schweigend den schwitzenden Händler, während dieser angespannt von einem Bein aufs andere hüpfte. Rowan grinste, es sah doch zu komisch aus, wie der kleine Händler nervös vor Morcant herumzappelte. Da wandte sich der Hüne endlich um und stampfte zurück durch die Menschenmenge, die sich langsam auflöste. Kurz streifte sein kalter Blick Rowan, die immer noch auf der Bank stand, und das Lächeln gefror ihr auf dem Gesicht. Kirran schlurfte mit hängendem Kopf hinter seinem Vater her.

Oh weh, armer Kirran!, dachte Rowan und ließ sich langsam wieder auf die Bank sinken. Sie konnte sich nur zu gut vorstellen, was dem Jungen blühte, und nahm sich ernsthaft vor, in nächster Zeit besonders nett zu ihm sein. Seufzend widmete sie sich wieder ihrer Tätigkeit. Mit der rechten Hand strich sie eine ihrer widerspenstigen, roten Locken aus dem Gesicht und zog sich ihr langes, schleierartiges Kopftuch tiefer in die Stirn. Es war üblich, dass ältere Mädchen und Frauen Kopftücher trugen und bei der Arbeit sogar hilfreich, um die Haare zu bändigen. Sie versuchte, sich auf ihre Betätigung zu konzentrieren. Ihre Gedanken schweiften immer wieder zurück zu Kirran und seiner Familie.

»Rigani, schütze Kirran vor seinem brutalen Vater!«, flüsterte sie leise.

Sie rief Rigani, die Himmels- und Muttergöttin gerne an, war sie doch neben Belenos, dem Gott der Heilung, ihre Lieblingsgöttin. Wie alle anderen Menschen im Ort verehrte sie die Götter sehr und besuchte häufig das Heiligtum am Ostende der Siedlung. Dort war sie auch in der ersten Zeit nach Venias Tod häufig anzutreffen gewesen. Denn im Tempel fühlte sie sich ihrer Ziehmutter besonders nah und hielt heimlich Zwiesprache mit ihr.

Rowan machte sich gedankenverloren wieder an die von der Mutter aufgetragene Arbeit. Sie fragte sich, was das Schicksal wohl für sie bereithielt. Nicht mehr lange und ihr Vater würde einen Mann für sie bestimmen. Mit ihren fünfzehn Lenzen war sie mehr als alt genug, um in die Ehe gegeben zu werden. Ob wohl bereits Stammeskrieger um ihre Hand bei ihrem Vater angehalten hatten?

Alan würde schon dafür sorgen, dass sie gut versorgt würde, davon war Rowan fest überzeugt. Er hatte sie damals auch gegen den Willen ihrer Mutter wieder in die eigene Hütte zurückgeholt und seiner Frau befohlen, sich um das fast einjährige Kind zu kümmern, wie sie aus Erzählungen wusste. Gerda hatte ihrem Mann zähneknirschend gehorcht, hatte ihr Alan doch offen damit gedroht, sie zu verstoßen, sollte sie sich nicht fügen. Er hoffte wohl die ganze Zeit über, dass sich bei Gerda noch Muttergefühle einstellen würden. Immerhin hatte sie sich auch liebevoll um Berit gekümmert. Als Alenja Gerda jedoch nach Rowans schwerer Geburt eröffnet hatte, dass sie keine Kinder mehr haben würde, war diese sehr verbittert gewesen. Eine Verbannung durch ihren Mann und die Schande, die eine solche über sie bringen würde, wollte sie dennoch nicht riskieren. Somit kümmerte sie sich notgedrungen um Rowan, gab ihr Nahrung und Kleidung, aber keine mütterliche Zuneigung. Rowans drei Jahre ältere Schwester Berit jedoch, die Erstgeborene, die ihrer Mutter mit ihren dunklen Haaren und den haselnussbraunen Augen unheimlich ähnlich sah, wurde von dieser weiterhin liebevoll umhegt und gepflegt. Da sie das missgünstige Naturell ihrer Mutter ebenso wie ihr Aussehen geerbt hatte, genoss sie die Vorzugsbehandlung immer sehr und rieb dies ihrer Schwester so oft es ging unter die Nase.

Rowan seufzte leise, legte die letzte fertige Wollkugel zurück in den Korb zu den anderen und erhob sich von der Bank. Ihre Stimmung hatte sich merklich verdüstert, und sie machte sich mit auf den Boden gerichtetem Blick auf in Richtung der Hütte ihrer Familie.

»Aua, so pass doch auf!«, schimpfte plötzlich eine tiefe Stimme mit ihr.

Rowan erschrak und stolperte. Gedankenverloren hatte sie wohl jemanden unabsichtlich mit ihrer Schulter gestreift. Zwei kräftige Hände packten Rowan an den Oberarmen und verhinderten, dass sie stürzte. Es war alles sehr schnell gegangen, und die starken Hände, die sie eben noch aufgefangen hatten, ließen sie bereits wieder los.

Erst jetzt konnte sie einen Blick auf den jungen Mann werfen, der ihr gegenüberstand und sie leicht schmunzelnd betrachtete. Sie wollte ihren Augen nicht trauen, als sie Drystan erkannte, ihren ehemaligen Spielgefährten, Freund und einzigen Sohn des Stammeshäuptlings Cadan. Rowan wurde schwindlig. Ihr Herz begann, wie wild zu pochen, und sie hatte Sorge, dass er das laute Klopfen hören könnte.

»Es ist lange her, Rowan.«

Seine Stimme war viel tiefer als beim letzten Mal, als sie ihm begegnet war. Ihren Namen aus seinem Mund zu vernehmen, jagte ihr einen Schauer über den Rücken.

Seine Stimme war aber nicht das Einzige, was sich verändert hatte. Drystan war mit seinen siebzehn Jahren nicht mehr der drahtige Junge, mit dem sie so viele Kindheitserinnerungen verband. Aus ihm war ein Mann geworden. Er war um einiges größer, als sie ihn in Erinnerung hatte. Die Tunika spannte sich eng um muskulöse Schultern und fiel lose über die athletische Gestalt. Ein breiter Ledergurt hielt ein kurzes Breitschwert an seiner schmalen Hüfte. Die langen Beine steckten in den volksüblichen Bracas, einer weiten Hose, die man in kälteren Zeiten trug. Sein langer Umhang war mit einer reich verzierten, goldenen Schnalle gesichert, die seinen Stand als Häuptlingssohn betonte. Unsicher blickte Rowan in Drystans Gesicht und bemerkte, dass sein Kinn kantiger geworden war und Bartstoppeln darauf sprossen. Sie fühlte sich wie im Traum. Es war kein Tag vergangen, an dem sie nicht an ihn gedacht hatte. Ob es ihm wohl genauso gegangen war? Ihr Blick folgte seiner langen, geraden Nase und blieb an den tiefblauen Augen hängen, die sie amüsiert betrachteten. Seine langen, blonden Haare waren neben den Augen das Einzige, was sie an den alten Drystan erinnerte, denn sie hingen noch wie früher ungebändigt auf seine Schultern hinab.

Mindestens drei Jahre waren ins Land gegangen, seit sie den Häuptlingssohn zum letzten Mal gesehen hatte. Sie konnte sich noch gut an den Tag erinnern, als er auf dem Pferd seines Onkels mit hängenden Schultern aus der Siedlung geritten war. Sein Onkel war ein staatlicher Krieger und Häuptling eines anderen Stammes. Auf Bitten seines Bruders hatte er dessen Sohn in Obhut genommen. Die kleine Siedlung auf dem Donnersberg erlebte damals unsichere Zeiten, weshalb sich Drystans Vater Cadan ständig auf Kriegszug befand. Somit blieb keine Zeit für die Ausbildung des eigenen Sohnes. Cadans Bruder hatte den Knaben mit zu seinem Stamm genommen, der etwa drei Tagesritte von der Siedlung am Donnersberg entfernt lebte. Es war eher ungewöhnlich, dass Stämme untereinander engere Kontakte pflegten. Die enge Verwandtschaft und der immer größer werdende Markt auf dem Donnersberg hatten jedoch zu dieser bestehenden Verbindung beigetragen.

Cadan benötigte auch jetzt noch oft die Hilfe befreundeter Stämme, denn es gab viele andere keltische Krieger, die marodierend und brandschatzend durch die Lande zogen. Ganz abgesehen von den germanischen Banden oder gar den Römern, die die Gegend immer wieder unsicher machten. Mithilfe der befreundeten Krieger war es Cadan bis jetzt aber immer gelungen, die kleine Siedlung zu schützen. Dies gelang ihm sogar so gut, dass die Bevölkerung auf dem Berg sich stetig vergrößerte, da sie dort Sicherheit und einen guten Handel erwarten konnte.

Der Tag, an dem Drystan weggegangen war, markierte auch das jähe Ende von Rowans eigener ungezwungenen Kindheit. Sie konnte sich noch gut an die tiefe Verzweiflung erinnern, die sie beim Verlust ihres Kindheitsfreundes verspürt hatte. Schließlich hatte sie täglich gemeinsam mit dem zwei Jahre älteren Drystan und ihrem Milchbruder Johs am Dorfbach gespielt oder war mit ihnen um die Wette auf Bäume geklettert. Oft lagen sie auch einfach nur im hohen Gras und malten sich aus, was eines Tages aus ihnen werden würde. Drystan wollte natürlich in die Fußstapfen seines Vaters treten und Stammeshäuptling werden. Johs erhoffte sich, Krieger zu werden und kein Bauer, und die beiden Jungen übertrafen sich gegenseitig mit abenteuerlichen Geschichten, in denen Johs unter Drystans Führung auf Kriegszüge ging. Von ihren Gesprächen angespornt, kämpften die beiden oft spielerisch gegeneinander mit ihren kurzen Holzschwertern, die sie selbst geschnitzt hatten. Einmal mimte Johs den tapferen Keltenkrieger, der einem brutalen Römer gegenüberstand, dann tauschten sie wieder die Rollen. Rowan, die sich als Mädchen natürlich nicht an den Raufereien der beiden beteiligte, spielte das Publikum und spornte die beiden eifrig an.

Als Johs einmal seinem Vater beim Ausbessern des Daches ihres Hauses helfen musste, hatten sich Rowan und Drystan alleine beim Dorfbach getroffen. Rowan erinnerte sich noch so gut an diesen Tag, als wäre er gestern gewesen. Es war glühend heiß, und die Luft flimmerte vor Hitze. Man konnte die Grillen zirpen hören und das leise Gluckern des Baches, der sich wie ein blaues Seidenband zwischen den grünen, saftigen Wiesen hindurchschlängelte. Hin und wieder ragten große, rote Felsen auf, die sich wie von Riesenhand hingeworfen über den ganzen Donnersberg verteilten. Die Kinder liebten es, auf diese Felsen zu klettern, die teilweise über mannshoch waren, oder sich auf ihnen zu sonnen. Die Felsen waren zwar hart und unbequem, aber sie strahlten bereits im Frühsommer angenehme Wärme ab, da sie die Sonnenstrahlen gut speicherten. Im Hochsommer dienten die Felsen ihnen als Schattenspender. Dann machten es sich die drei Freunde auf der Wiese im Schatten eines Felsens gemütlich. Die Felsen hatten dieselbe Farbe wie die Erde ihrer Heimat. Gerne machten die Jungen darüber Scherze, wie gut Rowans Rotschopf dazu passte.

Rowan bekam aufgrund der großen Hitze großen Durst. Bevor sie sich aber zum Wasser hinunterbeugen konnte, hatte sich Drystan bereits gebückt und Wasser mit seinen hohlen Händen geschöpft. Dann bot er es Rowan an, die dankbar einen großen Schluck trank. Den Moment, als ihre Lippen Drystans Hände berührten, würde sie nie vergessen. Jedes Mal, wenn sie daran dachte, spürte sie wieder dasselbe wunderbar warme Gefühl in ihrem Inneren. Auch Drystan schien die Berührung nicht kalt gelassen zu haben. Rowan bemerkte, wie sein Atem schneller ging und er ihr lange forschend in die Augen blickte. Seine leuchtend blauen Augen, von der gleichen Farbe wie der Sommerhimmel, hatten sie verzaubert. Das war der Moment gewesen, in dem sich alles zwischen ihnen verändert hatte.

Rowan dachte oft nach Drystans Abreise aus dem Dorf an diese unbekümmerten Momente zurück, und wenn sie ihre Augen schloss, war ihr, als könne sie die warmen Strahlen der Sommersonne wieder auf ihrer Haut spüren, die sich in Drystans Augen spiegelten.

Obwohl ihr Milchbruder Johs Rowan unheimlich viel bedeutete, war sie ihm von da an oft gezielt aus dem Weg gegangen, um so viel Zeit wie möglich alleine mit Drystan zu verbringen, was ihr aber nicht immer gelungen war. Sie lagen zwar weiterhin stundenlang zu dritt im Gras und sprachen über ihre Zukunft, doch wenn Rowan und Drystan alleine waren, malten sie sich eine gemeinsame Zukunft aus. Lag Johs neben ihnen, sprachen sie meistens über die großen Heldentaten, die die beiden Jungen sich erträumten. Dann hörte Rowan nur zu, während Drystan heimlich ihre Hand hielt und sie sich vorstellte, wie ihr großer, gut aussehender Mann nach einem erfolgreichen Kriegszug nach Hause zurückkehrte und sie lachend in seine Arme nahm.

Als Johs wieder einmal einen lästigen Botengang für seinen Vater erledigen musste, trafen sich Rowan und Drystan wie immer am üblichen Ort bei dem kleinen Bach, der direkt außerhalb des Westtores floss. Noch bevor sie sich auf der Wiese niederlassen konnten, fing es plötzlich und unerwartet zu regnen an. Lachend raffte Rowan ihr Gewand und rannte so schnell sie konnte, von Drystan dicht gefolgt, zu den nahe gelegenen Bäumen des Waldrandes, um Zuflucht zu suchen. Sie fröstelte, da ihre Kleidung in der kurzen Zeit völlig durchnässt worden war. Als Drystan bemerkte, wie sehr sie fror, zog er sofort seinen Umhang aus und legte ihn der zitternden Rowan fürsorglich um die schmalen Schultern. Sie vermutete, dass er genauso sehr fror wie sie, nahm aber seine Hilfe trotzdem gerne an. Sie wusste genau, dass er es niemals zulassen würde, dass sie ihm den Umhang zurückgab. Also hüllte sie sich dankbar hinein und sog seinen Geruch nach Sonne und Pferden genießerisch ein. Dann schmiegte sie sich enger an Drystan und schloss die Augen. Bei ihm fühlte sie sich so gut und sicher. Sie spürte seinen kräftigen Herzschlag und fühlte seinen Blick auf sich gerichtet. Als sie ihn ansah, waren seine Augen auf einmal nicht mehr strahlend blau, sondern wirkten dunkler. Es schien fast so, als hätte sich seine Augenfarbe dem grauen Regenhimmel angepasst.

Drystan hielt Rowan mit beiden Armen umfangen und fest an sich gepresst. Langsam senkte er seinen Kopf zu ihr herab, und bevor sie wusste, wie ihr geschah, presste er seine Lippen kurz auf die ihren. Rowan stockte vor Überraschung der Atem, und sie spürte, wie es in ihrem Bauch kribbelte. Forschend blickte Drystan seiner Freundin in die Augen, die daraufhin kurz entschlossen ihre Arme fest um seinen Hals schlang und den Kuss erwiderte. In diesem Moment hörte sie nicht einmal mehr den heftigen Regen, der auf das Blätterdach tropfte.

Johs' Stimme, die ihre Namen rief, riss sie abrupt aus ihrer Zweisamkeit. Er war früher als beabsichtigt von seinem Botengang zurückgekommen und wollte sich seinen Freunden anschließen. Drystan und Rowan fuhren wie ertappt auseinander und blickten sich verlegen an. Der junge Häuptlingssohn machte schließlich einen entschlossenen Schritt zur Seite, fuhr sich mit den Fingern durch die langen, nassen Haare, um sie zu ordnen, atmete einmal tief durch und antwortete scheinbar gelassen auf Johs' Rufe. Schon rannte dieser schnaufend und ebenfalls triefnass, aber fröhlich winkend auf sie zu. Drystan, dem nicht entgangen war, dass Rowan immer noch wie gebannt dastand, verwickelte Johs geschickt in ein Gespräch. Rowan strich sich vorsichtig mit einem Finger über ihre Lippen, als müsste sie sich davon überzeugen, dass der Traum Wirklichkeit war. Dann riss sie sich zusammen und wandte sich ebenfalls Johs zu und lauschte seinen Erzählungen.

Am Tag nach dem Kuss hatte sich alles verändert. Drystan war plötzlich und unerwartet abgereist. Sie hatte sich nicht einmal mehr von ihm verabschieden können. Als ihr Vater ihr nebenbei von der Abreise des Häuptlingssohnes erzählt hatte, war sie aus ihrer Kate gestürzt und hatte gerade noch sehen können, wie er mit hängenden Schultern, umgeben von Kriegern seines Vaters, aus der Siedlung geritten war. Er hatte sich noch suchend umgesehen, und Rowan war sich sicher, dass er nach ihr Ausschau hielt. Doch sie versteckte sich schnell hinter einer Kate, damit er ihr tränenüberströmtes Gesicht nicht sehen konnte. Wenn er schon wegmusste, sollte er sie wenigstens nicht verquollen und verheult in Erinnerung behalten.

Rowan war untröstlich gewesen. Es war, als wäre mit Drystans Weggang plötzlich alle Freude aus ihrem Leben gewichen.

Die schöne Zeit ihrer Kindheit war damit unwiderruflich vorbei gewesen. Ihre Mutter hatte sie danach nicht mehr zum Spielen aus der Kate gelassen. Spielen war für Gerda sowieso Zeitverschwendung. Ihre Mutter hatte ihr stattdessen allerlei Haus- und Hofarbeit aufgetragen. Tagelang wusch sie die lehmverkrusteten Bracas ihres Vaters und die Wäsche der Familie in dem eiskalten Wasser des Bächleins. Der Wasserlauf, der sich hinter dem Westtor befand, wurde von den Frauen zum Säubern der Kleidung aufgesucht. Ihre Hände wurden rissig und wund, und es dauerte Wochen, bis sich ihre zarte Haut an die harte Arbeit gewöhnt hatte. Ihren besten Freund Johs sah sie ebenfalls kaum noch. Er hatte ihr zwar manchmal verstohlen zugelächelt, doch auch er hatte Pflichten übernehmen müssen, die ihm sein Vater Morcant nur zu gerne mit dem Gürtel einbläute.

Plötzlich stahl sich die Sonne hinter einer Wolke hervor, und Rowan blinzelte, um ihr Gegenüber genauer in Augenschein nehmen zu können. Ihr Blick blieb wieder an Drystans strahlend blauen Augen hängen, die im Moment von kleinen Lachfältchen umgeben waren. Sie spürte, wie ihre Hände zitterten, und versteckte sie schnell in den Falten ihres Gewandes.

»Drystan«, stieß sie verlegen hervor, denn ihr wurde plötzlich siedend heiß bewusst, dass es sich für ein Mädchen ihres Alters nicht gehörte, einen Mann so lange anzustarren. Ihre Wangen überzogen sich mit einer tiefen Röte, und sie wandte den Blick schnell in Richtung ihrer Schuhspitzen. »Du, äh – Ihr – seid wieder da!«, stotterte sie.

Drystans Augen blitzten amüsiert und seine ungewohnt tiefe, aber wohlklingende Stimme antwortete: »Wie du siehst, Rowan, bin ich wieder zu Hause. Mein Vater hat nach mir geschickt, um hier meinen Pflichten nachzukommen. Mein Onkel hat mich viel gelehrt, aber jetzt war es an der Zeit, wieder zurückzukehren.«

Leise fügte er hinzu: »Ich war lange genug fort.«

Rowan blickte langsam nach oben. Hatte Drystan ihr gerade zu verstehen gegeben, dass er sie genauso vermisst hatte, wie sie ihn?

Sie bemerkte seinen neugierigen Blick auf sich, der sie nun ebenfalls musterte, und sah rasch wieder zu Boden.

Drystan lächelte, als er Rowans Unsicherheit bemerkte. Auch für ihn war der jähe Abschied unheimlich schmerzhaft gewesen, und er hatte sich viele Monate lang nach seiner Freundin gesehnt. Wie hatte sich das quirlige Mädchen mit den widerspenstigen roten Locken doch verändert! Als er sie hatte verlassen müssen, war Rowan schon ein hübsches Mädchen gewesen, doch nun stand eine hochgewachsene, schöne junge Frau vor ihm.

Wie gut ihr Name doch zu ihr passt – Rowan, der Rotschopf –, dachte Drystan und betrachtete neugierig ihre rote Locken, die sich unter dem groben Wolltuch, das sie um den Kopf trug, hervorgestohlen hatten und in der Abendsonne kupfern leuchteten.

Sie hielt sich sehr gerade, und ihr langes Kleid, das von einem schmalen, gezwirbelten Lederband zusammengehalten wurde, betonte ihre schmalen Hüften. Ihre feingliedrigen Finger umschlossen den Henkel eines Weidenkorbes, in dem sich aufgerollte Wollfäden befanden. Er blickte ihr unverwandt ins Gesicht. Eine leichte Röte, die ihr seiner Meinung nach ausgezeichnet stand, überzog ihre Wangen, die wie früher mit einigen frechen Sommersprossen geschmückt waren. Ihre graublauen Augen waren kaum zu erkennen, da sie von einem Kranz dichter roter Wimpern umgeben waren und sie zudem angestrengt auf die Spitzen ihrer weichen Lederschuhe zu starren schien.

»Rowan.« Drystan wunderte sich über den heiseren Klang seiner Stimme. Seine Hand berührte sie sanft am Kinn, und sie blickte schüchtern auf. »Es ist schön, dich wiederzusehen.«

Bevor sie antworten konnte, öffnete sich die Tür zum Haus des Stammeshäuptlings, und Cadan trat heraus. Suchend blickte er über den großen Platz. Als er seinen Sohn im Gespräch mit Rowan erspähte, runzelte er die Stirn und rief ihn mit einem bellenden Unterton zu sich.

Drystan seufzte, und sein Blick drückte Bedauern aus. Noch einen Moment lang hielt er den Blickkontakt aufrecht, bevor er sich schließlich mit einem kurzen Zwinkern umdrehte und grinsend in Richtung seines Zuhauses schlenderte, das sich am Rande des Marktplatzes im Zentrum der Siedlung befand.

Rowan schluckte. Sie brauchte einen Moment, um sich wieder zu fangen. Gedankenverloren blickte sie Drystan nach, wurde sich aber sogleich der Tatsache bewusst, wie das auf die Leute wirken musste, wenn sie mitten auf dem Marktplatz einem Mann hinterherstarrte. Rasch fing sie sich wieder und schüttelte energisch den Kopf. Ihre Finger schlossen sich fest um den Weidenkorb, und sie hastete zurück zu ihrem Elternhaus. Der Weg war nicht weit, da es in dritter Reihe hinter dem Brunnen des Marktplatzes lag. Dahinter konnte sie die Stallungen und den anschließenden Erdwall ausmachen, der die Siedlung umgab.

»Da bist du ja endlich, Mädchen!« Ihre Mutter blickte kurz auf. Ihre mehlbedeckten Hände kneteten kräftig einen großen Teigklumpen. Schweißtropfen auf ihrer Stirn deuteten auf die Anstrengung hin, mit der sie den Teig bearbeitete.

»Du musst Wasser holen und die Rüben klein schneiden.«

Rowan seufzte, stellte den Korb in sicherer Entfernung vom offenen Feuer ab und hob die zwei leeren Wassereimer hoch, um sie am Brunnen aufzufüllen.

»Aber trödel nicht wieder so lange!«, gab ihr die Mutter noch mit auf den Weg, während sie geschickt den dicken Teigklumpen in zwei lange Stränge flocht.

Am Dorfbrunnen musste Rowan ausnahmsweise einmal nicht warten. Üblicherweise trafen sich die Frauen dort kurz nach Sonnenauf- und vor Sonnenuntergang, um Wasser für das Zubereiten der Mahlzeiten zu holen. Es schien später zu sein, als sie dachte. Sie sah blinzelnd in die Sonne, die bereits tief am Himmel stand.

Rowan fröstelte. Mit klammen Fingern zog sie ihren Umhang enger um sich. Es wurde rasch deutlich kälter am Abend dieses Frühlingstages, und sie beeilte sich, die beiden Eimer mit dem kalten Wasser zu füllen. Es war anstrengend, die vollen Eimer aus dem Brunnenschacht nach oben zu ziehen. Dennoch machte sie, so schnell sie konnte, denn sie wusste, dass ihr Vater bald hungrig vom Feld kommen würde, und wollte nicht, dass er auf seinen Eintopf warten musste.

Bevor sie den Brunnen verließ, blieb ihr Blick kurz am Haus des Häuptlings hängen. Es war ein schönes Fachwerkhaus, das einen großen Gegensatz zu den viel kleineren, aus Lehm erbauten Katen der Bauern darstellte, die in den hinteren Reihen der Siedlung zu finden waren. Nur die Häuser der Krieger, die neben dem Häuptlingshaus in erster Reihe um den Marktplatz standen, zeugten ebenfalls von einem gewissen Wohlstand. Sie waren deutlich größer als die einfachen Bauernhäuser.

Was Drystan jetzt wohl gerade macht?, schoss es Rowan durch den Kopf.

Kopfschüttelnd darüber, dass er sich schon wieder in ihre Gedanken gestohlen hatte, marschierte sie zurück zu ihrer Kate, wo ihre Mutter sie mit einem missbilligenden Blick empfing. Vorsichtig füllte sie Wasser in den großen Topf, der über der Feuerstelle an einem groben Haken hing. Dann setzte sie sich auf ein Schemelchen daneben und begann mit einem kleinen scharfen Messer die Rüben, die aufgetürmt neben dem Herd lagen, zu schälen und in Stücke zu schneiden. Rowan musste das Messerchen immer wieder ansetzen, denn die Klinge rutschte ständig von den dicken Rüben ab.

»Du musst deinen Vater bitten, dir das Schneidemesser zu schärfen, wenn er heimkommt«, merkte ihre Mutter an, die ihre Schneideversuche aus den Augenwinkeln beobachtete. »Und schneide mehr Rüben hinein, denn Berit kommt heute mit dem kleinen Arto zu Besuch.«

»Ja, Mutter.« Rowan seufzte.

Ihre ältere Schwester Berit kam häufig zum Abendmahl und brachte immer ihren sechs Monate alten Sohn Arto mit, den ihre Mutter abgöttisch liebte.

Warum kommt sie wohl so oft?, fragte sich Rowan. *Wahr-*

scheinlich hält sie es bei ihrem langweiligen Gatten nicht aus, dachte sie dann gehässig.

Sie erschrak über ihre bösen Gedanken, schüttelte dann energisch ihre roten Locken und machte sich wieder konzentriert an die Arbeit. Ein kurzer Blick auf den Kessel verriet ihr, dass das Wasser noch nicht kochte. Schnell schob sie ein weiteres Holzscheit unter den dampfenden Kessel, um das Feuer anzuheizen.

Ein lautes Pochen an der Holztür ließ Rowan aufblicken.

Ihre Schwester Berit betrat die kleine Kate, unter ihrem warmen Umhang das schlafende Kind haltend, und blickte freudestrahlend zu ihrer Mutter. »Sieh mal, was er für einen süßen Schmollmund macht, wenn er schläft«, sagte sie stolz und streckte ihr den schlafenden Jungen entgegen.

Die Mutter wischte sich die mehligen Hände an der karierten Schürze ab und nahm ihrer Ältesten zärtlich den Jungen aus dem Arm.

»Ja, er ist ein süßer Fratz«, murmelte sie und herzte den kleinen Buben so lange, bis sich seine blauen Äuglein öffneten. »Die Nana ist da, mein Kleiner«, liebkoste sie ihn und setzte sich mit dem schläfrigen Kind auf einen gemütlichen Stuhl neben dem Feuer.

Berit zog ihren Umhang und Schleier aus und legte sie auf die Kleidertruhe neben der Tür. Sie trug ein schönes, mit einer Borte verziertes Wollkleid, das für den Anlass dieses einfachen Abendessens eigentlich zu fein war. Ihre langen braunen Haare wurden von einer Hornspange zusammengehalten. Berits Gesicht war ebenmäßig, wenn man es auch nicht gerade als schön bezeichnen konnte. Ihre Nase war etwas zu spitz und den Rand ihres Mundes zierte ein großes Muttermal. Berit war wirklich das Ebenbild ihrer Mutter.

Rowan richtete ihre Aufmerksamkeit wieder auf die

Rüben und beeilte sich, da sie wusste, dass ihr Vater jeden Moment hungrig heimkommen würde. Ungeduldig wischte sie mit einer Hand eine ihrer widerspenstigen roten Locken zurück, die ihr immer wieder ins Gesicht fielen, und arbeitete zügig weiter. Ein leises Blubbern verriet ihr, dass das Wasser zu kochen angefangen hatte, und sie fügte ihm neben den Rübenschnitzen noch getrocknete Kräuter aus dem Hausgarten zu. Sofort zog ein schmackhafter, würziger Duft durch den Raum. Die Brotlaibe, die ihre Mutter geknetet hatte, bettete sie vorsichtig in die bereitgestellten Tonformen und stellte diese an den Rand des Herdes.

»Pass auf, dass sie nicht direkt im Feuer liegen«, wies ihre Mutter sie an, während sie das Kind in ihren Armen liebevoll in den Schlaf schaukelte.

Rowan seufzte leise und begann, grobe Holzschüsseln und -löffel auf dem Tisch zu verteilen. In den langen Wintermonaten half sie oft ihrem Vater beim Schnitzen des einfachen Geschirrs und Bestecks.

Berit betrachtete ihre Mutter und das Kind mit verzücktem Gesichtsausdruck. Dann wandte sie sich Rowan zu und runzelte die Stirn. »Bist du nicht ein wenig spät dran mit dem Abendbrot? Wenn der Vater kommt…«, sagte sie ein wenig gehässig.

Seit Berit vor zweieinhalb Jahren mit Biorach, einem jungen Krieger, verheiratet worden war, blickte sie hochnäsig auf ihre jüngere Schwester herab. Dabei war Biorach kein tapferer Mann, sondern vielmehr ein Hasenfuß, wie Rowan fand. Bei diesem Gedanken musste sie ein wenig lächeln.

»Was ist denn wohl so lustig?«, drang Berits spöttische Stimme an ihr Ohr.

»Ach nichts, liebe Schwester. Ich musste nur daran denken, wo Biorach heute wohl sein mag? Ist er mit den anderen Kriegern ausgezogen, um unsere Ortschaft im Osten vor dem gallischen Kriegsstamm zu beschützen, von dem sich die Leute auf dem Markt erzählen?«

Berit gefror das Lächeln auf dem Gesicht. Sie fing sich jedoch gleich wieder und säuselte: »Liebstes Schwesterherz, selbstverständlich hat Biorach eine tragende Rolle im Niederschlagen dieses Gallieraufstandes. Er wurde höchstpersönlich von Häuptling Cadan damit beauftragt, sich um die Nachschublieferungen vom Dorf aus zu kümmern. Und das, wo auch noch das Römerpack in der Nähe des Donnersbergs gesehen wurde.«

Rowan unterdrückte ein Grinsen. Seit Biorach bei seinem ersten richtigen Feldzug vor einem Jahr einen schweren Fehler begangen und statt eines Feindes einen Krieger aus dem Dorf schwer verletzt hatte, wurde er vom Stammeshäuptling nur noch mit niederen Aufgaben betraut. Berit schmeckte das natürlich überhaupt nicht, aber da sie sich nicht gegen Cadan wehren konnte, schmückte sie Biorachs einfache Tätigkeiten zu wahrhaftigen Heldentaten aus.

Ein kalter Windstoß fuhr plötzlich in die kleine Kate und ließ das Feuer höher flackern, als die einfache Holztür der Hütte mit einem Stoß aufflog und der Vater ins Haus stapfte.

»Ist das Abendbrot fertig, Weib?«, dröhnte er und blickte zu seiner Frau, die ihm mit einer Handbewegung zu verstehen gab, dass er leise sein sollte.

»Schhh, Alan, der Kleine schläft. Wir wollen ihn doch nicht aufwecken.«

Alan grummelte etwas in seinen langen roten Bart, zog dann aber schnell die Tür hinter sich zu und schlüpfte aus seinen lehmverkrusteten Lederstiefeln, in die er seine Bracas gestopft hatte, um sie vor dem Lehm auf dem Feld zu schützen. Lehmbrocken lösten sich von den Sohlen und fielen auf den Boden, was Alan einen missbilligenden Blick seiner Frau einbrachte.

»Das Feld ist zu einem Viertel bestellt«, sagte er. »Wenn ich Hilfe hätte, ginge das viel schneller.« Bei diesen Worten blickte er zu Berit.

Diese errötete leicht und entgegnete hastig: »Aber Vater, du weißt doch, wie beschäftigt Biorach mit seiner wichtigen Arbeit für Häuptling Cadan ist. Da bleibt ihm einfach keine Zeit, dir auf dem Feld zu helfen.«

Alan sah Berit unter seinen dichten, roten Augenbrauen hervor an und schüttelte leicht den Kopf. Dann blieb sein Blick an Rowan hängen, die mit einem großen hölzernen Kochlöffel den Rübeneintopf im großen Messingtopf umrührte.

»Guten Abend, Vater«, sagte sie und deutete einen kurzen Knicks an. Eine Geste der Ehrerbietung, wie sie in ihrem Dorf Älteren gegenüber üblich war. Der Blick ihres Vaters wurde weich.

»Rowan, meine Kleine, warst du heute fleißig?«.

Sie blickte kurz zu dem Korb mit der Wolle hin und zuckte mit den Schultern. »Wenn du möchtest, kann ich dir morgen gerne auf dem Feld helfen, Vater.«

Obwohl die Arbeit auf dem Feld körperlich viel anstrengender als das langweilige Wolledrehen war, würde sie diese Tätigkeit viel lieber verrichten. Wie gerne würde sie vom Donnersberg hinab ins Tal steigen, wo die Felder bestellt wurden. Die Siedlung war zwar ansehnlich und vor allem sicher, doch Rowans Erkundungsdrang war stärker. Sie liebte es, die rote, satte Erde ihrer Heimat unter ihren nackten Füßen zu spüren und die hügelige, grüne Landschaft unterhalb des Donnersbergs zu betrachten. Ihre Eltern erlaubten ihr aber nicht, alleine vom Berg hinabzusteigen. Trotz Cadans Bemühungen, die Siedlung zu sichern, war es für eine Frau viel zu gefährlich, die Gegend alleine zu erkunden. Und die Männer nahmen sie nie mit, da sie ihnen, wie sie gern verlauten ließen, nur im Weg wäre. Nur zweimal hatte sie einen Tross Frauen begleiten dürfen, der von zwei Kriegern geschützt wurde, und hatte bei der Ernte helfen dürfen. Das war in dem Jahr gewesen, als besonders viele Überfälle auf das Dorf stattgefunden hatten und Cadan deshalb auch die Bauern an die Waffe gerufen hatte. Deshalb hatten die Frauen auf den Feldern aushelfen müssen.

Müde lächelte der Vater Rowan an. Dann ließ er sich kopfschüttelnd – eine Geste, die Rowan eindeutig von ihm geerbt hatte – mit einem wohligen Seufzer auf den Schemel am Kopfende des grob gezimmerten Holztisches nieder, der den größten Teil des einfachen Küchenecks einnahm.

»Du weißt, dass das keine Arbeit für ein Mädchen ist, Rowan«, grummelte er. »Ich danke dir dennoch für dein Angebot.« Seine Stimme wurde weich.

Mit einem verärgerten Seitenblick streifte er die leicht errötende Berit.

»Als ich vom Acker kam, hat mir der Händler Torin erzählt, dass sich Kirran mal wieder Ärger eingefangen hat.« Er schmunzelte. »Morcant wird dem Jungen hoffentlich Benehmen beibringen, sonst wird aus ihm noch ein Taugenichts.«

Bei diesen Worten musste Rowan wieder an den Nachbarsjungen denken. Schuldbewusst, weil sie nicht an ihn gedacht hatte, fragte sie sich, wie es ihm wohl gerade erging. Sie erschauderte bei dem Gedanken daran.

»Nun ja, der Junge ist ja nicht ganz verkehrt. Immerhin

grüßt er immer höflich«, fuhr Alan fort, während er mit einer Hand seinen Krug mit Bier anhob, den ihm Rowan gerade gebracht hatte, und ihn zum Mund führte.

»Nicht ganz verkehrt«, murmelte er wieder, nahm einen tiefen Schluck aus dem tönernen Humpen und blickte kurz in Rowans Richtung, die dies über ihrem eifrigen Rühren im Kessel jedoch nicht bemerkte.

Nachdem die Familie das einfache, aber auch schmackhafte Abendbrot gegessen hatte und sich Berit mitsamt ihrem Nachwuchs, der natürlich noch einmal ausgiebig von seiner Großmutter geherzt worden war, auf den kurzen Nachhauseweg zu ihrer Kate begeben hatte, machte sich Rowan ans Abräumen. Sie streifte die Essensreste in einen kleinen Holzeimer, dann lief sie hinter das Haus zum Stall und fütterte damit die Schafe.

Als sie wieder aus dem Stall trat, waren auch die letzten Sonnenstrahlen hinter dem Rand des Donnersberges verschwunden, und es war empfindlich kalt geworden. Rowan zog ihren dünnen Wollumhang enger um ihre schmalen Schultern.

Am Holztrog hinter dem Haus machte sie sich an den Abwasch des Geschirrs. Es gab zwar durchaus wunderschöne Keramik- und Glasteller auf dem Markt zu erstehen, doch Rowans Familie konnte sich, wie die meisten Bauernfamilien, einen solchen Luxus nicht leisten und aß von Holztellern. Ihre Finger schmerzten im eiskalten Wasser, dennoch erledigte sie ihre Arbeit gewissenhaft.

Als sie zur Eingangstür zurückkehrte, hörte sie plötzlich die laute Stimme ihrer Mutter, die auf ihren Vater einredete. »Du musst das Mädchen endlich verheiraten, Alan. Sie ist wahrlich alt genug, und du brauchst dringend Hilfe auf dem

Feld. Biorach hat eine viel zu wichtige Position inne, als dass er dir helfen könnte.«

Ihr Vater murmelte etwas, was Rowan nicht verstehen konnte, wurde jedoch von der durchdringenden Stimme seiner Frau sofort wieder unterbrochen.

»Das Mädchen faulenzt den ganzen Tag. Es ist wichtig, dass sie endlich die Aufgaben einer Ehefrau übernimmt. Ich war dir in diesem Alter längst versprochen und konnte einen Haushalt führen. Das Mädchen hat nur Unsinn im Kopf. Dir auf dem Feld helfen ... Ha, dass ich nicht lache. Diese Flausen muss man dem faulen Stück austreiben. Wenigstens ist sie einigermaßen ansehnlich, wenn sie auch sonst nicht viel taugt. Wenn bloß nicht diese widerspenstigen roten Locken wären! Du hattest bestimmt schon Angebote, Alan?«

Rowan zog sich zitternd den Umhang enger um die Schultern und lauschte angestrengt den leisen Worten ihres Vaters, die sie kaum verstehen konnte. Sie glaubte, den Namen Morcant zu hören, und das Blut stockte ihr in den Adern.

»Bitte lass das nicht wahr sein, Rigani«, flüsterte sie entsetzt.

»Wo bleibst du nur schon wieder, Kind?«, kreischte ihre Mutter plötzlich, und Rowan blieb nichts anderes übrig, als zurück in die Stube zu gehen.

»Was ist mit dir? Hast du einen Geist gesehen?«, fragte Gerda, als sie Rowans blasses Gesicht sah.

Rowan blickte langsam zu ihrem Vater, der mit einem leisen Räuspern auf seine Hände sah, die auf der Tischplatte lagen.

»Sag's ihr nur, Alan, dein neugieriges Töchterlein hat wie's scheint eh an der Tür gelauscht«, stieß ihre Mutter gehässig hervor.

Alans Augen hoben sich langsam und sahen Rowan traurig an. »Es ist so, mein Kind«, begann er, und Rowans Knie fühlten sich an, als würden sie sie nicht mehr tragen.

Ihr Vater, der dies bemerkte, zog sie auf den groben Hocker, der neben ihm stand, und legte seine große, schwielige Hand auf ihre zarten Finger.

»Du musst das verstehen, meine Kleine«, setzte er nochmals an und blickte sie dabei ernst an. Ihm fielen seine Erklärungsversuche offensichtlich sehr schwer.

»Morcant ist ein gestandener Krieger und hervorragender Bauer. Wenn wir unsere Felder gemeinsam bestellen würden, wäre das ein großer Gewinn für uns alle. Selbst das Rind für das Hochzeitsopfer würde er selbst stellen, obwohl das eigentlich meine Aufgabe wäre. Aber wir haben ja nun mal nur das eine Rind ... Und wie du weißt, braucht er eine Mutter für seine fünf Söhne, und es ist durchaus üblich, dass ein Mann eine zweite Frau nimmt ... Und du verstehst dich doch so gut mit Johs! Wenn ich nur einen eigenen Sohn hätte, der mir bei der Feldarbeit unter die Arme greifen könnte!«

Bei diesen Worten kniff Rowans Mutter ihre Lippen fest zusammen und wandte sich ab.

»Ich werde langsam alt, und die Arbeit fällt mir immer schwerer. Lange kann das so nicht mehr weitergehen«, fuhr Alan seufzend fort.

Er sah seine Tochter entschuldigend an. Mit vor Tränen schimmernden Augen blickte sie ihren Vater stumm an.

»Er ist hoch angesehen, Kind, das verschafft dir und uns eine gute Stellung im Dorf. Versteh doch, mein Kleines, es ist zu deinem Besten ...«

Die Stimme ihres Vaters brach ab, als sich eine Träne langsam aus Rowans Auge stahl und ihre Wange hinablief.

Ungeschickt hob er die Hand, um sie wegzuwischen, aber seine Frau war schneller.

»Jetzt reiß dich gefälligst zusammen und sei dankbar, dass dir dein Vater einen so hoch angesehenen Mann verschafft. Dass er älter ist als du, ist nur von Vorteil. Er hat Erfahrung und weiß, wie man eine Frau richtig heranzieht.«

Sie rubbelte grob mit dem rauen Ärmel ihrer Tunika die Tränen, die nun unablässig flossen, von Rowans Wangen.

Rowans Stimme war kaum zu hören als sie leise »Wann?« flüsterte.

»An Beltane, dem Fest des Lebens«, erwiderte ihr Vater leise.

2. Weingut

Ferrentium in der Toskana – zur gleichen Zeit

»Caius, wo steckst du denn schon wieder?«

Eine gedrungene, dunkelhäutige Frau stapfte energisch quer über den Hof, der sich in der Mitte des quadratisch angelegten Wohngebäudes mit seinem hübschen von Säulen umgebenen Rundgang an der Innenseite befand.

»Caius!«, rief sie noch einmal laut, wobei sie die letzte Silbe wie immer zu stark betonte, was dem Namen einen fremdartigen Klang gab.

Caius, der fünfzehnjährige Sohn des Hausherrn, bekam von den Rufen jedoch wie immer nichts mit, da er kopfüber in einem der mannshohen Tongefäße steckte, die sein Vater zum Weinabfüllen benutzte, um dieses auf Risse zu untersuchen. Nur seine nackten Beine ragten aus dem Gefäß heraus. Die Füße steckten in leichten Ledersandalen.

»Herr, lasst mich diese niedere Arbeit verrichten«, vernahm Caius undeutlich durch das dicke Tongefäß hindurch die Stimme von Marcus. »Ihr wisst, dass es der Patronus nicht gerne sieht, wenn Ihr Euch mit Tätigkeiten der Bediensteten beschäftigt.«

Caius musste leicht grinsen, als er das Wort »Bedienstete« und den eher vornehm klingenden Tonfall hörte.

Sklaven würde es eher treffen, dachte er und fuhr sich mit der Hand durch seine wirren Haare.

Doch der alte Marcus, der seit seiner Kindheit im Hause von Caius' Vater, damals noch unter dem Großvater, als Sklave diente, vermied seit jeher dieses Wort. Als Caius klein war, hatte ihm Marcus einmal erzählt, dass man nur dann Sklave sein konnte, wenn man sich selbst als solchen bezeichnete und sich so verhielt. Deshalb legte er Wert auf eine gehobene Aussprache und tadellose Kleidung. Mit liebevoller Hingabe pflegte er jeden Abend die wenigen Kleidungsstücke, die er besaß. Mit seinem silbernen Haarkranz sah er fast aus wie ein Gelehrter, worauf er sehr stolz war.

Mit einem kleinen Ächzen und hochrotem Kopf schob sich Caius aus dem hohen Gefäß. Er richtete sich auf und strich mit seinen Händen die knielange, weiße Tunika glatt. Die kurzen braunen Haare standen ihm wirr vom Kopf ab, und Schweißtropfen waren auf seiner Stirn zu sehen.

»Ich habe kleine Risse am Boden des Gefäßes festgestellt. Es muss unbedingt ausgebessert werden.«

Er sah Marcus mit seinen braunen Augen auffordernd an.

»Lass dir von Tito helfen, und schafft das Gefäß zu den Tonbrennern. Ihr könnt den Wagen nehmen.«

Caius nickte in Richtung Fuhrwagen. Er wusste, dass Marcus den Wagen nicht mehr lenken konnte, dafür war seine Sehkraft mittlerweile zu schwach. Aus diesem Grund stellte er ihm den siebzehnjährigen Tito zur Seite. Tito war auf dem Weingut geboren worden. Seine Eltern hatten dort als Sklaven gearbeitet, bis sie vor beinahe zehn Jahren kurz nacheinander an einem Fieber gestorben waren. Damals hatte die Seuche viele Menschen dahingerafft.

Er und seine Familie hatten die Krankheit wie durch ein Wunder nicht bekommen. Caius konnte sich gut an die rauchgeschwängerte Luft erinnern, die von den Feuern herrührte, die überall im Tal zur Verbrennung der vielen Todesopfer angezündet worden waren. Ganze Familien waren damals ausgelöscht worden, und viele Kinder, so wie Tito, verwaist zurückgeblieben. Seit dieser Zeit lebte er im Herrenhaus, wo Mara ihn im Blick behalten konnte. Er half bei allen anfallenden Arbeiten und stellte sich geschickt an. Man sah ihm die körperliche Arbeit inzwischen an. Er hatte kräftige Arme und Beine und einen sehnigen, schlanken Körper. Tito war über einen Kopf größer als Caius und seine halblangen dunkelbraunen Haare fielen ihm keck ins Gesicht.

Gerade verschwand auch er kopfüber in dem Tongefäß, um sich die Risse genauer anzusehen. Caius sprach lauter, um seine Stimme durch die dicken Tonwände dringen zu lassen.

»Lasst euch aber nicht wieder übers Ohr hauen. Sennius, das alte Schlitzohr, hat letztes Mal viel zu viel für eine kleine Reparatur verlangt. Dafür hätte man fast ein neues Gefäß kaufen können. Es hat Vater ganz schön viel Überredungskunst gekostet, dass Sennius einen angemesseneren Betrag akzeptierte, da ihr im Vorfeld ja sofort so großzügig auf dessen Vorschlag eingegangen seid.«

Marcus' runzliges Gesicht zeigte keine Regung, als er der Anweisung seines jungen Herrn lauschte.

Er tut gerade so, als hätte er sich nichts zuschulden kommen lassen, als wäre Tito allein für das Malheur verantwortlich, dachte Caius und blickte Marcus leicht tadelnd an.

Trotzdem konnte er dem alten Sklaven nicht böse sein. Mit seinen über fünfzig Lenzen war Marcus trotz nachlassender Sehkraft ein zuverlässiger Sklave, der seinem Herrn und dessen Sohn mit großer Ehrerbietung diente. Das Einzige, was er nicht zuließ, war, sich die Schuld für etwas geben zu lassen. Er war der Älteste unter den zehn Sklaven, die

Caius Vater besaß, und sah es als Teil seiner altehrwürdigen Haltung an, nie Fehler zu machen.

Mara, Marcus und Tito lebten mit dem Weinbauern Vicinius und Caius in der Villa, während die anderen sieben Sklaven ein eigenes kleines Gebäude daneben bewohnten. Sie wurden ausschließlich zur Arbeit auf dem Weinberg herangezogen, was schwer und anstrengend war. Das ganze Jahr über waren sie mit der Pflege des Weinberges beschäftigt. Es galt Unkraut zu zupfen, Reben zu kürzen oder hochzubinden und nicht zuletzt, die Ernte einzubringen.

»Ich werde diesmal besser auf Tito achten«, sagte Marcus gnädig und neigte ehrerbietig den Kopf, wodurch er das breite Grinsen auf Caius' Gesicht nicht bemerkte. Auch in Titos Gesicht war ein amüsiertes Lächeln zu erkennen, als er wieder aus dem Tongefäß herauskletterte.

»Caiuuuus, wo steckst du denn?«, schallte es bereits ganz aus der Nähe und Caius beeilte sich rasch und mit leicht besorgter Miene aus dem Anbau, der den Weinbetrieb beherbergte, in Richtung Wohngebäude zu gelangen.

Er wusste, dass er schon wieder zu spät zum Unterricht des Hauslehrers kam. Er hasste die langen Stunden mit Alexander, der sich bemühte, ihm Rechnen, Schreiben und Lesen beizubringen, und der ihn seit knapp drei Jahren mit so langweiligen Dingen wie latcinischer und griechischer Grammatik, Literatur, Philosophie und Naturwissenschaften quälte. Der Magister, der es als Auszeichnung ansah, nun auch die Ausbildung des Jungen als Literaturlehrer beziehungsweise Grammaticus zu begleiten, nahm seine Aufgabe äußerst ernst und erlaubte Caius nur wenig Freiräume. Nur die Jungen aus reicheren Familien konnten sich nach der Grundbildung einen Grammaticus leisten.

Caius' Vater Vicinius erzählte ihm oft, wie wichtig es für ihn war, dass der Junge die beste Bildung genoss. Er hatte seinen Sohn in seine Pläne, den Weinhandel auszuweiten, eingeweiht und ihm erklärt, dass eine passende Ausbildung die Voraussetzung dafür war, das Geschäft eines Tages übernehmen zu können.

Vicinius hatte Caius erzählt, dass er bei seiner letzten Reise, genau wie auf den vorhergehenden Handelsreisen nach Rom, immer öfter vernommen hatte, dass sich eine wachsende Anzahl an Weinbauern an die nördliche Grenze des Römischen Reiches begaben, um dort in der Nähe eines Flusses namens Rhenus Wein anzubauen. Die Voraussetzungen dort seien hervorragend und der Wein süßer als jeder, den man in der Toskana herstellen konnte. Die hohen Herren in Rom würden tief in die Tasche greifen, um sich einen solch ausgezeichneten Tropfen munden zu lassen. Natürlich barg der Weinanbau so weit entfernt vom Zentrum des Reiches Gefahren. Obwohl die Grenze zu den Barbaren, an deren Unterwerfung die Feldherren der römischen Republik hart arbeiteten, durch Soldaten gesichert war, schafften es immer wieder einzelne Gruppierungen der Wilden, in das römisch besetzte Gebiet vorzudringen.

Auf dem Marktplatz vor dem Forum, auf dem Vicinius einen großen Stand mit Weinfässern führte, wurden häufig grausame Geschichten über niedergemetzelte Römer erzählt, die sich in den Neulanden, wie es die Einheimischen nannten, niedergelassen hatten. Man berichtete, dass die Barbaren die römischen Bürger gefangen setzten und sie mit sich in ihre Siedlungen schleiften. Dort erwartete sie ein äußerst grausamer Opfertod. Vicinius wandte sich meist ab, wenn die Geschichten zu blutig wurden. Er ging davon aus, dass die Wahrheit auf dem langen Weg in die Hauptstadt durch zahlreiche Ausschmückungen verzerrt wurde.

Caius, der seinen Vater manchmal begleiten durfte, faszinierten die Geschichten von den grausamen Barbaren. Er konnte gar nicht genug von diesen blutrünstigen Ungeheuern hören, die laut den Erzählungen in einfachsten Hütten im Wald hausten und ihren Lebensunterhalt mit Überfällen bestritten. Von Ackerbau und Viehzucht hätten sie nie gehört, erzählten die Händler. Caius stellte sich die halb nackten, schmutzigen Wilden mit verfilzten Haaren vor, wie sie mit primitiven Speeren versuchten, gegen die gepanzerten römischen Soldaten vorzugehen. Er hatte schon oft Legionäre gesehen, die auf dem Durchmarsch waren, und ihre glänzenden Helme und ihre imposante Ausrüstung bewundert. Die Barbaren hatten den tapferen Soldaten nichts entgegenzusetzen, da war sich Caius sicher. Die Händler berichteten, dass die Barbaren versklavt wurden, sobald sie in Gefangenschaft gerieten. Das konnte sich Caius wirklich nicht vorstellen! Wer wollte denn einen widerlichen, blutrünstigen Wilden als Sklaven halten?

In Gedanken bei seinem stets reinlichen, ordentlichen Sklaven Marcus, musste er über diese Vorstellung den Kopf schütteln. Allerdings musste er zugeben, dass er zu gerne einmal einen solchen Wilden mit eigenen Augen sehen würde. Er stellte sich einen stinkenden Barbaren vor, der zähnefletschend in einem Käfig ausgestellt wurde, wo er ihn sich genau ansehen konnte. Sein Vater hatte ihm erzählt, dass in Rom manchmal solche »Kriegsbeuten« ausgestellt würden. Die Leute konnten nah an den gefährlichen Wilden herantreten und ihn sogar bespucken oder mit Stöcken piksen.

Das war ein Grund, warum er seinen Vater gerne auf eine der Handelsreisen begleiten würde.

Vicinius schienen jedoch die Geschichten über die wilden Krieger in der Ferne nicht zu interessieren, sein Interesse galt eher den Preisen für die die Neuland-Fässer, wie sie genannt wurden, gehandelt wurden. Sie brachten über das Doppelte seiner herkömmlichen Fässer ein. Bei diesen Preisen war es durchaus wert, etwas Neues zu wagen.

»Man könnte ja auch privat für Schutz sorgen«, überlegte Vicinius. Er hatte schon oft Söldner gesehen, die ihre Dienste auf den Marktplätzen in Rom anboten. Meistens waren es kampferfahrene, ehemalige Soldaten, die sich vor ein paar Wilden nicht fürchteten.

Grübelnd blickte er auf seine eigenen Weinfässer und beschloss, diese Entscheidung noch ein wenig ruhen zu lassen. Dann wandte er sich einem dicken, kleinen Mann zu, der sich interessiert an seinem Stand umschaute.

Caius flitzte flink ums Eck und rannte durch die offene Eingangspforte ins Wohnhaus.

»Ist es denn ein Wunder, dass ich mich lieber zum Geschäft davonstehle, wo ich was Richtiges lerne, als mit diesem verstaubten Grammaticus ewig in der Stube zu hocken und mir alte Geschichten aus der griechischen Mythologie anzuhören?«, murmelte er wütend. *Wenigstens bin ich Mara entwischt, sonst hätte ich mir wieder eine ihrer langen Predigten anhören müssen*, dachte er, während er sich hektisch nach seiner Wachstafel und dem Griffel umsah.

Mara war, seit Caius denken konnte, die Haushälterin seiner Familie. Sie schien ursprünglich aus einer höheren Familie zu stammen, da sie lesen, schreiben und rechnen konnte, was für eine Sklavin mehr als ungewöhnlich war. Woher sie genau kam, wusste Caius nicht, da weder Mara noch sein Vater je darüber sprachen. Er wusste nur, dass sein Vater sie von einem Sklavenhändler in Rom vor vielen Jahren als Geschenk für Caius' zarte Mutter Livia als Hilfe im Haushalt gekauft hatte, bevor diese mit dem zweiten Kind niederkam. Livia war kurz darauf im Kindbett gestorben, als Caius noch sehr klein war. Sein jüngerer Bruder war gemeinsam mit der Mutter beerdigt worden. Caius, der damals noch nicht einmal zwei Jahre gewesen war, konnte sich zu seinem Leidwesen an keinen von beiden erinnern. Aus Erzählungen seines Vaters, die jedoch selten waren, wusste er, dass seine Mutter eine liebenswürdige Frau gewesen war, die ihren Sohn über alles geliebt hatte.

Aufgrund ihrer Ausbildung und Zuverlässigkeit hatte Caius' Vater Mara nach einer kurzen Bewährungsprobe die gesamte Haushaltsführung anvertraut. Da sie als Kind rechnen gelernt hatte, vermochte sie ausgezeichnet mit dem Haushaltsgeld umzugehen. Auch Caius' Erziehung hatte sie übernommen, tat ihr das mutterlose Würmchen doch von Herzen leid. Caius hatte nach dem Tod seiner Mutter nächtelang geweint und nach ihr geschrien. Mara hatte den schmächtigen Jungen mit den großen braunen Augen, die von dichten, langen Wimpern umkränzt waren, kurzerhand mit in ihr Bett genommen und ihn tröstend in den Armen gewiegt. Ab da hatte er endlich wieder schlafen können. Natürlich hatte er eine enge Bindung zu der Kinderfrau entwickelt. Vicinius hatte Mara gewähren lassen, da er mit seinem eigenen Kummer beschäftigt war. Er hatte sich kein zweites Mal vermählt, obwohl mehrere junge Damen aus der Umgebung gehofft hatten, sich des gut aussehenden Weinhändlers annehmen zu können.

So lebten Caius und sein Vater seitdem mit ihren Sklaven alleine in der Villa Rustica. Das Hauspersonal inklusive des Hauslehrers fungierte fast als Familienersatz für den Jungen, da Vicinius als Herr über einen nicht unbeachtlichen Weinberg in der südlichen Toskana, so viel arbeitete, dass ihn Caius oft tagelang nicht zu Gesicht bekam. Wenn er auf Handelsreise ging, war das manchmal wochen- oder gar monatelang der Fall. Vicinius hatte die Sklaven immer freundlich behandelt, kümmerten sie sich doch in seiner Abwesenheit um Weingut und Sohn.

Caius wünschte sich nichts mehr, als seinen Vater auf einer Reise begleiten zu dürfen, vor allem, wenn er in das sieben Tagesritte entfernte Rom aufbrach. Die Stadt musste unglaublich aufregend sein. Sein Vater hatte ihm erzählt, dass es dort vor Menschen nur so wimmelte.

Aber jedes Mal, wenn er ihn darauf ansprach, lächelte dieser nur müde, strich ihm liebevoll über den Kopf und sagte: »Ein andermal, mein Sohn.«

Wieder ertönte Maras Ruf. Diesmal klang es näher. Hastig klopfte Caius den Staub, den das Tongefäß auf der Tunika hinterlassen hatte, so gut es ging ab, schnappte sich seine Wachstafel und den Griffel, die er unter einer achtlos hingeworfenen hellen Leinentasche fand, und eilte in das Lehrzimmer des Herrengebäudes.

Dort wurde er bereits von einem leicht säuerlich dreinblickenden Alexander erwartet. Wie immer war der griechische Hauslehrer in eine blütenweiße Toga gehüllt, die er über der leinenen Tunika trug. Die Toga fiel in streng angeordneten Falten von seinen Schultern. Dort, wo sich die beiden Enden des Kleidungsstückes trafen, hatte er sie mit einer goldenen Fibel befestigt.

Alexanders Haare stellten einen krassen Gegensatz zu seinem sonst so ordentlichen Äußeren dar, standen sie doch wie ein Fächer um die glänzende Platte auf seinem Kopf. Da er sich gerne zerstreut über den Kopf strich, war das auch kein Wunder. Er legte stets größten Wert auf sein vornehmes Äußeres, schließlich wollte er zeigen, dass er ein gelehrter Grammaticus war und nicht etwa ein Sklave. Dies hielt ihn aber keineswegs davon ab, viele seiner freien Abende mit Marcus zu verbringen. Sie saßen auf der alten, knorrigen Holzbank vor dem großen Olivenbaum, der zwischen Herrenhaus und Lager stand, und besprachen stundenlang alle möglichen Themen.

Bei einem von Alexanders endlos langen Monologen über die Abenteuer des Odysseus, während dem der Grammaticus im Zimmer auf und ab schritt und seine Hände immer wieder an der tadellos weißen und gestärkten Toga herabstreiften, schweiften Caius' Gedanken ab. Wie viel lieber wäre er jetzt draußen bei seinem Vater, als dem alten Grammaticus zu lauschen, auch wenn es noch nicht Zeit für die Weinlese oder gar das Keltern des Weines war. Mit zügigen Schritten zwischen den Reben zu spazieren und zu beobachten, wie sich im Frühjahr erste kleine Knöspchen bildeten, erfüllte den Jungen immer mit großer innerer Ruhe und Freude. Gerade sah er sich auf dem Weinberg stehen, die schweren reifen Trauben in der Hand wiegend und ein paar der süßen Früchte vernaschend. Was für ein reizvoller Gedanke!

Leise seufzte er, was sofort mit einem strengen Blick des Lehrers geahndet wurde. Da der schlanke, großgewachsene Junge wusste, wie viel Wert sein Vater auf eine anständige Ausbildung legte, ergab er sich mit einem weiteren leisen Seufzer seinem Schicksal und konzentrierte sich wieder auf die Worte des weisen Lehrers.

3. Rote Heimaterde

Keltisches Oppidum auf dem Donnersberg, 100 v. Chr.

Die Frühlingstage wurden langsam länger, und die Bauern des Dorfes arbeiteten unermüdlich, um dem für die Gegend typischen lehmigen, roten Ackerboden, der sich unterhalb der Siedlung am Fuße des Donnersbergs erstreckte, ihre Saat aufzuzwingen. Es war eine mühsame und kraftraubende Arbeit, da sie mit schlichten Spaten den schweren Boden auflockern mussten, was nach dem langen Winter nicht einfach war. An tieferen Stellen war die Erde sogar noch gefroren. Unermüdlich, von kurz nach Sonnenaufgang bis kurz vor Sonnenuntergang schufteten die Männer, die sich nicht auf Kriegszug mit Cadan befanden, auf den Feldern.

Rowan, die mit jedem Tag stiller und blasser wurde, erledigte gewissenhaft die Aufgaben, die ihr die Mutter aufgetragen hatte, und zog sich anschließend oft auf das kleine Bänkchen am Rande des Dorfplatzes zurück. Sie versuchte, nicht an ihre bevorstehende Vermählung zu denken, doch die düsteren Gedanken ließen sich nicht wegdrängen. Seit ihr Vater ihr mitgeteilt hatte, dass sie mit Morcant vermählt werden sollte, war dieser zweimal im Hause ihrer Eltern gewesen, um sie zu umwerben. Werben bedeutete für ihn nicht mehr als eine grummelnd hervorgestoßene Begrüßung. Er bedachte sie die ganze Zeit über mit abschätzenden Blicken, die Rowan unwillkürlich an das Begutachten von Vieh vor dem Kauf denken ließen. Beide Male bediente sie den Gast, wie es ihr die Mutter befohlen hatte, zog sich danach aber sofort in eine Ecke des Raumes zurück, wenn sich ihr die Gelegenheit dazu bot. Sie hoffte jedes Mal inständig, dass Morcant das Interesse an ihr verlieren würde und seine Besuche aufhörten.

In diesem Augenblick fiel ein Schatten auf sie. Morcant war unbemerkt zu der Bank getreten und blickte mit gerunzelter Stirn auf Rowan hinab.

Ein anzügliches Grinsen umspielte seine Lippen. »Wenn wir erst einmal vermählt sind, wirst du keine Zeit mehr haben, hier faul herumzusitzen. Ich werde dir schon beibringen, wie sich die Frau eines Kriegers zu verhalten hat.«

Rowan wagte nicht aufzublicken und seufzte erleichtert auf, als Morcant sich umdrehte und mit einem verächtlichen Schnauben weiterging.

So viel zu meiner Hoffnung, dass er das Interesse verlieren könnte, dachte sie verzweifelt.

Schon wieder bahnte sich eine Träne den Weg hinab zu ihrem Kinn, und sie wischte sie schnell mit ihrem Hemdsärmel weg.

Ihr Herz fühlte sich an, als ob es bei dem Gedanken an ihre bevorstehende Vermählung zerreißen müsse. Sie konnte nicht glauben, in welche Richtung sich ihr Leben plötzlich entwickelte. Eben war Drystan unverhofft zurückgekehrt, da wollten ihre Eltern sie einem alten Widerling zur Frau geben! Warum kam der Häuptlingssohn denn nicht zu ihr? Bedeutete sie ihm gar nichts mehr? Es gab nur einen Ort, von dem sie sich jetzt Erleichterung erhoffte.

Rowan sprang auf und hastete, so schnell sie konnte, ans

Ostende der Siedlung. Außer Atem und mit Tränen in den Augen blieb sie vor dem Heiligtum stehen, das von einem kleinen Graben umgeben war. Eine schmale Holzbrücke führte zur Eingangspforte. Diese zierten Aberhunderte knöcherne Schädel, die hauptsächlich von geopferten Rindern oder Schafen stammten. Der eine oder andere menschliche Schädel steckte auf Spießen, die rechts und links neben der Eingangspforte die Besucher begrüßten. Rowan wusste, dass sie von Gefangenen stammten, die Cadan gemacht und als Opfergabe an die Götter übergeben hatte. Doch hierfür hatte Rowan heute keinen Blick übrig.

Eilig trat sie durch die Pforte und bekam sofort eine leichte Gänsehaut, da es im Inneren viel kühler als draußen war. Im Heiligtum brannte kein Feuer zum Wärmen, anders als in den Katen der Krieger und Bauern. Die einzige Lichtquelle war die ewige Fackel, die genau in der Mitte des großen Gebäudes auf einem Podest thronte. Diese warf ihr zitterndes Licht auf den Opfertisch, der, wie Rowan erkennen konnte, mit Frühlingsblumen und ersten Kräutern geschmückt war. Deren würziger Duft vermischte sich mit dem Geruch des Fackelpechs. Drei breite Stufen führten zum Opfertisch hinauf, und Rowan kniete auf der untersten nieder. Heftig weinend ließ sie den Kopf hängen.

»Warum, o große Mutter, warum lässt du das zu? Wie kann ich diesen Grobian zum Manne nehmen? Warum tust du das?«

Sie schluchzte laut auf. Ihre Schultern bebten und sie weinte nun hemmungslos, ihr Gesicht in ihren Händen vergraben.

»Mein Kind, welche Frage stellst du da der großen Mutter? Zweifelst du etwa an ihrer Weisheit?«

Rowan zuckte zusammen. Ihre Hände wischten hektisch

die Tränen aus ihrem Gesicht, und sie blickte sich schnell in dem düsteren Raum um. Er schien leer, aber in einer Nische in der Ecke, die zu den verbotenen Räumlichkeiten führte, konnte sie eine große, schlanke Gestalt ausmachen, die in weiße Tücher gehüllt war. Dieser Teil des Gebäudes war nur den Druiden zugänglich, die sich um das Heiligtum und die Kulte kümmerten. Sie erkannte die Druidin Meallá, deren Hauptaufgabe im Heiligtum das Vorhersagen der Zukunft war. Neben Meallá gab es drei weitere Druiden, deren Aufgabenbereiche von Heilung bis hin zu Opferritualen reichten.

Hastig trocknete sich Rowan das Gesicht mit dem langen Ende ihres kopftuchartigen Schleiers und zog diesen in die Stirn. Sie erhob sich und machte einen tiefen Knicks in Richtung der Druidin. In dieser ehrerbietigen Haltung verharrte sie zitternd. Sie hatte nicht damit gerechnet, dass sich um diese Tageszeit jemand im Heiligtum befand.

Meallá schritt langsam und würdevoll auf Rowan zu. Ihr langes, kunstvoll hochgestecktes tiefschwarzes Haar war von einem fast durchscheinenden Schleier bedeckt, der bis zum Boden reichte. Rowan blickte fest auf den Steinboden zu ihren Füßen und konnte kaum ein Geräusch ausmachen, als sich die Druidin in ihre Richtung bewegte. Eine Berührung auf ihrem Kopf, zart wie das Streicheln einer Feder, wies sie an, sich zu erheben.

»Verzeiht mir, weise Meallá. Es war nicht meine Absicht, die große Mutter zu beleidigen.«

Schüchtern hob Rowan den Blick. Die Druidin befand sich direkt vor ihr. Ihre große, schlanke Gestalt war in ein weißes Gewand gehüllt, das, wenn man es genauer betrachtete, durch viele filigrane Stickereien mit silbernem Garn, einen geheimnisvollen Schimmer im Licht der ewigen

Fackel annahm. Ihre feingliedrigen Hände waren vor ihrem schmalen Leib aufeinandergelegt. Ihr langer Hals wurde durch einen Silberreif geschmückt, der eine sich windende Schlange darstellte.

Die Druidin blickte Rowan aus dunklen, leicht schräg stehenden Augen, die ihrem alterslos erscheinenden Gesicht mit den hohen Wangenknochen einen fast fremdländischen Ausdruck verliehen, ruhig an.

»Rowan, mein Kind, das Grämen über Schicksalsentscheidungen steht den Menschen zu. Aber der großen Mutter muss immer mit Ehrerbietung begegnet werden,« sagte die Seherin mit weicher Stimme.

»Ich weiß«, schluchzte Rowan und sank wieder auf den Boden. Beschämt schlug sie die Hände vors Gesicht und konnte den Strom der Tränen nicht länger zurückhalten. *Jetzt habe ich auch noch die Göttin erzürnt,* dachte sie verzweifelt.

Die Druidin beugte sich zu ihr herab. Ihre Hand berührte Rowans mit einem Schleier bedeckten Kopf. »Mein Kind, das Grämen ist die eine Sache, die den Menschen zusteht. Das Annehmen des eigenen Schicksals ist eine andere.«

Langsam blickte sie mit tränenverhangenem Blick auf. »Wie meint Ihr das?«, fragte sie mit zittriger Stimme.

»Nun, mein Kind, es ist nicht nur die große Mutter, die die Geschicke der Menschen leitet. Es sind auch die Menschen selbst, die ihre Geschichte schreiben. Leider vergessen wir das oft und machen gern jeden und alle für unser Leid verantwortlich. Wir sind zu bequem, unser Schicksal mitzugestalten, und verlassen uns darauf, dass dies andere für uns tun. Und wenn dann das Schicksal eine schlimme Wendung nimmt, so beschweren wir uns.«

Rowan blickte erstaunt in das ebenmäßige Gesicht der

Druidin. Sie lauschte den Worten und versuchte, ihren Sinn zu verstehen.

Was habe ich einfaches Mädchen denn an meinem Schicksal zu entscheiden? Sind es nicht andere, die über mich entscheiden?

Die Antwort der Druidin machte ihr bewusst, dass sie ihre Gedanken laut ausgesprochen hatte.

»Niemand sagt, dass es einfach ist, sein Schicksal in die eigene Hand zu nehmen.«

»Aber so sagt mir doch, was ich tun kann?«. Rowans Stimme nahm einen flehenden Tonfall an.

Die Druidin betrachtete die verzweifelte Rowan, die vor ihr auf dem Boden kniete, mit einem warmen Blick. Ihre Hand verweilte noch immer auf ihrem Kopf.

»Du willst also, dass andere über dein Schicksal entscheiden, denn du bittest mich gerade, dies zu tun.«

Rowans Flehen wurde lauter. »So sagt mir bitte, was ich tun kann, um dieser Vermählung zu entgehen.«

Die Druidin zog langsam ihre Hand von Rowans Kopf zurück, beugte sich herab und half ihr auf die Beine.

»Mein Kind, ein Schicksal kann ich dir vorhersagen, aber es gibt tausend Möglichkeiten, wie es sich verändern kann. Und eine dieser Möglichkeiten steht gerade vor mir.«

Mit diesen Worten drehte sich die Druidin um und schritt würdevoll zurück zum Eingang des Priesterbereichs. Ohne sich noch einmal nach dem verzweifelten Mädchen umzusehen, verschwand sie hinter dem schwarzen Tuch, das den Eingang verdeckte.

Rowan fröstelte es plötzlich, und sie verließ das Heiligtum hastig durch den knöchernen Eingangsbogen. Sie spürte eine tiefe Verzweiflung in sich, und die Worte der Seherin hatten sie verwirrt. Hatte sie sich doch einen Rat erhofft, der ihr bei ihrem Problem half. Ein leichtes Pochen machte sich hinter ihren Schläfen bemerkbar.

Die Sonne hatte ihren Höhepunkt am Himmel überschritten, und sie wusste, dass es an der Zeit für sie war, nach Hause zu gehen. Die Mutter wartete bestimmt bereits auf sie.

Ich kann jetzt noch nicht zurückgehen, dachte Rowan und rieb sich die schmerzenden Schläfen. Sie beschloss, hinter dem Heiligtum dem Pfad ein kleines Stück zu folgen, um in Ruhe nachdenken zu können.

Vier Pfade führten vom Donnersberg hinab ins Tal, an jedem Ende der Siedlung einer. Der Weg hinter dem Heiligtum wurde nur selten benutzt, da sich die Häuser der Bauern und Krieger am anderen Ende der Siedlung befanden. Die Druiden nutzen ihn hauptsächlich, um im Wald Kräuter zu sammeln, und auch die Opfertiere wurden meist auf diesem Weg transportiert.

Zügig schritt Rowan den gewundenen Weg entlang. Sie achtete kaum auf die Wurzeln, die hier und da aus dem Boden ragten und sie fast zu Fall brachten. Auch an den steileren Stellen hielt sie ihre Geschwindigkeit. Die kahle Ebene direkt in und neben der Siedlung wurde durch einen immer dichter werdenden Wald abgelöst. Ein rotes Eichhörnchen sprang vorwitzig von Ast zu Ast über ihr, doch Rowan war blind für die Geschehnisse um sie.

Bilder der vergangenen Wochen wechselten sich in ihrem Kopf ab. Da war ihr Vater, der ihr mitteilte, dass sie Morcant heiraten sollte. Dann tauchte plötzlich Drystans blonder Schopf auf, der sie mit lachenden Augen anblickte. Ein kurzes Lächeln stahl sich auf ihre Lippen. Unmittelbar kam wieder der Gedanke an Morcant. Ihre Hände verkrampften sich zu Fäusten, und sie hastete weiter. Ihr langer Wollrock verfing sich an einem Ast, der ein kleines Loch in ihr

Gewand riss. Rowan bemerkte weder dies noch die Tatsache, dass sie sich weiter vom Dorf entfernte. Immer und immer wieder dachte sie über die Worte der Druidin nach, aber sie konnte sich keinen Reim darauf machen. Wie sollte ein einfaches Mädchen etwas gegen eine von den Eltern arrangierte Vermählung unternehmen?

Als sie den Fuß des Berges erreicht hatte und die letzten Sonnenstrahlen die satte rote Erde der angrenzenden Ackerflächen aufleuchten ließen, kam sie endlich zu sich. Eine leichte Gänsehaut überzog ihre Arme, und ein Schauer lief ihr über den Rücken, als ihr bewusst wurde, wie weit sie sich ohne Schutz vom heimischen Dorf entfernt hatte. Sie wollte sich gerade auf dem Absatz umdrehen und den Berg wieder hinaufhasten, als sich ein Gedanke in ihren Kopf stahl.

Vielleicht sollte ich einfach weggehen und Morcant hinter mir lassen. Vielleicht meinte die Seherin das mit ihren Worten?

Unschlüssig blieb Rowan stehen und zog die Stirn kraus. Die rote Locke, die ihr immer wieder in die Augen fiel, schob sie mit einer ungeduldigen Bewegung zurück unter ihren Schleier.

Aber sie würde nicht nur Morcant zurücklassen, wenn sie das täte. Sie würde auch ihre Eltern, ihre Schwester und ihr Dorf zurücklassen.

Und Drystan, meldete sich eine kleine Stimme in ihrem Kopf.

Bei dem Gedanken an den hochgewachsenen jungen Krieger breitete sich das bekannte, angenehm warme Gefühl in Rowans Bauchgegend aus, das sie immer bekam, wenn sie an ihn dachte. Vor ihrem inneren Auge erlebte sie noch einmal ihre letzte Begegnung mit dem Sohn des Häuptlings, sah seine tiefblauen Augen und die athletische, aber durchaus auch elegante Art, sich zu bewegen. Sie stellte sich vor, wie er sie in seine Arme nahm, wie sich sein blonder Schopf senkte, um sie zu küssen. Genau wie damals im Wald.

Rowan schüttelte energisch den Kopf. Die kleine Locke, die sie gerade hinter ihren Schleier zurückgeschoben hatte, sprang wieder hervor.

Drystan und sie, wie sollte das gehen? Er war der Sohn des Häuptlings und sie nur eine einfache Bauerntochter. Wieso hatte das früher nur nie eine Rolle für sie gespielt?

Warum fühlte sie sich plötzlich so traurig, so leer? So als hätte sie etwas verloren, was sie nie wirklich besessen hatte? Rowan blickte verwirrt in Richtung Horizont, wo die Sonne mit einem letzten Aufblitzen endgültig unterging. Schlagartig wurde es dunkler und kühler. Sie zog ihren Umhang fester um ihre Schultern und blickte sich erschrocken um. Ihr war ein weiteres Mal bewusst geworden, dass sie sich alleine und weit außerhalb des Dorfes befand und dass es dazu schnell dunkel wurde. Sie würde erst weit nach dem Abendbrot zu Hause ankommen, da der Weg nach oben recht lange dauerte.

Mit einer hastigen Bewegung drehte sie sich um und tauchte in den Rand des Waldes ein, der den Donnersberg bis zu seinem Fuße umgab. Eilig hastete sie den sich windenden Pfad hinauf. Höher und immer höher trugen sie ihre Schritte, vorbei an blühenden Büschen und großen Tannen. Sie hörte ein leises Knacken, beachtete dies jedoch nicht weiter und eilte weiter den Hang hinauf. Erst als sie ein lautes Atmen direkt hinter sich hörte, wurde ihr klar, dass sie nicht mehr alleine war. Angst und Panik stiegen in ihr hoch, schließlich hatten sie ihre Eltern immer wieder vor Wegelagerern und Mörderbanden gewarnt, die die Gegend unsicher machten.

»Verlasse niemals ohne Begleitung das Dorf, mein Mädchen. Das musst du mir versprechen«, hatte ihr die tiefe Stimme des geliebten Vaters geraten.

Jäh kam Rowan zu Fall. Eine schwielige Hand hatte sie am Oberarm gepackt, was sie zum Straucheln gebracht hatte. Hart schlug sie auf dem noch von der Sonne aufgewärmten Waldboden auf. Einzelne Tannennadeln und Eicheln bohrten sich schmerzhaft in ihre Handflächen. Es gelang ihr, die Arme schützend vors Gesicht zu halten, sodass sie sich nicht am Kopf verletzte. Ihre Arme brannten bis zu den Ellbogen wie Feuer, und sie spürte eine warme Flüssigkeit, die von den zerkratzten Handgelenken tropfte.

»Na, was haben wir denn hier für ein hübsches Vögelchen gefunden«, vernahm sie die kehlige Stimme eines Mannes. »Schau dir das an, Airril. Ein zartes Vögelchen ist uns in die Arme gelaufen.«

Rowan wagte nicht aufzustehen. Ihr ganzer Körper war wie gelähmt vor Angst. Nur mühsam unterdrückte sie den Impuls, laut aufzuschluchzen und um Hilfe zu schreien. Eine innere Stimme sagte ihr, dass das ihr Schicksal im Moment nicht erleichtern würde. So blieb sie reglos und flach atmend am Boden liegen.

»Oh ja, Breac«, hörte sie eine fast heiser klingende Stimme, die ebenfalls einem Mann gehörte. »Ein feines Vögelchen ist das.«

Feiste Lippen gaben ein schmatzendes Geräusch von sich, und beide Männer brachen in lautes Gelächter aus.

Das wiehernde Lachen weckte Rowan aus ihrer Starre. Blitzartig sprang sie auf die Füße und machte einen langen Satz nach vorne, um einen kleinen Abstand zwischen sich und ihre Verfolger zu bringen. Es gelang ihr, den Überraschungsmoment zu nutzen, und sie hörte den wütenden

Aufschrei der Männer, die zu spät verstanden, was vor sich ging. Geschickt rannte Rowan weiter den schmalen Pfad hinauf, wagte es aber nicht, über ihre Schulter zu blicken, um keine Zeit zu verlieren. Sie vermeinte, die Männer hinter sich schnaufen zu hören, und rannte schneller. Ihr Herz schlug ihr bis zum Hals. Kleine Zweige peitschten in ihr Gesicht und hinterließen blutige Striemen, doch das bemerkte sie in ihrer Panik nicht. Näher und näher kam sie dem Dorfeingang, höher und höher trugen sie ihre Schritte. Ihre Lungen schmerzten von der ungewohnten Anstrengung. Da vorne glaubte sie, in der Dunkelheit bereits schemenhaft die Rückseite des Tempels auszumachen.

Völlig verausgabt verlangsamte Rowan schwer atmend ihren Schritt und blickte erleichtert in Richtung der Siedlung.

Nur gut zwei Dutzend Schritte trennten sie vom sicheren Osttor.

Plötzlich wurde sie von hinten am Ärmel gepackt und herumgerissen. Laut schrie sie in ihrer Panik auf, doch da spürte sie schon einen harten Schlag an ihrer Schläfe. Das Letzte, was sie wahrnahm, war, wie ihre Beine unter ihr nachgaben und sich ein pockennarbiges, grinsendes Gesicht über sie beugte.

4. Angebot

Ferentium, Toskana, 100 v. Chr.

»Du solltest dich geehrt fühlen, dass sich solch ein hochstudierter Grammaticus wie Alexander bereit erklärt, dich zu lehren! Stattdessen treibst du dich wie ein kleiner Junge irgendwo auf dem Hof herum und musst von deinem alten Kindermädchen gesucht werden!«

Mara war mit der Zubereitung des täglichen Breis beschäftigt, indem sie mit beiden Fäusten Weizenkörner mit Milch in einer steinernen Schüssel zerstampfte, und fand trotzdem Zeit, Caius ihre übliche Standpauke zu halten. Sie warf ihm tadelnde Blicke zu, bevor sie sich wieder ihrer anstrengenden Arbeit widmete. Durch die Tätigkeit war es ihr heiß geworden, sodass sie die Ärmel ihres Untergewandes hochgeschoben hatte, um sich wenigstens etwas Kühlung zu verschaffen. Caius bemerkte Schweißtropfen auf Maras dunkler Haut und schämte sich für die zusätzliche Arbeit, die er ihr offensichtlich machte. Er wusste, dass sie im Haushalt des Weinhändlers schon genug Aufgaben hatte und er mit Sicherheit zu alt dafür war, sie immer noch als Kindermädchen zu brauchen.

»Es tut mir leid, Mara!«, stammelte er verlegen. Seine Wangen röteten sich. »Es ist nur so, dass ich so gerne richtig arbeiten würde, als immer nur in der Studierstube herumzusitzen! Mir macht das einfach keinen Spaß, und die alten Griechen sind mir sowieso einerlei! Ich will Wein anbauen wie mein Vater!«

Caius' verzweifelter Blick versöhnte Mara augenblicklich mit ihrem Schützling, den sie wie einen Sohn liebte. Schließlich war sie ihm all die Jahre Mutterersatz gewesen.

»Ich versteh dich ja, mein Kiduku. Aber denk nur daran, wie privilegiert du bist, dass du solch eine gehobene Bildung genießen darfst! Nicht viele Eltern können ihren Kindern so etwas bieten.«

Sie lächelte Caius liebevoll an. Der wusste augenblicklich, dass ihm sein altes Kindermädchen nicht mehr böse war, und grinste in sich hinein. »Kiduku« hatte sie ihn früher immer genannt, wenn sie ihn auf dem Schoß gehalten und ihm faszinierende Geschichten von tapferen Soldaten und ihren Abenteuern erzählt hatte. Als er Mara einmal nach der Bedeutung des Wortes gefragt hatte, hatte sie ihm erklärt, dass dies ein Wort aus ihrem früheren Leben sei und »kleine Antilope« bedeutete. Dabei hatte sie sich mit dem Ärmel über die Augen gewischt. Dann hatte sie ihm von den stolzen, schnellen Tieren ihrer afrikanischen Heimat so lebhaft berichtet, dass er sie vor seinem inneren Auge über die weite Steppe springen sah. Caius hatte diese Erzählstunden mit Mara immer geliebt und sich an sie gekuschelt, um ihre Wärme zu genießen.

Maras Stimme brachte ihn jäh wieder zurück in die Gegenwart. »Du wirst noch früh genug mit dem Ernst des Lebens konfrontiert werden, Caius. Du solltest dankbar sein, dass dir dein Vater so eine Gelegenheit bietet!«

Sie konnte es nicht bleiben lassen, ihn immer wieder mit den Vorzügen seines Hauslehrers zu konfrontieren. Sie gab den Milch-Getreidebrei in einen Topf und hängte ihn über die Feuerstelle. Anschließend wischte sie sich ihre schmutzigen Hände an ihrer Schürze ab und schenkte kühle Milch in einen Tonbecher, um ihn ihrem Schützling zu reichen, der auf der Eckbank vor dem hölzernen, massiven Esstisch saß.

Natürlich gab es in der Villa auch ein Triclinium, in dem immer dann gespeist wurde, wenn Gäste oder Kunden von Vicinius zum Mahl eingeladen waren. Dort gruppierten sich drei Liegesofas um einen niedrigen rechteckigen Tisch. Auf den Sofas fanden bis zu drei Gäste Platz. Diese stützten sich üblicherweise mit der linken Hand auf dem Sofa ab und hatten so die rechte Hand zum Essen frei. Auf den Tischen standen hübsch verzierte, tönerne Schüssel zum Händewaschen. Außerdem wurden für das Mahl filigran gearbeitete, silberne Ligulae für jeden Gast bereitgelegt, die Vicinius seiner Frau einst zur Hochzeit geschenkt hatte. Livia war auf diesen Luxus stolz gewesen und hatte sich immer darüber gefreut, wenn ein Gast eine anerkennende Bemerkung über die hübschen Löffel verloren hatte. Den Boden des Raumes zierte ein Mosaik, das ein stilvolles Muster darstellte. Die Wände waren kunstvoll und farbenfroh bemalt und zeigten Szenen aus der Traubenernte.

Obwohl sich Caius' Hauslehrer mehr über Gemälde aus der griechischen Mythologie gefreut hätte, hatte sich in diesem Fall der Hausherr durchgesetzt. Immerhin benutzte er den Raum hauptsächlich, um mit Kunden zu speisen und nebenbei Handel zu treiben. Was war da besser geeignet, als seine Gäste auf das Thema Weinkauf einzustimmen, indem sie den Prozess der Weinherstellung bereits während ihres Mahles vor Augen hatten. Diesen Raum benutzten sie nur, wenn Gäste da waren. Als Caius' Mutter noch gelebt hatte, hatten Vicinius und Livia das Triclinium für alle Mahlzeiten aufgesucht. Inzwischen aßen der Hausherr und sein Sohn in

Maras Küche. Das hatte vor allem praktische Gründe. Im Winter war es hier immer angenehm warm und außerdem fühlte sich der Hausherr nicht ständig an die gemeinsamen Mahlzeiten mit seiner verstorbenen Frau erinnert. Caius war als kleiner Junge sowieso immer in Maras Nähe gewesen.

Die hatte inzwischen seinen Becher nochmals mit Milch gefüllt und schob ihn ihm über den Tisch hinweg zu.

»Da, trink, mein Junge. Es ist so warm, in der Küche, da tut dir eine Abkühlung gut.«

Dankbar nahm Caius den Becher entgegen und genoss die herrlich frische Milch, die kalt seine Kehle hinabrann.

»Hmm!« Genießerisch schloss er die Augen. Er liebte diese Momente, die er bei Mara in der Küche verbrachte, und fühlte sich fast wieder wie ein kleiner Junge, der von ihr verhätschelt wurde. Darum huschte er meistens gleich nach seinen langweiligen Unterrichtsstunden hierher.

»Caius, wo bist du?« Die laute Stimme seines Vaters dröhnte über den Hof.

»Ich bin in der Küche, Vater.« Caius steckte den Kopf durch die offene Fensterluke und winkte Vicinius eifrig zu, der mit großen Schritten auf ihn zu stapfte.

»Ich habe großartige Neuigkeiten, mein Sohn!«

Der kräftige Weinhändler trat schnaufend in die Küche und nahm gegenüber von Mara am Tisch Platz. Sein rundes Gesicht war von dem schnellen Marsch gerötet, und Schweißtropfen rannen ihm über die Stirn. Seine helle Tunika wies Schweißränder unter den Ärmeln auf.

»Ich habe eben den Handel meines Lebens abgeschlossen, der uns ein sorgenfreies Leben ermöglichen sollte!«

Der Weinhändler strahlte übers ganze Gesicht und stürzte anschließend einen Becher kaltes Brunnenwasser hinunter, den Mara ihm fürsorglich hingestellt hatte. Sie wusste genau, dass der Weinhändler lieber Wasser als Milch trank, hatte er doch mehr als einmal gespottet, dass man den Kälbchen nicht die ganze Milch wegtrinken sollte. Nachdem sich Vicinius mit dem Handrücken über den Mund gewischt hatte, fuhr er aufgeregt mit seinen Erzählungen fort und sah dabei Caius an.

»Du kennst doch Marius, den Wirt. Er hat mir einen Handel angeboten, bei dem er ausschließlich meine Weine beziehen wird, und mir schon jetzt eine kräftige Vorauszahlung gegeben. Ich soll ihm jede Woche zwei Fässer Rot- und Weißwein liefern, da seine Gäste unseren ausgezeichneten Tropfen zu schätzen wissen! Ihm sind wohl schon von fahrenden Händlern mehrere Fässer verdorbenen Weines verkauft worden, und dieses Risiko möchte er nicht mehr eingehen. Jetzt muss ich mir nicht mehr jeden Tag die Beine auf dem Markt in den Bauch stehen! Auf so eine Gelegenheit warte ich seit Jahren!«

Vicinius wischte sich den Schweiß von der Stirn. Caius' Gesicht strahlte vor Freude. Er wusste, wie anstrengend die Markttage für seinen Vater immer waren, und insgeheim hoffte er, dass er nun mehr Zeit für ihn hätte.

»Das ist ja großartig, Vater! Endlich kannst du dir etwas mehr Ruhe gönnen.«

Mara schnippelte Bohnen in den Getreidebrei und schaute skeptisch auf den großen Weinhändler. »Dominus, seid Ihr sicher, dass sich dieses Geschäft auszahlen wird? Könnt Ihr so viel Wein überhaupt liefern?«

»Ach, schweig still, du alte Schwarzseherin!«, fuhr Vicinius ihr tadelnd über den Mund. Er hatte offenbar keine Lust, sich von seiner Haushälterin die gute Laune verderben zu lassen. »Mein Lager ist voller gutem toskanischen Wein und wird uns viel einbringen. Wir können uns bald sogar eine neue Köchin leisten, so wie die Lage jetzt ist. Dann brauchen wir deinen Fraß nicht mehr zu essen.«

Caius wusste, dass sein Vater die harten Worte nicht ernst meinte, rieb er sich dabei doch schmunzelnd übers Kinn.

»Dass es Euch nicht schmeckt, sieht man Euch wahrlich nicht an«, erwiderte Mara und schielte verschmitzt auf den mächtigen Bauchumfang des Weinhändlers. Da mussten alle laut lachen, und es wurde ein vergnüglicher Abend an Maras Küchentisch.

5. Schicksalsgrade

Keltisches Oppidum auf dem Donnersberg, 100 v. Chr.

Kühle Luft auf ihrem Gesicht war das Erste, was Rowan wahrnahm, als sie aus einer tiefen Besinnungslosigkeit erwachte. Der leicht ölige Geruch einer Fackel stieg in ihre Nase. Noch war alles um sie herum verschwommen, und sie konnte nur Schemen ausmachen. Ihr Kopf tat wahnsinnig weh. Sie schien getragen zu werden, so wie ein Kleinkind auf den Armen getragen wurde, wenn es vor dem Feuer spielend eingeschlafen war, denn sie spürte einen warmen, festen Körper, der sie sicher umfing, und merkte, wie ihre Beine kraftlos herabhingen.

Schlagartig wurde ihr bewusst, was passiert war. Sie schrie auf und begann, um sich zu schlagen, um sich von ihrem Peiniger zu befreien. Die Arme, die sie hielten, umschlossen sie nur fester.

»Schh, Rowan, schh, es ist alles gut«, hörte sie eine vertraute Stimme. Ihr Retter bewegte sich mit ihr auf dem Arm in Richtung einer Lichtquelle, die sich in der Mitte eines Raumes zu befinden schien.

Woher kennt er meinen Namen?, fuhr es Rowan durch den schmerzenden Kopf.

Sie hörte auf, um sich zu schlagen, und versuchte verwirrt, das Gesicht des Mannes zu erkennen.

Tiefblaue Augen blickten sie mit besorgtem Blick an. Eine große, warme Hand strich ihr zärtlich die Haare aus dem Gesicht und verweilte für einen Moment auf ihrer Wange. Sie spürte den festen, regelmäßigen Herzschlag des Mannes, der sie fest umfangen hielt.

»Drystan«, flüsterte sie schwach. »Drystan…« Dann verlor sie abermals die Besinnung.

Als Rowan aus ihrer Bewusstlosigkeit erwachte, lag sie auf einer schlichten Holzpritsche, über die ein weiches Fell gebreitet war. Ihr Kopf pochte, während sie mühsam versuchte, sich aufzurichten.

»Bleib liegen, mein Kind.«

Die Stimme gehörte dem Druiden Mareg, dem Heiler der Siedlung.

Rowan bettete ihren schmerzenden Kopf zurück auf das Fell und versuchte, den Druiden in dem dämmrigen Raum auszumachen.

»Du bist im Heilhaus, mein Kind.«

Maregs große Gestalt erschien über ihr. Sein weißes Gewand, das bis zum Boden reichte, verlieh ihm ein eigentümliches Aussehen. Lange Kleider waren eigentlich Frauen vorbehalten, aber auch männliche Druiden trugen lange, wallende Gewänder, die Kleidern nicht unähnlich waren.

Als er die Hände nach Rowan ausstreckte, um ihre Stirn zu fühlen, streiften sie die langen, trompetenförmigen Ärmel seines Gewandes.

»Das Fieber scheint gebrochen. Du wirst wieder gesund.«

Die Stimme des Heilers klang zufrieden. Er drehte sich zu einem Tisch um, der vor dem einfachen Bett stand, und begann mit einem steinernen Mörser Kräuter zu zerkleinern. Diese gab er anschließend in einen Kessel, der über der

Feuerstelle am anderen Ende des Raumes hing. Ein durchdringend würziger, jedoch nicht unangenehmer Geruch stieg in Rowans Nase.

Als sie zu sprechen versuchte, kam nur ein kehliger Laut über ihre Lippen.

»Warte, mein Kind. Trink zunächst diesen kräftigenden Trank. Er wird deine Lebensgeister stärken.«

Mareg setzte sich an den Rand der Bettstatt und stützte die schwache Rowan. Ein tönerner Becher wurde an ihre Lippen gehalten, und sie nahm einen kleinen Schluck des heißen Gebräus zu sich. Sie verzog das Gesicht, trank aber artig von dem recht bitteren Getränk.

Erst als sie den Becher geleert hatte, ließ sie der Druide sanft zurück auf das Fell sinken, blieb jedoch an ihrer Seite sitzen.

»Drystan«, murmelte Rowan heiser.

Hatte sie sich etwa nur eingebildet, dass er bei ihr gewesen war? Dass er sie in seinen Armen gehalten hatte?

»Der Sohn des Häuptlings hat dich zu mir in den Tempel gebracht«, bestätigte der Heiler ihre Erinnerungen. »Gemeinsam trugen wir dich ins Heilhaus, wo ich deine Wunden behandelt habe.«

Das Gesicht des Druiden verfinsterte sich plötzlich.

»Es stand schlimm um dich, mein Kind. Du hast stark am Kopf geblutet, wo du offensichtlich mit einem Stein niedergeschlagen worden warst. Viele Male musste ich den Verband aus Wundklee und Immergrün wechseln, bevor die Blutung endlich zum Stillstand kam. Du warst lange ohne Bewusstsein und hattest Fieber, was kein gutes Zeichen war. Ich dachte, wir würden dich verlieren. Doch die Götter haben offenbar noch etwas mit dir vor.«

Erschrocken lauschte Rowan den Worten des Heilers.

»Belenos war an meiner Seite, und gemeinsam gelang es uns, dich von der Pforte des Todes zurückzuholen.«

Der Druide blickte zufrieden auf Rowan hinab.

»Drystan...«, murmelte sie abermals.

Das Gesicht des Druiden überzog ein kleines, wissendes Lächeln, als er sie forschend ansah. Sie spürte, wie sich ihr Herzschlag beschleunigte und sie errötete.

»Drystan hat dich gerettet, mein Kind. Er benahm sich seiner Stellung als Häuptlingssohn mehr als würdig. Er vernahm deinen Schrei, als er gerade der großen Mutter im Tempel geopfert hatte, und rannte aus dem Osttor hinaus den Pfad hinab. Dort sah er, wie zwei üble Gesellen sich über eine am Boden liegende Gestalt beugten, und griff ohne weiter nachzudenken sofort an. Mit seinem Kurzschwert konnte er die beiden überwältigen und rettete dich so vor ihnen. Dann trug er dich zu mir in den Tempel. Den Rest der Geschichte kennst du.«

Rowan schloss die Augen. Überwältigt von dem Gefühl, dass es Drystan gewesen war, der sie vor dem sicheren Tod bewahrt hatte, schickte sie ein stummes Dankesgebet an Rigani. Dann richtete sie ihren Blick wieder auf Mareg.

»Was ist mit den beiden passiert? Wer waren sie überhaupt?«

Der Gedanke an den Pockennarbigen und seinen Freund ließ Rowan Schauer über den Rücken laufen. Sie verspürte eine leichte Übelkeit, und ihre Kopfschmerzen verstärkten sich.

»Über die beiden Schurken brauchst du dir keine Gedanken mehr zu machen, mein Kind. Es waren Krieger eines anderen Stammes, die auf Beutezug waren. Zum Glück sind die beiden vorausmarschiert, oder du wärst einer größeren Truppe in die Hände gefallen.«

Der Druide betrachtete Rowan nachdenklich.

»Alles in allem war es ein Glück für uns, dass wir durch dich auf die beiden aufmerksam wurden. So konnte Cadan mit seinen Kriegern losziehen und den Halunken ein wahrhaftig blutiges Willkommen bereiten. Wer weiß, was sonst mit uns allen geschehen wäre?«

Maregs Gesicht verzog sich plötzlich zu einem Lächeln.

»Wir haben großes Glück gehabt. Die Siedlung wurde gerettet, und wir konnten der großen Mutter zwei Opfer darbringen.«

Die Freude stand dem Druiden deutlich ins Gesicht geschrieben.

»Es war wahrlich ein Freudenfest«, fuhr er fast schwärmerisch fort. »Die beiden lebten noch, als der Häuptlingssohn sie aus dem Wald holte, nachdem er dich zu mir gebracht hatte. Das alleine grenzte schon an ein Wunder! So wütend, wie Drystan war, hätte nicht viel gefehlt und er hätte sie mit bloßen Händen erschlagen. Er wusste aber, wie schlimm es um dich stand, mein Kind. Darum überwand er seinen Zorn und überließ die Gefangenen unserem Ritualmeister Haerviu. Einer wurde Belenos zu Ehren geopfert, um die Götter gnädig für deine Heilung zu stimmen. Der andere wurde den Göttern mit einer Bitte um Schutz für die Siedlung dargeboten.«

Rowan erschauerte bei diesen Worten.

Sie konnte Haerviu im Geiste vor sich sehen. Er war der Älteste unter den vier Druiden und verantwortlich für die Opfergaben an die Götter. Neben dem Häuptling besaß der alte Priester das höchste Ansehen im Stamm. Cadan befragte vor einem längeren Kriegszug immer zuerst die Seherin Meallá. Danach wurde traditionellerweise ein Tier geopfert. Dieses Ritual übernahm Haerviu. Der großgewachsene Druide mit seinem langen grauen Haar und geflochtenem

Bart bot wahrlich ein furchteinflößendes Bild, wenn er mit hoch erhobenen Armen das großschneidige Opfermesser hielt, um es im nächsten Augenblick mit einer schnellen Bewegung in das Herz des Tieres zu stoßen.

Rowan war schon oft bei den Opferzeremonien dabei gewesen. Das ganze Dorf versammelte sich in und vor dem Tempel, um dem blutigen Schauspiel beizuwohnen. Im Anschluss fand immer ein großes Fest statt, bei dem das geopferte Fleisch gemeinsam verzehrt wurde. Erst wenn Haerviu im Anschluss an das Opferfest Cadan seinen Segen erteilte, zogen die Krieger los.

Meistens waren es Schafe oder Rinder, die geopfert wurden. Wenn Cadan Gefangene machte, kam es jedoch vor, dass diese ebenfalls der großen Mutter geopfert wurden. Dies geschah im Tempel auf oder direkt neben dem großen Opfertisch, je nach Tötungsritual, das Haerviu wählte. Die schnellste Art des Todes war mit Sicherheit die der Tieropferung nicht unähnliche Art des Erdolchens. Es gab aber auch Riten, bei denen sich die Tötung von den frühen Morgenstunden bis zum Abend hinzog und der Geopferte unsägliche Qualen erleiden musste. Die Köpfe der Getöteten wurden im Anschluss meist auf Spieße gesteckt und neben dem Tempeleingang ausgestellt. Obwohl Rowan wusste, dass die Feinde ihres Dorfes ihr Schicksal nicht anders verdient hatten, grauste es sie insgeheim vor den ausgebleichten Schädeln, deren leere Augenhöhlen sie jedes Mal anzustarren schienen, wenn sie zum Tempel ging.

»Wie lange liege ich denn schon hier?«, fragte sie.

Die Riten, die einer Opferung vorausgingen, nahmen immerhin einige Zeit in Anspruch, wie sie wusste.

»Mein Kind, du liegst seit einem halben Mondzyklus hier im Heilhaus«, erwiderte Mareg sanft.

Bei diesen Worten sank Rowan entsetzt zurück auf das weiche Fell. Sie fühlte sich unsagbar müde und schloss erschöpft ihre Augen.

Warme, wenn auch etwas raue Finger strichen ihr eine Locke aus dem Gesicht, und Rowan schlug die Augen auf. Drystan saß an ihrer Bettstatt und schaute mit besorgtem Blick auf sie herab. Die blonden Haare hingen wirr ins Gesicht des jungen Mannes. Als Rowan die Augen öffnete, ließ er seine Hand, die sie vorher so zart berührt hatte, sinken und sah sie mit ernsten Augen an.

»Ich wusste nicht, ob du schon wach bist. Es tut mir leid, wenn ich dich geweckt habe.« Besorgnis stand ihm ins Gesicht geschrieben.

Rowan schüttelte den Kopf, bemerkte aber sofort, wie dieser wieder zu schmerzen begann. Sie stöhnte leise auf, richtete ihren Blick dann aber wieder auf Drystan.

»Danke«, stieß sie flüsternd hervor und streckte ihm ihre schmale Hand entgegen. Drystan ergriff sie und hielt sie mit seinen großen warmen Händen umschlossen.

»Du musst mir nicht danken, Rowan. Du musst mir nur versprechen, dass du dich nie wieder in eine derartige Gefahr begibst.« Seine Stimme war fast nur noch ein Flüstern. Doch Rowan spürte, wie ernst er es meinte, und nickte.

Es fühlte sich so schön an, seine Hände auf der ihren zu spüren. Sie suchte seine tiefblauen Augen und flüsterte: »Ich verspreche es dir.«

Drystan lächelte bei diesen Worten und bewegte seine Hand wieder auf ihr Gesicht zu, als wolle er ihre Wange erneut streicheln. Rowan spürte die Wärme, die sein Körper ausstrahlte, als er näher rückte.

»Was würde ich nur ohne dich…«, begann Drystan, als

er plötzlich von der keifenden Stimme von Rowans Mutter unterbrochen wurde.

»Nichts als Dummheiten im Kopf, das Kind. Einfach weglaufen und sich in Gefahr begeben. Wie kann man nur so dumm sein?«, schimpfte Gerda laut vor sich hin, als sie das kleine Heilhaus betrat.

Als sie Drystan erblickte, blieb sie verblüfft stehen. Der junge Mann sprang sofort von seinem Platz am Rande der Bettstatt auf. Gerda deutete eine Art oberflächlichen Knicks an. Ihr Gesicht nahm einen leicht spöttischen Ausdruck an.

»Wir müssen Euch danken, Sohn des Cadan. Ihr habt unsere Tochter vor Unheil bewahrt.«

Die Anrede »Euch« und »Ihr« spie sie förmlich aus. Es bereitete ihr offensichtlich Unbehagen, den so viel Jüngeren mit der Hoheitsform ansprechen zu müssen. Ihr kalter Blick streifte ihre vor ihr liegende Tochter.

»Es ist meine Aufgabe, als Krieger unsere Siedlung und ihre Bewohner zu schützen«, erwiderte Drystan steif.

Mit einem letzten besorgten Blick auf Rowans blasses Gesicht verließ er das Heilhaus.

Kaum waren die Schritte des Häuptlingssohnes verklungen, zeterte Gerda: »Was du mir wieder für Scherereien machst, Kind! Das kommt nur von deinem wilden, schottischen Erbe. Von mir hast du das bestimmt nicht!«

Rowan wusste, dass die Abneigung ihrer Mutter auch mit ihrem schottischen Vornamen zusammenhing, den Gerda schon immer verabscheut hatte. Aber es war nun einmal das Recht des Mannes, den Namen der Kinder festzulegen. Als Alan den feuerroten Schopf seiner winzigen Tochter zum ersten Mal erblickt hatte, verkündete er sofort begeistert und mit stolzgeschwellter Brust, dass sein neugeborenes Töchterchen die gleiche Haarfarbe wie ihre schottische Großmutter

Rowan habe und deshalb nach ihr benannt werden solle. Rowan bedeutete schließlich Rotschopf. Sie kannte all die Geschichten, wie Alans Vorfahren nach einer schweren Hungersnot zusammen mit etlichen anderen vor einer Generation aus Schottland ausgewandert waren und wie es sie ins fruchtbare Rheingebiet verschlagen hatte. Alan hielt sein schottisches Erbe in Ehren, während seine Frau Gerda auf eine lange Ahnenreihe im Rheingebiet zurückblicken konnte und stolz darauf war. Sie war damals alles andere als begeistert gewesen, als ihr Vater sie Alan zur Frau gegeben hatte, hatte sich aber nach und nach mit ihrer Situation abgefunden, da ihr Mann tüchtig und rechtschaffen war. Dass er ihre zweite Tochter jedoch mit einem schottischen Namen belegte, verstand Gerda nicht und entfremdete ihr diese noch mehr.

Die Schimpftiraden ihrer Mutter schienen sich über Stunden zu erstrecken, zumindest kam es der erschöpften Rowan so vor. Ihr Kopf schmerzte ununterbrochen, und sie wollte nur noch die Augen schließen. Doch ihre Mutter redete sich in Rage. Alles Mögliche hieß sie sie, von »ehrlos« über »dumm«, von »ungezogen« bis »undankbar«.

Rowan regte sich nicht auf ihrer Bettstatt, sondern versuchte, die letzte Begegnung mit Drystan im Geiste zu durchleben. Sie konnte immer noch seinen leicht herben, so vertrauten Geruch wahrnehmen. Ihre Hand lang an der Stelle, auf der er eben noch gesessen hatte. Die durchdringende Stimme ihrer Mutter machte es ihr jedoch schwer, sich darauf zu konzentrieren.

»Ich werde deinem Vater klarmachen, dass die Eheschließung mit Morcant so schnell wie möglich stattfinden muss. So kann es mit dir nicht weitergehen! Morcant wird schon wissen, wie er dich erzieht!«, stieß sie boshaft hervor.

Als Rowan diese Worte vernahm, füllten sich ihre Augen

mit Tränen, und ihr Körper begann heftig zu zittern, was ihre Mutter nicht davon abhielt, mit ihrer Schimpftirade fortzufahren. Das Weitere vernahm Rowan nur noch wie aus großer Ferne, und auch Maregs Erscheinen nahm sie nicht mehr richtig wahr. Erst die Ankunft des Heilers und dessen unmissverständliche Anweisung an Rowans Mutter, das Heilhaus sofort zu verlassen und dem Mädchen Ruhe zu gönnen, erlösten sie von deren endlosen Vorwürfen.

Mareg beugte sich über die schluchzende Rowan und flößte ihr ein paar Schlucke eines süßlich schmeckenden Tranks ein. Der Zitteranfall ließ langsam nach, und sie versank in einem tiefen, traumlosen Schlaf.

6. Aufbruch

Ferentium, Toskana, 100 v. Chr.

Caius erwachte mitten in der Nacht. Es war stockfinster und bitterkalt. Zuerst nahm er an, dass die Kälte ihn geweckt hätte. Doch plötzlich bemerkte er, dass die Luft verbrannt roch.

Mara wird den Kessel auf dem Feuer vergessen haben!, war sein erster Gedanke.

Hastig schwang er die Beine aus dem Bett und eilte zur Tür. Als er sie öffnete, wurde der Brandgeruch augenblicklich intensiver. Caius rannte in die Küche, fand sie aber verlassen und den Herd kalt vor. Ihm kam die ganze Sache immer merkwürdiger vor. Er musste unbedingt herausfinden, woher dieser unangenehme Geruch kam, deshalb öffnete er die Haustür. Sofort schlug ihm dichter, beißender Qualm entgegen und schmerzte in seiner Lunge. Zuerst dachte er panisch, das Wohnhaus würde brennen, als er plötzlich einen hellen Schein in einiger Entfernung ausmachte. Das Lager stand in Flammen!

Caius rannte sofort zurück ins Haus und brüllte: »Feuer! Feuer!«

Er hörte aufgeregte Stimmen, und schon war Marcus in der Küche, gefolgt von dem wendigen Tito. Nachdem Caius ihnen rasch erklärt hatte, was los war, griffen sie sich die Eimer, die sorgfältig gestapelt in der Ecke der Küche standen, und rannten aus dem Haus, dicht gefolgt von Caius. Er hörte hinter sich seinen Vater rufen, konnte ihn aber wegen des tosenden Feuers nicht verstehen. Marcus war bereits beim Brunnen angekommen und zog in Windeseile Eimer hoch. Tito war in Richtung des abseits stehenden Lagers gerannt, und als Caius ebenfalls vor dem brennenden Gebäude ankam, war ihm sofort klar, dass sie es nicht mehr retten konnten. Das Dach stand bereits lichterloh in Flammen. Gerade brach krachend ein Balken ein und riss einen Teil des Daches mit sich. Funken wurden meterhoch in die Luft geschleudert. Caius bemerkte die Brandblasen kaum, die sich in kürzester Zeit auf seinen Armen und Beinen bildeten. Er fühlte sich völlig machtlos. Irgendetwas musste er doch tun können!

»Der Wagen! Er muss direkt neben dem Lager stehen!«

Er deutete aufgeregt in die Richtung, in der er ihn vermutete. Sein Vater hatte den kostspieligen Wagen erst kürzlich erworben und war sehr stolz darauf gewesen.

Die beiden Sklaven und Caius hasteten los. Es fühlte sich an, als würden sie gegen eine Wand rennen, so dicht war der Rauch. Sie konnten kaum etwas erkennen, da stolperte Tito plötzlich über die Deichsel des Wagens. Das Feuer tobte direkt über und neben ihnen, und Asche bedeckte ihre Haare und schien sich in Mund und Nase festzusetzen. Marcus zog, so fest er konnte, an der Deichsel, doch der schwere Wagen bewegte sich nicht. Caius und Tito rannten hinter das Gefährt und stemmten sich mit der Schulter dagegen. Sie schoben mit aller Kraft, und endlich kam der Wagen ins Rollen. Sie schafften es, ihn ein ganzes Stück weit vom Feuer wegzubewegen, und erst, als sie sicher waren, dass dort keine Gefahr mehr für den Wagen bestand, ließen sie sich erschöpft und hustend auf den Boden fallen. Caius hatte das Gefühl, seine Lunge stünde in Flammen. Er hustete, bis ihm Tränen aus den Augen flossen. Das Gesicht und die Haare waren weiß von der Asche, und seine Tränen bildeten seltsame Spuren auf den Wangen. Marcus und Tito erging es nicht besser. Sie husteten ununterbrochen.

Caius stemmte sich hoch und schleppte sich zu den verlassenen Wassereimern, die sie auf dem Weg zum Wagen stehen gelassen hatten. Er schleppte einen der Eimer zu Marcus und Tito, und erst als sie mehrere tiefe Schlucke kühlen Wassers hinuntergestürzt hatten, ließ der Hustenreiz langsam nach.

Ein ohrenbetäubendes Krachen ließ alle drei zusammenfahren. Das restliche Dach war eingestürzt. Caius schaute verzweifelt zu, wie das Vorratslager unaufhaltsam zerstört wurde. Er konnte nichts mehr tun. Das Weinlager war nicht mehr zu retten. Zum Glück war es weit genug vom Wohnhaus entfernt, sodass das Feuer nicht übergreifen konnte. Der uralte Olivenbaum, auf dem Caius als Kind so gern herumgeklettert war und unter dem Alexander und Marcus auf ihrem Bänklein so manchen Abend gemeinsam verbracht hatten, stand lichterloh in Flammen.

Sein Vater würde am Boden zerstört sein. Die komplette Ernte war innerhalb kürzester Zeit vernichtet worden. Auf einmal fiel Caius auf, dass er seinen Vater nirgendwo entdeckt hatte. Das war ungewöhnlich. Sicherlich hätte Vicinius nach dem Rechten gesehen und wäre ihnen gefolgt! Caius sah sich besorgt um, entdeckte jedoch niemand anderen auf dem Hof.

»Lasst uns zurück zum Haus gehen! Hier können wir nichts mehr machen«, sagte er beunruhigt und half Marcus auf die Beine.

Der alte Sklave hustete immer noch heftig und hatte sichtlich Mühe, sich aufrecht zu halten. Tito stützte ihn auf dem Rückweg. Der Wind trieb den Rauch weg vom Haus, sodass die drei wenigstens keine Mühe mehr hatten, den Weg zurückzufinden. Es war durch das Feuer fast taghell. In der Küche fanden sie Mara, die neben einem reglos auf dem Boden liegenden Körper kniete. Entsetzt erkannte Caius seinen Vater. Mara weinte und hatte den Kopf des Hausherrn in ihren Schoß gebettet. Sie strich ihm immer wieder liebevoll über die grau melierten Haare und flüsterte fremdartige Worte.

Als sie Caius bemerkte, erklärte sie leise: »Dein Vater wollte euch nachlaufen. Auf einmal fing er an zu torkeln und fiel, ohne ein Wort zu sagen, auf den Boden. Ich konnte ihn nicht auffangen. Es ging alles so schnell!«

Mara schluchzte laut.

Caius kniete sich neben seinen Vater und ergriff dessen schlaffe Hand. Er bemerkte, dass ein Mundwinkel seltsam nach unten hing, nahm aber erleichtert wahr, dass sich sein Brustkorb leicht hob und senkte. Er lebte! Den Göttern sei Dank!

»Tito! Marcus! Fasst an! Wir können meinen Vater hier nicht liegen lassen. Wir müssen ihn in seine Kammer bringen!«, befahl er den beiden Sklaven mit rauer Stimme. Sein Hals schmerzte höllisch beim Sprechen.

Auch Mara ließ es sich nicht nehmen zu helfen. So packten die vier gemeinsam mit an und schafften es unter größter Kraftanstrengung, den großen Weinhändler in sein Bett zu tragen. Caius setzte sich auf einen kleinen, hölzernen Schemel neben das Bett seines Vaters und nahm wiederum dessen Hand zwischen seine.

»Geht schlafen!«, wies er die anderen an. »Ihr seid ja völlig erschöpft. Ich bleibe bei Vater.«

Tito half Marcus, den der Transport des Dominus angestrengt hatte, aus dem Zimmer. Mara wollte protestieren, doch Caius unterband energisch jeden Einwand. Schließlich verließ auch sie mit hängendem Kopf das Zimmer und ließ den Jungen mit seinem Vater allein. Caius hörte, wie sie leise in der Küche mit den beiden anderen Sklaven redete und vermutete, dass sie sich um die völlig erschöpften Männer kümmerte. Jedenfalls ließ nach einiger Zeit Marcus' Husten deutlich nach. Dann verstummten die Stimmen, und Caius vernahm, wie sich Schritte entfernten. Geklapper aus der Küche zeigte ihm, dass Mara noch zugange war. Kurz darauf kam sie noch einmal leise zur Tür herein und brachte ihm einen großen Krug Wasser mit einem Becher. Sie strich ihm kurz über das verkrustete Haar, bevor sie das Zimmer wieder verließ.

Caius schloss müde die Augen. Sie brannten fast so sehr wie seine Lunge, und er fühlte sich zu Tode erschöpft. Die Sorge um seinen Vater lastete so schwer auf ihm, dass er über das abgebrannte Vorratslager gar nicht nachdenken konnte. Seine Kehle fühlte sich wie zugeschnürt an. Hoffentlich überlebte sein Vater die Nacht! Er betete leise zu den Göttern und versprach ihnen eine großzügige Opfergabe, wenn Vicinius überlebte.

Caius musste irgendwann vor Erschöpfung eingeschlafen sein. Er saß immer noch auf dem Schemel in der Schlafkammer seines Vaters, und jeder Knochen im Körper tat ihm von der ungemütlichen Sitzposition weh. Es war bereits hell draußen, und der Brandgeruch war immer noch sehr intensiv. Caius begriff, dass der Geruch an ihm selbst haftete. Seine Haare, die Tunika, alles roch nach Rauch. Die schrecklichen Ereignisse der Nacht kamen ihm plötzlich wieder in den Sinn. Was war mit seinem Vater?

Er traute sich kaum, zum Bett zu blicken, vor lauter Angst, Vicinius könne die Nacht nicht überlebt haben. So war er überrascht, als er sah, dass die braunen Augen seines Vaters, die den seinen so ähnlich waren, ihn anblickten.

»Vater! Du lebst! Ich hatte solche Angst!«

Er konnte die Tränen nicht mehr zurückhalten. Weinend legte Caius seinen Kopf an die Schulter seines Vaters. Als er Vicinius wieder ansah, blickte dieser ihn immer noch an. Er bewegte den Mund, aber kein Laut kam über die Lippen. Caius bemerkte, dass der linke Mundwinkel immer noch unnatürlich nach unten hing. Speichel lief Vicinius aus dem Mundwinkel übers Kinn.

Knarrend öffnete sich die Tür. Mara wollte nach dem Rechten sehen, und auch sie war hocherfreut, den Hausherrn wach vorzufinden.

»Das ist bestimmt ein gutes Zeichen, mein Kiduku«, meinte sie.

Caius zuckte hilflos mit den Schultern.

»Du gehst dich jetzt erst mal waschen, und dann isst du etwas.«

Energisch schob Mara ihren Schützling zur Tür.

»Du schaust ja zum Fürchten aus! Wie ein Gespenst! Ich bleibe bei deinem Vater, bis du dich etwas ausgeruht hast. Dann sehen wir weiter.«

Caius wollte protestieren, kam aber gegen Maras energische Art nicht an. Also schlurfte er mit langsamen Schritten in seine Kammer zur Waschschüssel. Er bemerkte, dass Mara, die gute Seele, ihm frisches Wasser erwärmt und hineingeschüttet hatte. Als er sein Antlitz in der Kupferkanne sah, erschrak er zutiefst. Mara hatte wahrlich nicht übertrieben, als sie ihn als Gespenst bezeichnet hatte! Er erkannte sich selbst nicht wieder. Aus der Kanne blickte ihm ein weißes Gesicht mit ebenso weißen Haaren entgegen. Er erkannte deutlich die Spuren, die die Tränen auf seinen Wangen hinterlassen hatten.

Sofort tauchte er beide Hände in die Schüssel und wusch sein Gesicht. Das Wasser wurde sogleich grau, und Caius goss das restliche Wasser aus der Kanne über seine Haare, um diese von der Asche zu befreien. Anschließend zog er sich die vor Schmutz starrende Tunika vom Leib und wusch sich am ganzen Körper. Mara musste ein paar Tropfen ihres Lieblingsöls ins Wasser gegeben haben. Caius sog den erfrischenden Lavendelgeruch dankbar ein. Endlich roch er nicht mehr nach Rauch. Schnell nahm er eine frische Tunika aus seiner Truhe. Die alte war nicht mehr zu retten. Sie war völlig verdreckt, und überall waren kleine Brandlöcher zu sehen. Er hatte sie einfach achtlos in die Ecke geworfen.

Seine Arme und Beine waren mit Brandblasen übersät. Ein paar davon waren aufgeplatzt und nässten. Erst jetzt nahm er den Schmerz wahr. Darum würde sich Mara später kümmern, zuerst musste er etwas essen!

Beim Frühstücksbrei hatte Caius zum ersten Mal Gelegenheit, über die Folgen der vergangenen Nacht nachzudenken. Das abgebrannte Lager bedeutete den Ruin der Familie. Betroffen erinnerte er sich an das glückliche Gesicht seines Vaters, als er ihnen mitgeteilt hatte, dass sie von nun an sorgenfrei leben konnten. Er hatte ganz vergessen, dass Vicinius eine Abmachung mit Marius, dem Wirt, getroffen hatte! Jetzt würde er diese nicht mehr einhalten können. Schließlich war der gesamte Weinvorrat ein Opfer der Flammen geworden! Wenn Marius auf der Einhaltung des Vertrags bestand, würden Caius und sein Vater alles verlieren, was sie besaßen!

Er beschloss, dass er alles in seiner Macht Stehende tun würde, um das zu verhindern. Da sein Vater krank darniederlag, war er nun der Mann im Haus. Entschlossen stand Caius vom Frühstückstisch auf. Er musste mit Marius reden, und zwar sofort!

»Wenn Ihr uns nicht aus dem Vertrag entlasst, bedeutet das den Ruin für meine Familie!«

Caius hatte sich entschlossen, den Wirt mit der vornehmen Anrede, die seinem Stand eigentlich nicht entsprach, zu schmeicheln.

Der kratzte sich unbeeindruckt am Kopf, sodass die fettigen Haare wirr in die Höhe standen. »Kann ich doch nichts dafür, dass ihr euren Vertrag nicht einhalten könnt! Da steht mir sicherlich eine entsprechende Entschädigung zu!«

Marius fixierte Caius und stieß verächtlich die Luft aus. Der übel riechende Atem, der aus der Mundhöhle des Wirts entwich, ließ ihn einen Schritt zurückweichen. Marius verzog den Mund zu einem verächtlichen Grinsen, und entblößte so seine braunen Zahnstummel. Offenbar hatte er Spaß an der misslichen Lage des Jungen.

»So habt Erbarmen und zeigt Euch großmütig! Die Götter werden es Euch danken!« Caius war den Tränen nahe, doch er wusste, er durfte eine solche Schwäche vor dem feisten Wirt niemals zeigen, wollte er ernst genommen werden.

»Die Götter haben noch keinen satt gemacht, also verschon mich mit deinem Gewäsch!«

Unnachgiebig fixierte der Wirt den verzweifelten Jungen mit seinen kleinen Schweinsäuglein.

»Ich hole den Marktaufseher, der wird die Angelegenheit für uns regeln!«

Das musste Caius unter allen Umständen verhindern! Er wusste, dass der Aufseher auf die Einhaltung des Vertrags pochen würde und dass sie dann unweigerlich ihr Haus verkaufen müssten.

»Haltet ein!«

Caius wusste gar nicht, woher er auf einmal die Kraft nahm. Seine Stimme wurde fest.

»Was würdet Ihr sagen, wenn wir Euch noch viel besseren Wein liefern würden, als den, der vorher vereinbart war? Und das zum gleichen Preis? Die Kunden werden Euch scharenweise zuströmen!«

Caius bemerkte das interessierte Glitzern in den rot geäderten Augen des Wirts und sprach schnell weiter.

»Euch ist bestimmt zu Ohren gekommen, dass im neurömischen Gebiet ein unvergleichlicher Tropfen angebaut wird. Jeder spricht davon!«

Caius war froh, dass er gehört hatte, wie sein Vater mit anderen Händlern über diesen angeblich so viel besseren Wein gesprochen hatte!

»Natürlich habe ich davon gehört, Junge! Doch wie willst ausgerechnet du an diesen Wein herankommen? Du bist ja noch grün hinter den Ohren!« Der Wirt lachte laut und kratzte sich an seinem dicken Bauch.

»Das lasst nur meine Sorge sein! Ich finde Mittel und Wege, das versichere ich Euch! Ich liefere Euch den besseren Wein zu den gleichen Bedingungen und benötige dafür nur einen zeitlichen Aufschub. Abgemacht?«

Caius versuchte, selbstsicher zu wirken, und schaute dem Wirt fest in die Augen. Wenn der sein Angebot nicht annahm, waren sein Vater und er ruiniert. Er hoffte inständig, dass der gierige Mann auf den größeren Gewinn durch den neurömischen Wein schielte und ihm deshalb eine Gnadenfrist einräumte. Marius zögerte kurz, doch schlug dann in Caius' ausgestreckte Hand ein.

»Du hast deinen Vertrag, Junge! Wenn du mir wirklich den besseren neurömischen Wein zum abgemachten Preis lieferst, werde ich mich noch etwas gedulden. Aber höre, wenn ich bis zur Weinlese im nächsten Jahr nichts von dir gehört habe, wende ich mich an den Marktaufseher! Bis zum Herbst beziehe ich meinen Wein aus den üblichen Quellen, aber danach werdet ihr mich mit dem Wein aus der diesjährigen Weinlese beliefern können.«

Caius nickte erleichtert. Er hatte zwar keine Ahnung, wie er das Ganze bewerkstelligen sollte, er musste einfach Erfolg haben! Sonst war alles verloren!

»Ihr werdet es nicht bereuen! Ich werde liefern!«

Zurück zu Hause schaute er gleich nach seinem Vater. Der lag mit geschlossenen Augen auf dem Bett. Erleichtert lauschte Caius den tiefen, gleichmäßigen Atemzügen. Er stellte sich kurz vor, wie Vicinius erwachte und sich voller Tatendrang aus dem Bett schwang. Er seufzte tief und beobachtete seinen Vater noch eine Weile beim Schlafen. Dann zog er sich in die Küche zurück.

Mara folgte ihm und holte einen Tiegel Salbe aus dem Küchenschrank. Wortlos strich sie die kühlende, gelbe Paste auf Caius' Brandblasen und die nässenden Wunden. Seufzend ließ der Junge sich die Prozedur gefallen, wusste er doch, dass Mara in der Heilkunde bewandert war und ihm die duftende Salbe helfen würde. Er spürte die kühlende, lindernde Wirkung sofort.

Er berichtete, was er mit dem Wirt besprochen hatte, und Mara hörte schweigend zu. Erst als er mit seinem Bericht fertig war, ergriff sie ernst das Wort.

»Du bist schon ein großer Junge, fast erwachsen. Aber wie willst du das bewerkstelligen, Kiduku? Du bist noch kein Mann!« Besorgt blickte sie ihren Schützling mit ihren dunklen Augen an.

»Ich bin schon fast erwachsen, liebste Mara. Das hast du eben selbst bemerkt. Du wirst immer nur den kleinen Jungen in mir sehen! Ich werde in die neuen Lande gehen und den benötigten Wein besorgen.«

Trotz aller Selbstsicherheit, die er zur Schau stellte, war es Caius innerlich himmelangst. Wie sollte ausgerechnet er die Familie retten? Er hatte gar keine Ahnung vom Geschäft! Er bereute es mehr denn je, nicht mehr Zeit mit dem Gutsherrn verbracht zu haben, aber seine Studien hatten es nicht zugelassen. Doch diese Zeiten waren jetzt definitiv vorbei. Er würde dem Grammaticus sagen, dass seine Dienste ab sofort nicht mehr benötigt wurden. Er konnte sich das sowieso nicht mehr leisten. Aber vorher musste er sich auf dem Markt umhören, ob sich jemand dort mit den neuen Weinen auskannte.

Als Caius am Abend vom Markt zurückkam, wurde er von den anderen schon mit Spannung erwartet. Trotzdem ließ er es sich nicht nehmen, erst nach seinem Vater zu sehen. Inzwischen war ein Medicus im Haus gewesen, der jedoch auch nichts hatte ausrichten können. Er hatte von einem »Schlagfluss« gesprochen und erklärt, dass sich viele Patienten von diesem Leiden nie wieder erholten, aber man müsse Geduld haben und abwarten. Vielleicht hatten die Götter ja ein Einsehen. Er meinte, dass eine großzügige Gabe im Tempel sicher nicht schaden würde.

Caius zuckte nur hilflos mit den Schultern. Woher sollte er denn das Geld für so eine Gabe nehmen? Das einzige

Geld, dass er zur Verfügung hatte, war die Anzahlung, die sein Vater von Marius, dem Wirt, bekommen hatte, und die konnte er unmöglich einfach so herschenken. Er hatte das Ledersäckchen voller Denarii in der Truhe seines Vaters entdeckt.

Als Caius schließlich aus Vicinius' Zimmer kam, sah er lauter gespannte Gesichter um den Küchentisch sitzen. Marcus, der alte Sklave, sah immer noch mitgenommen aus. Er hatte eine fahle Gesichtshaut und dunkle Schatten unter den Augen. Trotzdem sah auch er gespannt auf Caius und wartete darauf zu hören, was der Junge auf dem Markt erreicht hatte.

»Am nächsten Nundinum, also in acht Tagen, wenn wieder Markt abgehalten wird, wird eine Kohorte von Ferentium in Richtung der neuen Lande aufbrechen, um die dort stationierten Truppen zu verstärken. Ich konnte mit dem kommandierenden Centurio Lucius Decimus sprechen, der sich nach langem Zögern bereit erklärt hat, mich mitzunehmen. Ich musste natürlich einen gewissen Geldbetrag zahlen und versprechen, nicht zur Last zu fallen, da hat er schließlich zugestimmt. Also werde ich in acht Tagen aufbrechen, und ich verlasse mich darauf, dass ihr euch währenddessen gut um Vater und das Haus kümmert.«

Caius schaute ernst in die Gesichter der Dienstboten.

»Marcus, du hast die Oberaufsicht über die Sklaven auf dem Weinberg. Sorge dafür, dass alles seinen Gang geht und wir im Herbst eine gute Ernte haben. Wir benötigen den Wein dringend für Marius. Er hat uns noch mal eine Gnadenfrist eingeräumt. Wenn wir nicht liefern, sind wir ruiniert und verlieren das Weingut.«

Der alte Sklave nickte und freute sich sichtlich über das Vertrauen seines jungen Herrn.

»Mara, du kümmerst dich um Vater und das Haus und alle anfallenden Arbeiten. Ich werde euch beide mit Vollmachten ausstatten, damit alles seine Richtigkeit hat.«

»Es kommt überhaupt nicht infrage, dass du alleine verreist!«, schnaufte Mara empört. »Du wirst Tito mitnehmen, der dir nicht von der Seite weichen wird.«

Ein strenger Blick traf den jungen Sklaven und ließ diesen unruhig auf der Bank hin und her rutschen.

»Aber ...« Caius wollte Maras Vorschlag sofort abweisen.

»Nichts aber! Wenn du Tito nicht mitnimmst, werde ich dich persönlich begleiten!« Sie hieb mit der Faust auf den Tisch, dass die Becher nur so klirrten.

Caius musste bei dem Gedanken, wie die dicke Mara über die Alpen schnaufte, unwillkürlich lächeln. Vielleicht wäre es gut, dieses Abenteuer nicht ganz allein bestehen zu müssen.

»Also gut«, lenkte er ein. »Ich nehme Tito mit, aber nur, damit du endlich Ruhe gibst, Mara. Ich werde euch ein paar Bronzemünzen hierlassen, damit ihr euch und meinen Vater versorgen könnt. Trotzdem werdet ihr sparsam sein müssen, so Leid es mir tut! Ich versuche, mit dem restlichen Geld im neurömischen Gebiet Wein aufzukaufen, damit wir unseren Vertrag mit Marius erfüllen können.«

So war die Abreise beschlossene Sache. Caius und Tito überlegten, den Wagen, den sie vor den Flammen gerettet hatten, mitzunehmen. So mussten sie ihr Hab und Gut, so wenig es auch war, wenigstens nicht schleppen. Außerdem war ja auch der Rücktransport des Weines zu planen, und so konnten sie das Geld für eine teure Wagenmiete sparen. Die wenigen Tage bis zur Abreise vergingen wie im Flug. Der alte Grammaticus hatte die Nachricht, seine Lehrtätigkeit los zu sein, erstaunlich gut aufgenommen. Er wusste schon lange, dass aus Caius nie ein Gelehrter werden würde. Außerdem machte ihm sein Alter immer mehr zu schaffen. Er spürte das Reißen in seinen Gliedern und fühlte sich zu alt, um wieder auf die Suche nach jungen Schülern zu gehen. Also hatte er nachgefragt, ob er erst einmal im Haus des Vicinius bleiben dürfe. Caius war das nur recht. Der alte Lehrer wurde ins Zimmer seines Vaters gesetzt, wo er ihm stundenlang aus Büchern vorlas. Vicinius hatte immer noch keinen Laut von sich geben können, aber die braunen Augen zeigten, dass er den Erzählungen seines Vorlesers aufmerksam folgte. So blieb Mara mehr Zeit, sich um den Haushalt und den hauseigenen Gemüsegarten zu kümmern.

Der Tag der Abreise stand plötzlich vor der Tür. Caius und Titos Bündel waren geschnürt und auf den kleinen Wagen gelegt. Beide hatten noch eine zusätzliche Decke eingepackt, da sie unterwegs auf ihrem Gefährt schlafen würden. Mara umarmte die beiden Jungen so heftig, dass ihnen die Luft wegblieb.

»Dass ihr Bengel mir ja gesund wiederkommt!«

Verstohlen wischte sich die schwarze Sklavin eine Träne aus dem Augenwinkel.

Sie drückte ihnen ein Paket in die Hand, in dem sich vor allem Wegzehrung befand. Mara hatte fürsorglich einen Tiegel ihrer goldgelben Ringelblumensalbe hineingetan, da Caius' Brandnarben immer noch nicht ganz verheilt waren.

Es war früh am Morgen, als sie den Hof verließen. Sie hatten eines der beiden Maultiere vor den Wagen gespannt. Das zweite ließen sie im Stall stehen. Vielleicht konnte Mara es verkaufen, wenn sie Geld benötigte.

Caius sah am Torbogen zurück auf sein Elternhaus. Mara stand mit Marcus vor der Tür und schaute ihnen nach. Sie hob die Hand und winkte ihm noch einmal zu. Mit einem mulmigen Gefühl erwiderte Caius ihre Geste, dann drehte er sich um und sprang auf den Wagen. Tito saß bereits auf dem Kutschbock. Das Gefährt rumpelte los, und Caius schaute zurück, bis sie um eine Biegung fuhren und er sein Elternhaus nicht mehr sehen konnte.

So machten sich die beiden Jungen auf ihren Weg zum Treffpunkt mit der römischen Kohorte vor den Toren der Stadt.

7. Blutmahl

Keltisches Oppidum auf dem Donnersberg, 100 v. Chr.

Rowan verbrachte einen vollen Mondlauf im Heilhaus. Die Nachricht ihrer bevorstehenden Vermählung hatte sie in ihrem Genesungsprozess zurückgeworfen. Ihre Kopfwunde bereitete ihr immer wieder Schmerzen, und heftige Zitteranfälle schüttelten das blasse Mädchen. Viele Tage nahm sie nur wie durch einen Schleier wahr. Mareg kümmerte sich aufopferungsvoll um sie und flößte ihr stündlich einen Trank ein, den er in einem Kessel über der Feuerstätte braute.

Ein paarmal schien es Rowan so, als wäre Drystan in ihrer Nähe. Sie konnte ihn zwar nicht sehen, glaubte aber, ihn zu spüren und seinen Geruch einzuatmen. Sie wünschte, sie wäre stark genug, ihre Hand nach ihm auszustrecken, doch gelang ihr das nicht. Warum kam er denn nicht näher, dachte Rowan, um dann im nächsten Moment wieder in einen ohnmachtsähnlichen Schlaf zu fallen.

Fast drei Wochen lang besserte sich ihr Zustand nicht. Aber als sie eines Morgens erwachte, spürte sie einen kleinen, kühlen Gegenstand in ihrer Hand. Sie hob ihn vor ihre Augen und betrachtete ihn neugierig. Das beständige Pochen hinter ihren Schläfen machten es ihr nicht leicht, sich auf das lange silberne Band, das in einer Art Schmuckstück endete, zu konzentrieren. Sie blinzelte heftig und betrachtete erneut das seltsam geformte Medaillon. Sie meinte, eine Spirale in der Mitte zu erkennen mit nach außen zeigenden Strahlen. Aber das Schmuckstück war offensichtlich halbiert worden, denn es hatte die Form eines Halbmondes. Verwirrt ließ Rowan das kühle Metall durch ihre Finger gleiten. Wer ihr das wohl hiergelassen hatte? Sie zog ihre Stirn kraus.

Mareg, schoss es ihr durch den Kopf.

Er hatte ihr, als sie schlief, ein Heilamulett dagelassen. Ja, so musste es gewesen sein. Vorsichtig hob sie das Schmuckstück hoch und ließ es über ihren Hals gleiten. Dann legte sie ihren schmerzenden Kopf zurück auf das Fell und schlief abermals ein.

Der Trank des Heilers und das Heilamulett schienen langsam Wirkung zu zeigen, und Rowan fühlte sich mit jedem Tag, der verging, besser. Der Schleier vor ihren Augen verschwand, und sie konnte einen leichten Getreidebrei zu sich nehmen. Drystan erschien nicht mehr, und Rowan fragte sich langsam, ob sie sich seine Besuche nur eingebildet hatte.

Er muss verhindert sein, dachte sie.

Es gab tausend Gründe, warum er nicht zu ihr kam. So gerne hätte sie Mareg nach ihm gefragt, wagte dies aber nicht. So blieb ihr nichts anderes übrig, als sich auf ihre Genesung zu konzentrieren.

Die Tage zogen sich in die Länge. Oft lag sie stundenlang wach und starrte auf die Dachbalken des Heilhauses, an denen allerlei Kräuterbündel zum Trocknen aufgehängt waren. Einmal kam Berit zu Besuch, hatte aber nichts Freundliches zu ihr zu sagen.

Sie scheint Mutter immer ähnlicher zu werden, dachte sich Rowan und atmete auf, als ihre Schwester bereits nach kurzer Zeit wieder ging.

Eines Morgens, Rowan hatte gerade ihren Morgenbrei gelöffelt, eröffnete ihr Mareg, dass er sie für kräftig genug hielt, die Bettstatt zu verlassen. Vorsichtig hob er ihre Füße über den Rand des Bettgestells und stellte sie auf den Boden.

»Ganz langsam, mein Mädchen. Du warst sehr schwer verletzt. Es scheint doch eine Knochenverletzung des Kopfes gewesen zu sein, die dir zugefügt worden ist. Du kannst dich glücklich schätzen, wieder gesundet zu sein.«

Wie eigenartig sich der gestampfte Lehmboden unter ihren nackten Fußsohlen anfühlte. Rowan wackelte ein wenig mit ihren Zehen. Dann griff Mareg unter ihren Arm und half ihr sanft auf. Sie glaubte im ersten Moment, dass der Boden unter ihr zu schwanken begann, doch es waren nur ihre Beine, die die Last nicht mehr gewohnt waren und nachzugeben drohten. Mareg stützte sie sicher und forderte sie auf, einen Schritt zu machen. Mit großer Anstrengung hob Rowan ihr Bein an und schob es langsam nach vorne. Schweiß rann ihr übers Gesicht, und plötzlich wurde sie entsetzlich müde. Mareg forderte sie immer und immer wieder auf, einen weiteren Schritt zu gehen, bis sie einmal die gesamte Bettstatt gemeinsam umrundet hatten. Erschöpft, aber zufrieden, sank Rowan wieder zurück auf das Fell.

»Das hast du sehr gut gemacht, meine Kleine. Das machen wir die nächsten Tage genauso und gehen immer ein paar Schritte mehr.«

»Ich danke dir, Mareg. Für alles.« Lächelnd umfasste sie das kleine Amulett. »Auch hierfür möchte ich dir danken. Es scheint wirklich geholfen zu haben.«

Überraschung blitzte in den Augen des Heilers auf. Er beugte sich über Rowan und nahm das Schmuckstück sanft in seine feingliedrige Hand. »Mein Kind, dieses Amulett hast du nicht von mir erhalten.«

Verwirrung breitete sich bei diesen Worten auf Rowans Gesicht aus. »Wenn es nicht von Euch ist, von wem ist es denn dann?«

Maregs Gesichtszüge entspannten sich. Kleine Lachfalten erschienen in seinen Augenwinkeln. »Es ist an dir, dies herauszufinden, mein Kind.«

Mit diesen Worten drehte er sich um und verließ den Raum.

Und so vergingen die nächsten Tage. Rowan machte fleißig ihre Gehübungen, und wenn sie sich auf ihrer Bettstatt erholte, grübelte sie über den geheimnisvollen Geber der Kette nach. Ihre Gedanken drehten sich immer wieder im Kreis, und sie kam der Lösung des Rätsels nicht näher. Schließlich gab sie das Grübeln enttäuscht auf und konzentrierte sich auf ihre Genesung. Sie übte fleißig und wurde so stetig stärker. Maregs Hilfe beim Gehen brauchte sie schon bald nicht mehr.

Als der Druide an diesem Morgen erschien, blickte er Rowan mit fröhlichem Gesichtsausdruck an und teilte ihr mit, dass sie das Heilhaus nun verlassen könne. Er war sichtlich stolz auf seinen Erfolg bei ihrer Heilung. Rowan sah ihn zunächst einige Augenblicke lang mit erstauntem Blick an, dann begann sie plötzlich bitterlich zu weinen.

»Bitte zwingt mich nicht, nach Hause zu gehen. Ihr wisst ja nicht, was mich dort erwartet.«

Lautes Schluchzen schüttelte den schmalen Körper.

Mareg setzte sich neben Rowan auf die schlichte Bettstatt und legte seinen Arm um ihre Schultern.

»Kind, du kannst nicht ewig hier im Heilhaus bleiben. Deine Wunden sind verheilt und deine Sinne wieder klar.«

Mitfühlend schaute er sie an.

»Selbst wenn ich wollte, ich kann dich nicht länger hier behalten. Zwei von Cadans Kriegern sind verwundet zurückgekehrt, und ich brauche das Bett.«

Rowan wischte sich beschämt mit einer Hand die Tränen aus dem Gesicht und sah den Druiden an.

»Ich danke Euch, Heiler. Ihr habt Euch so gut um mich gekümmert, und zum Dank benehme ich mich wie ein kleines Kind.«

»Du benimmst dich nicht wie ein Kind. Du weißt nur leider zu gut, was dich erwartet. Meallá hat mir erzählt, dass dein Vater deine Vermählung verschoben hat.«

Er blickte Rowan ernst an.

Panik breitete sich auf ihrem Gesicht aus. »Verschoben? Was heißt verschoben?« Ein schriller Unterton schwang in ihrer Stimme mit.

»Du sollst schon sehr bald mit Morcant vermählt werden, mein Kind.«

Rowan schlug entsetzt die Hände vor den Mund. Dann fasste sie sich ein Herz und fragte, was gefragt werden musste: »Wann?«

»Übermorgen.«

Mareg verstärkte leicht den Druck seines Arms, der um ihre Schultern lag, um sie zu stützen. Rowans Herz hämmerte wie wild, als wolle es aus ihrem Brustkorb ausbrechen. Sie konnte es nicht fassen. Ihre Mutter hatte ihre Drohung tatsächlich wahr gemacht und die Vermählung vorverlegt. Übermorgen. So blieb ihr nur der morgige Tag, um sich einen Ausweg zu überlegen, dachte sie panisch. Hastig griff sie nach ihrer Kette und beruhigte sich langsam.

»Rowan, Kind«, erklang plötzlich die tiefe Stimme ihres Vater.

Sie blickte auf und sah Alan im Eingang des Heilhauses

stehen. Seinem Gesicht nach zu urteilen, hatte er den letzten Teil ihrer Unterhaltung mit Mareg gehört. Es drückte eine seltsame Mischung aus Besorgnis und Entschlossenheit aus.

»Mareg sagte uns, dass wir dich nach Hause holen können, Kind.«

Ihr Vater kam näher, und Rowan sprang von ihrer Bettstatt auf und in seine Arme.

»Ich wünschte, ich könnte es ändern, mein Kleines. Aber es geht nicht anders. Es geht einfach nicht anders«, flüsterte er in ihre Locken, während er sie eng umschlungen hielt.

Mareg erhob sich ebenfalls. Ihr Vater löste seine Umarmung und ergriff dankbar die Hand des Druiden.

»Wie soll ich Euch das jemals wiedergutmachen, was Ihr für meine Tochter getan habt?«

»Ihr könnt beizeiten den Göttern opfern, das ist Dank genug. Es waren schließlich sie, die Rowan gerettet haben.«

Maregs warmer Blick wanderte zu dem Mädchen.

»Passt auf sie auf, Alan. Auch wenn Ihr sie bald in die Ehe gebt, so passt weiter auf sie auf.« Die Stimme des Heilers nahm einen beschwörenden Klang an.

Alan nickte ernst und schüttelte ein letztes Mal Maregs Hand. Dann nahm er Rowan beim Arm und führte sie aus dem Heilhaus. Das grelle Sonnenlicht blendete sie zunächst, doch bereits nach kurzer Zeit gewöhnten sich ihre Augen daran. Ihr Vater führte sie am Brunnen vorbei in Richtung ihres Elternhauses. Johs, den sie am Rande der Wasserstätte erspähte, erwiderte ihren Blick und nickte ihr ernst zu.

Er weiß mit am besten, was mir bald blüht, dachte Rowan schaudernd.

Schritt für Schritt näherten sie sich dem Elternhaus. Rowans Blick schweifte quer über den Marktplatz. Vielleicht konnte sie ja wenigstens einen kurzen Blick auf Drystan erhaschen. Aber so sehr sich ihre Augen bemühten, sie konnte den großgewachsenen Häuptlingssohn nirgendwo entdecken. Sie spürte einige neugierige Blicke der Dorfbewohner auf sich und schritt schneller aus.

Ihre Mutter erwartete sie bereits und stand mit in die Hüfte gestemmten Fäusten im Türrahmen. »Da bist du ja wieder. Hast dich genug ausgeruht und uns alle hier deine Arbeit machen lassen.«

Schnaubend drehte sie sich auf dem Absatz um und verschwand im Inneren der kleinen Kate. Seufzend legte Alan die schwielige Hand auf die schmale Schulter seiner Tochter.

»Komm, Rowan. Du musst was essen. Du bist ja nur noch Haut und Knochen.«

Sanft schob er sie über die Türschwelle.

Beim Abendbrot schwieg Rowan und knabberte appetitlos an einem Brotkanten. Ihre Mutter zählte währenddessen all die Gäste auf, die sie zu ihrer Vermählung verköstigen musste.

»Was mich das wieder an Arbeit kostet. Das kann man sich nicht ausmalen. Aber das Fräulein muss ja schließlich unter die Haube gebracht werden«, stieß sie giftig hervor. Sie wusste, wie Rowan zu ihrer bevorstehenden Vermählung stand, und grinste. Da ihr oben ein Schneidezahn fehlte, gab ihr dies ein grimassenhaftes Aussehen.

Rowan erhob sich, immer noch schweigend, und trug die leeren Holzteller und -becher zum Abwasch nach draußen.

Hinter der Kate ließ sie das Geschirr in den kleinen Wassertrog fallen. Dann sank sie in die Knie und schlug die Hände vors Gesicht. Eine tiefe Hoffnungslosigkeit hatte von ihr Besitz ergriffen, und sie sah keinen Ausweg. Nur noch ein Tag, dann würde sie Morcants Frau werden. Sie mochte sich gar nicht ausmalen, wie die Hochzeit und die dazugehörige erste Nacht verlaufen würden. Sie hatte genügend Geschichten darüber beim Wasserholen am Brunnen von den älteren Frauen gehört, die ihr die Haare zu Berge stehen ließen. Rowan erschauderte und verharrte in ihrer Hocke. Sie schlang die Arme um ihre Beine und barg ihren Kopf auf ihren Knien. So verblieb sie und bekämpfte die Übelkeit, die sich ihrer beim Gedanken an ihren zukünftigen Gatten bemächtigt hatte.

Plötzlich spürte sie, wie sie jemand von hinten sanft unter die Arme griff und auf die Beine zog. Erstaunt drehte sie sich um und fand sich prompt in einer innigen Umarmung wieder. Kräftige Arme hielten sie umschlungen und zogen sie so fest an sich, dass sie kaum noch Luft bekam. Doch dies störte Rowan nicht. Sie wusste instinktiv, wer sie so fest umfangen hielt. Sie spürte den festen, warmen Körper, atmete tief den vertrauten Geruch ein und schmiegte sich enger an ihn. Nach einer kurzen Weile sah sie nach oben und suchte Drystans blaue Augen, die sie in der Dämmerung kaum ausmachen konnte.

»Drystan, du bist gekommen«, flüsterte sie.

Rowan ließ ihren Kopf wieder an die Schulter des Häuptlingssohnes sinken und erwiderte seine Umarmung ein weiteres Mal. Etwas Kaltes kitzelte sie an der Wange. Sie sah auf und bemerkte ein kleines silbernes Medaillon um seinen Hals.

Da verstand sie plötzlich. Sie hatte sich Drystans Anwesenheit im Heilhaus nicht nur eingebildet. Er war bei ihr gewesen. Wärme breitete sich in ihrer Brust aus.

»Du hast mir die Kette geschenkt«, flüsterte sie.

Drystan lächelte.

Sie spürte seinen warmen Atem, als er sich herab beugte und ihr zärtlich ins Ohr wisperte: »Wenn man sie aneinander hält, ergibt es eine Sonne. Sie soll dich immer an unsere gemeinsame, glückliche Zeit, damals am Fluss, erinnern.«

Rowan schmiegte sich glücklich an die kräftige Schulter und dachte zurück an den Tag am Fluss, als Drystan sie aus seinen Händen trinken ließ und sie sich zum ersten Mal nähergekommen waren. Endlich wusste sie, dass es ihm ebenso wie ihr ergangen war und ihm die Zeit mit ihr genauso viel bedeutet hatte wie ihr.

Drystan fuhr mit sanfter Stimme fort: »Die Sonne ist ein Symbol unserer Liebe und soll uns immer miteinander verbinden, egal wo wir sind.«

Liebe? Eine leichte Gänsehaut überzog Rowans Arme, als seine Haare sie am Hals kitzelten.

Sie spürte, wie er sie langsam losließ und warme Hände ihr Gesicht umfassten. Er sah ihr tief in die Augen. Rowans Herz hämmerte wie wild, als sein Kopf langsam zu ihrem hinabsank. Zart wie ein Schmetterlingsflügelschlag berührten sie seine Lippen. Aufstöhnend zog er sie enger an sich und küsste sie fordernder. Rowan erwiderte den Kuss zärtlich. Noch nie in ihrem Leben hatte sie so etwas gefühlt. Ihr erster Kuss, damals im Regen, war zwar schön, aber sie war noch sehr jung gewesen. Die Leidenschaft, mit der Drystan sie jetzt küsste, ließen ihre Knie butterweich werden, und es fühlte sich an, als müsse sie im nächsten Moment vor Glück zerspringen.

Als sie sich endlich voneinander lösten, flüsterte Rowan: »Du machst mich so glücklich.« Dann stellte sie sich auf die Zehenspitzen und küsste ihn noch einmal.

Plötzlich spürte sie, wie sich Drystans Körper versteifte und sich seine Lippen zögerlich von ihren entfernten. Sie versuchte, ihn festzuhalten, doch es gelang ihr nicht. Drystan bewegte sich ein wenig nach hinten, als wolle er mit Absicht Abstand zwischen sie bringen. Eine vorher nicht da gewesene

Ernsthaftigkeit überzog sein Gesicht, und seine Augen verdunkelten sich.

»Ich musste dich einfach sehen, Rowan.«

Seine Stimme klang seltsam heiser. Es war, als sprach er mehr zu sich selbst als zu ihr. Zögerlich suchten seine Augen ihre.

Leise wiederholte er den Satz. »Ich musste dich einfach sehen.«

Es klang wie auswendig gelernt. Er wandte den Blick von ihr ab.

»Ich bin hier, Drystan.«

Rowan streckte ihre Hände nach ihm aus. Aufkeimende Verzweiflung schwang in ihrem Tonfall mit.

Zögerlich kam Drystan einen Schritt auf sie zu und ergriff ihre warmen Hände. Seine Stimme klang bekümmert. Er blickte ihr in die Augen, die nun einen sehr dunklen Ton angenommen hatten. »Rowan, ich werde noch heute Abend gehen müssen. Mein Vater schickt mich wieder mit einer Truppe Krieger los. Wir hatten vor einiger Zeit eine Truppe Germanen entdeckt und sie nach einer längeren Verfolgung aus den Augen verloren. Gestern meldeten unsere Späher, dass sie sie wieder gesichtet haben.«

Traurig sah er sie an. Seine blauen Augen schwammen wie ein dunkler See.

»Drystan, ich werde in zwei Tagen vermählt. Sie wollen mich Morcant zur Frau geben. Du kannst jetzt nicht einfach weggehen!«

Rowans Stimme überschlug sich und brach dann abrupt, als sich ein Schluchzer über ihre Lippen stahl.

»Ich weiß, Rowan.«

Drystans Stimme klang leise, als redete er mit einem kleinen Kind. Kummer sprach aus seinen Augen.

»Ich habe sofort mit Vater gesprochen, als ich es erfuhr. Ich habe ihm gesagt, dass ich dich heiraten will, doch er hat nur gelacht. Als ich ihm klarmachte, dass ich es ernst meine, hat er mit der Faust auf den Tisch geschlagen und herumgebrüllt. Er sagte, dass du und ich niemals ein Paar werden könnten. Eine Vermählung mit einer einfachen Bauerntochter würde er niemals zuzulassen. Und dann gab er mir den Befehl, meine Sachen zu packen und mit den Kriegern noch heute Nacht loszuziehen.«

Schmerzerfüllt strich Drystan eine kleine Strähne zurück unter Rowans Schleier. Wie sehr er diese wilden roten Locken liebte. Er würde alles dafür tun, Rowan zu besitzen. Der Gedanke daran, sie verlassen zu müssen und ihrem schrecklichen Los zu überlassen, brach ihm das Herz. Noch nie in seinem Leben hatte er einen solchen Schmerz verspürt. Sein Vater hatte das einzige Mittel angewendet, von dem er wusste, dass sein Sohn sich ihm nicht widersetzen würde.

Er hatte ihm angedroht, Rowan unverzüglich aus der Siedlung zu verstoßen, und Drystan wusste, dass das ihren sicheren Tod bedeuten würde. Ohne Schutz konnte man in diesen unsicheren Zeiten nicht überleben. Er hatte lange darüber gegrübelt, ob er sich mit Rowan auf und davon stehlen sollte. Er wollte die Häuptlingswürde nicht, wenn er Rowan nicht haben durfte. Die Wahrscheinlichkeit, dass er mit einer Flucht seine Liebste in größte Gefahr bringen würde, war groß. Er war es zwar gewohnt zu kämpfen, aber alleine konnte er gegen mehrere fremde Krieger oder gar die verhassten Römer nichts ausrichten. Die Wahrscheinlichkeit, dass er fiel, war groß, und Rowan würde alleine in den Händen ihrer Feinde zurückbleiben.

Auch dass Cadan seinen einzigen Sohn einfach so ziehen

lassen würde, war unwahrscheinlich. Er würde ihn suchen und finden. Rowan würde er mit Sicherheit töten, um sich ihrer zu entledigen. Gegen ihn und seine Krieger hatte Drystan alleine keine Chance. Er durfte es nicht riskieren. Die Wahrscheinlichkeit, dass Rowan zu Schaden kam, war einfach zu groß. Deshalb konnte er sich der Anweisung seines Vaters nicht widersetzen. Er wollte nicht für den Tod oder die Schändung seiner Geliebten verantwortlich sein. Lieber fügte er sich dem Willen seines Vaters und ging. Er wusste, dass es keine andere Lösung für ihn gab.

So blieb ihm nichts anderes übrig, als Rowan schwersten Herzens die Ehe mit Morcant eingehen zu lassen und sie so vor dem Tod zu bewahren. Er wusste, dass es grausam von ihm war, ihr zunächst seine Liebe zu gestehen und sie im nächsten Moment fallenzulassen. Aber er konnte nicht anders. Der Gedanke daran, dass sie nie erfahren sollte, wie er fühlte, hatte ihn tagelang gequält. So hatte er sich schweren Herzens entschlossen, es ihr zu sagen.

Drystan erkannte Entsetzen auf Rowans Gesicht.

»Du gehst fort und lässt mich hier?«

»Ja.« Er versuchte, seiner Stimme einen festen Klang zu geben. Er konnte ihr nichts von der Drohung seines Vaters sagen. Er kannte sie zu gut. Sie würde mit Sicherheit das Exil wählen und somit ihr eigenes Todesurteil unterzeichnen. Nein, das durfte er nicht zulassen.

Entschlossen schob er sie ein Stück von sich. Es kostete ihn alles an Kraft, die er besaß, denn der Blick, mit dem ihn Rowan betrachtete, brach ihm das Herz.

»Du bist Morcant versprochen und wirst ihn auch heiraten.«

Ihr Gesichtsausdruck spiegelte das Entsetzen wider, das sie empfand.

»So versteh doch, Rowan. Es geht nicht anders.«

Die Stimme des jungen Mannes nahm einen fast strengen Klang an. »Vergiss mich, Rowan. Für dich und mich gibt es keine gemeinsame Zukunft.«

Mit diesen Worten drehte sich Drystan um und verschwand nach ein paar Schritten in der Dunkelheit.

Wie versteinert stand Rowan da und sah ihm nach. Sie konnte nicht glauben, was gerade passiert war. Erst küsste Drystan sie und gestand ihr seine Liebe, dann stieß er sie von sich, als wäre sie nichts wert. Ihr Herz fühlte sich an, als müsse es zerreißen. Sie wartete auf die Tränen, die unweigerlich fließen mussten, aber es passierte nichts. Die erlösende Wasserflut schien versiegt zu sein. Eine lähmende Taubheit ergriff von ihr Besitz, und sie drehte sich mechanisch zum Wassertrog um, um die Holzteller und -becher zu schrubben. Anschließend schleppte sie sich zurück in die Kate, wo sie sich, ohne ein Wort zu sagen, auf ihr Lager zurückzog.

Kurze Zeit später vernahm sie entfernte Männerstimmen und das Klirren der Waffen, als Drystan seine Krieger aus dem Dorf führte. Sie spürte nur Leere in sich. Blindlings griff sie nach ihrer Kette, zog sie über ihren Kopf und warf sie achtlos neben ihre Bettstatt. Dann schloss sie die Augen und versank im Vergessen.

Als sie am nächsten Morgen erwachte, erhob sie sich von ihrem Lager und schürte das Feuer an. Sie spürte weder den kalten Boden unter ihren bloßen Füßen noch die Strohhalme, die sie piksten. Rowan erledigte den ganzen Tag über mechanisch alle ihre Arbeiten und zog sich abends früh auf ihr Lager zurück.

»Aufstehen, du Schnarchnase.«

Berits Stimme drang wie durch einen Schleier an ihr Ohr. Sie spürte, wie ihr jemand die Decke wegzog. Sie öffnete die Augen und erblickte ihre Schwester, die amüsiert auf sie herabsah.

»Raus aus dem warmen Nest. Es gibt viel zu tun. Heute wirst du vermählt.«

Rowan meinte, Spott aus Berits Stimme herauszuhören, doch es war ihr egal. Sie erhob sich von ihrem Lager und ließ sich von ihrer Schwester auf den kleinen Schemel neben der Feuerstätte führen. Unsanft drückte Berit sie auf den Hocker und bearbeitete grob mit einem Zinkkamm die roten Locken.

»Was für eine wilde Mähne«, zischte sie und zerrte mit dem Kamm an ihren Haaren. Rowan gab keinen Laut von sich und ließ die Prozedur über sich ergehen. Sie fühlte sich wie lebendig begraben. Das Sprechen schien ihr schwerzufallen. Ihre Eltern schickten sich an, die Kate zu verlassen.

»Schau, dass sie bald fertig ist. Der Festzug wird bald kommen. Wir müssen voraus zum Tempel gehen, um sie dort in Empfang zu nehmen«, wies Gerda ihre älteste Tochter an. Diese nickte und bearbeitete Rowans Haare mit neuer Vehemenz. Alan seufzte und blickte nachdenklich auf das in sich zusammengesunkene Mädchen, doch Gerda packte ihn am Arm und zerrte ihn aus der Stube.

Kaum waren die beiden weg, zog Berit ihre Schwester auf die Füße und zerrte ihr das schlichte Hemd über den Kopf. Nackt stand Rowan in der kleinen Kate, während ihre Schwester in der Truhe nach einem anderen Gewand für sie suchte. Sie hob ein Kleid, das zwar aus einfachem Tuch gewebt, aber mit hübschen Stickereien an den Säumen verziert war, heraus. Dies war das einzige Kleid, das Rowan besaß, das etwas wertvoller war, und sie trug es nur zu besonderen Anlässen. Berit zog es ihr über den Kopf und nickte dann zufrieden.

»So müsste das wohl gehen.«

Wie von weit her vernahm Rowan ihre Stimme und tat mechanisch, wie ihr geheißen wurde.

»Die Ehe wird dir guttun, Rowan. Du benimmst dich nicht, wie es sich für eine junge Frau gehört.«

Berit zog den feinen Schleier, der Festtagen vorbehalten war, über Rowans Locken und befestigte ihn dann mit einer bescheidenen Spange. Er war so lang, dass er bis zum Boden herabfiel. Eigentlich liebte Rowan diesen Schleier, doch heute schien das leichte Tuch Zentner zu wiegen.

Berit betrachtete ihre Schwester nachdenklich. »Rowan, die Ehe ist wirklich nichts, wovor du dich fürchten musst«, erklärte sie plötzlich mit sanfterer Stimme. Sie schien wahrzunehmen, wie sich ihre jüngere Schwester fühlte.

»Nun ja, zu Anfang hatte ich auch Angst. Biorach ist ja wahrlich ein stattlicher Mann, und man hört ja so einiges vor der ersten Nacht. Aber es war halb so schlimm und ganz schnell vorbei«, versuchte sie, Rowan zu trösten.

Plötzlich ertönten stetig näherkommende Trommelgeräusche. Während Rowan in ihrer Starre verharrte, zupfte Berit hastig deren Schleier und Gewand zurecht. Dann eilte sie zur Tür der kleinen Kate.

»Sie sind hier. Es ist so weit«, rief sie aufgeregt.

Sie öffnete die Tür, und das Trommeln wurde lauter. Sie packte Rowan bei ihrer Hand und zog sie hinaus ins Freie. Geschrei und Trommeln empfingen die junge Braut, die an ihren Händen in die Mitte des Tumultes gezogen wurde. Alle verheirateten Frauen der Bauern und Krieger waren in ihrer besten Festtagskleidung um sie herum versammelt. Sie trugen lange Kleider und allen möglichen Schmuck, den sie ihr Eigen nennen konnten. Armreife und Halsbänder schimmerten im grellen Sonnenlicht um die Wette. Die Frauen nahmen die hilflose Rowan in ihre Mitte. Stoisch ließ diese es über sich ergehen.

Trommelnd und klatschend bewegte sich der Tross von Frauen von Rowans Elternhaus in Richtung des Tempels. Irgendjemand drückte ihr einen Kranz aus Blumen aufs Haupt, und lachend und schreiend reichten sie die Frauen weiter, bis sie am Anfang der Prozession am Eingang des Tempels ankam. Dort angelangt, hielten die Frauen inne, und eine andächtige Stille senkte sich über die Menge.

Rowans Vater trat vom Eingang des Tempels hervor. Sein Gesichtsausdruck war ernst, und er streckte seine Hand nach ihr aus. Rowan reagierte nicht, doch Berit nahm sie beim Arm und führte sie zu ihrem Vater. Dieser nahm sie bei der Hand, und die Gesellschaft begab sich in den großen Tempelraum.

Der Tempel, den sonst nur die ewige Fackel erhellte, schimmerte im Licht von Dutzenden von Fackeln, die die Männer, die im Inneren in drei großen Kreisen standen, in den Händen hielten.

Außen standen die alten Männer. Zittrig, aber würdevoll reckten sie ihre Fackeln in die Höhe. Ein weiterer Kreis beherbergte die Männer im Alter ihres Vaters, und ganz innen waren die jungen und frisch verheirateten Bauern und Krieger. Es war das erste Mal, dass sie an einem Hochzeitsritual als Fackelträger teilnehmen durften, und stolz hielten sie ihre Fackeln hoch über ihre Köpfe.

Der Kreis öffnete sich, und Alan führte Rowan in die Mitte. Dort stand Morcant. Er trug ein langärmeliges, bräunliches Hemd, das an den Ärmeln mit Schlitzen versehen war und ihm bis zu den Unterschenkeln reichte.

Es wurde von einem breiten Ledergürtel zusammengehalten. Darunter endeten eng anliegenden Hosen in weichen Lederstiefeln. Seinen Umhang, der von einer silbernen Fibel zusammengehalten wurde, säumte eine reich verzierte Borte. Er hielt einen Speer in seiner rechten Hand, den er nun an Johs weiterreichte, der neben ihm stand. Ein Privileg, das dem ältesten Sohn zukam. Johs' Gesicht war wie versteinert, während Morcant ein lüsternes Lächeln auf den Lippen trug. Seine wulstige Narbe glänzte rot im Licht der vielen Fackeln.

Alan geleitete Rowan langsam durch den Fackelkreis und übergab die Hand seiner Tochter in die ausgestreckte Hand Morcants. Die Menge johlte laut ihre Zustimmung. Rowan spürte, wie ihr Zukünftiger schmerzhaft ihre schmale Hand drückte und sie dann grob in Richtung Altar zog.

Davor erwartete sie bereits Haerviu. Er trug ein langes, weißes Gewand, das fließend von den Armen herabhing, die er weit ausgestreckt von sich hielt. Sein Kopf war nach oben gerichtet, seine Augen fest geschlossen.

»Rigani«, rief er plötzlich mit lauter Stimme.

Ehrfürchtige Stille breitete sich im Tempel aus.

»Rigani, höre uns an. Wir sind hier, um das Bündnis zweier Menschen zu besiegeln.«

Bei diesen Worten spürte Rowan, wie sich Morcants Hand fester in ihre krallte.

Plötzlich senkte der Druide seine Arme und sah ernst in die Runde, bis sein Blick an Morcant hängen blieb.

»Bist du, Morcant, gewillt, deine heutige Vermählung mit einem Opfer zu würdigen?«

Die Stimme des Priesters nahm einen fast bedrohlichen Ton an. Ein düsteres Lächeln umspielte seine Lippen.

»Das bin ich«, sagte Morcant und verneigte sich vor dem Druiden.

»Dann lasst uns der Göttin ein Opfer darbringen, um diese Verbindung zu segnen.«

Der Hohepriester machte eine auffordernde Handbewegung zum Tempeleingang. Bewegung kam in die Menge, als ein Bauer ein laut muhendes Rind durch den Eingang zog. Mit vor Angst weit aufgerissenen Augen wurde es an einem Strick bis vor die Stufen des Altars gezerrt. Morcant zog seine Braut grob zur Seite, um Platz zu machen. Langsam und würdevoll schritt Haerviu die Stufen vom Hochaltar hinab. Auf der letzten hielt er inne. Ein Lächeln umspielte weiterhin seine Lippen, und er stand nun direkt über dem Tier. Die Kuh war außer sich vor Angst, und der Bauer hatte alle Hände voll zu tun, um sie ruhig zu halten.

»Rigani, verehrte Himmels- und Erdmutter, akzeptiere dieses bescheidene Opfer und segne diese Verbindung.«

Bei diesen Worten hob Haerviu mit verzücktem Blick seinen rechten Arm. Ein silberner, scharfzackiger Dolch blitzte auf, der vorher unter seinem langen Gewand verborgen gewesen war. Mit einer schnellen Bewegung ließ er das Messer in das Genick des Tieres fahren. Dieses bäumte sich noch einmal laut muhend auf, und eine Blutfontäne spritzte aus seinem Nacken. Haervius weißes Gewand wurde vom Blut des Tieres dunkelrot getränkt. Mit beiden Händen fing er das Blut auf, das sich aus der Wunde ergoss, während die Kuh langsam zu Boden ging. Mit ausgestreckten Armen schritt er um das verendende Tier herum und hielt Morcant die blutgetränkten Hände hin.

»Rigani, akzeptiere unser Opfer und segne unsere Verbindung«, wiederholte Morcant die Worte des Priesters.

Er nahm seine Hand, tauchte sie in das noch warme Blut in Haervius Händen und benetzte damit Rowans Stirn. Da sie sich nicht rührte, nahm er grob ihre Hand, tunkte sie in das Blut und zeichnete seine eigene Stirn. Die Menge johlte erneut laut auf.

Rowan bemerkte etwas Warmes in ihrem Gesicht, und sie vernahm einen strengen Eisengeruch. Die Übelkeit, die sie schon die ganze Zeit über fühlte, verstärkte sich. Alles um sie herum drehte sich, und sie schwankte. Morcants derber Griff hielt sie jedoch aufrecht. Wie aus weiter Ferne hörte sie das laute Johlen und Rufen, unter dem sie, von eiserner Hand geführt, ins Freie gezogen wurde. Kurz erblickte sie das besorgte Gesicht ihres Vaters, dann durchschritten sie schon die Eingangspforte.

Draußen begann das Trommeln erneut, und das frischvermählte Brautpaar wurde von tanzenden Dorfbewohnern zum Dorfplatz geleitet. Dort standen viele Holztische bereit, auf denen sich Bierkrüge und Wildbret stapelten. Frisch gebackenes Brot und Rübeneintopf warteten ebenfalls darauf, die hungrigen Mägen zu versorgen.

Rowans Mutter eilte mit geschäftiger Miene umher. Obwohl alle Frauen der Siedlung, so wie es bei Vermählungen einfacherer Bauern- und Kriegertöchter üblich war, Essen aus ihren Häusern herbeitrugen, schien sie sich als Gastgeberin zu sehen und genoss ihre Rolle sichtlich.

Grob wurde Rowan auf eine Bank gezogen. Eine schwielige, raue Hand packte sie unsanft am Kinn. Morcants Gesicht war direkt vor ihrem.

»Du wirst dich jetzt zusammenreißen, Weib.« Speichel flog ihr ins Gesicht, als er die Worte hervorspuckte. »Beschäme mich ja nicht. Hörst du?«

Er ließ sie los, und Rowan senkte ihren Kopf. Um sie herum wurde getrommelt, gegessen, getrunken und getanzt. Irgendjemand hielt ihr einen Becher an die Lippen. Wie aus weiter Ferne vernahm sie Berits Stimme, die ihr zuflüsterte, dass sie trinken sollte, da sie ihre Kraft für später noch brauchen würde. Gehorsam nahm Rowan ein paar Schlucke des dünnen Biers zu sich.

Als es Abend wurde, wurde das Getanze und Gekreische der Menschen um sie herum lauter. Ein Bierkrug nach dem anderen wurde geleert, und es wurde ausgelassen gefeiert. Plötzlich zog Morcant sie am Arm von ihrem Platz hoch.

»Es wird Zeit, meinen Pflichten als Ehemann nachzukommen«, brüllte er in die Menge. Lautes Lachen und anzügliches Gefeixe antworteten ihm, als er Rowan in Richtung seiner Kate zog. Sie stolperte, doch sein eiserner Griff hielt sie fest. Als sie die Schwelle überquert hatten und Morcant die grob gezimmerte Holztür hinter sich zugeknallt hatte, packte er sie rau.

»So, mein Täubchen, jetzt will ich dir mal zeigen, was ein richtiger Mann ist.«

Rowan schrie auf, als er ihr Kleid wüst am Ausschnitt mit gewaltiger Kraft auseinanderriss. Schlagartig war sie hellwach. Sie sah Morcant vor sich, der sie mit lüsternen Blicken betrachtete. Ihr Atem ging keuchend, und sie versuchte verzweifelt, mit den Händen ihre Blöße zu bedecken. Morcant lachte laut auf. Langsam bewegte sie sich rückwärts in Richtung Tür. Mit zwei langen Schritten war er bei ihr und riss ihre Arme herunter.

»Morcant«, stieß sie hervor. »Die Kinder. Die Kinder könnten jeden Moment kommen.«

Ein wüstes Lachen antwortete ihr. »So, so, um die Kinder machst du dir Sorgen. Na, ist das nicht entzückend. Fühlt sich schon ganz als Mutter. Aber die Kinder können dir jetzt auch nicht helfen. Sie sind bei Nachbarn, und du und ich sind ganz alleine.«

Grob nahm er sie in die Arme und versuchte, sie zu küssen. Sie roch den vom Bier geschwängerten Atem und drehte ihr Gesicht angewidert zur Seite.

»Du willst es also auf die harte Tour«, stieß er hervor und versetzte ihr mit der Faust einen Schlag ins Gesicht.

Rowan fiel zu Boden und spürte, wie Blut aus ihrem Mundwinkel floss. Sie war vor Entsetzen wie gelähmt, da wurde sie auch schon an den Haaren wieder nach oben gerissen.

»So kannst du es auch haben, mein Schätzchen«, spie ihr Morcant ins Gesicht und zwang seinen Mund auf ihren. Sie bekam keine Luft mehr, und von dem sauren Geschmack in seinem Mund wurde ihr übel. Mit der Kraft der Verzweiflung hieb sie ihr Knie nach oben. Morcant stöhnte laut auf und sackte in sich zusammen.

»Du Biest, das machst du nicht noch mal mit mir«, zischte er zwischen zusammengebissenen Zähnen.

Blitzschnell suchte Rowan auf dem Boden die Fetzen ihres Kleides zusammen, um sich zu bedecken, dann flitzte sie zur Tür. Sie hatte gerade den Türgriff erreicht, da wurde sie an ihren Haaren jäh nach hinten gerissen. Tränen schossen ihr in die Augen, als sie ein weiterer Fausthieb traf. Vor Schmerz schrie sie laut auf, was Morcant nur dazu brachte, sie nun auch mit Tritten zu traktieren.

»Ich werde dich lehren, was es heißt, ein treusorgendes Eheweib zu sein, du Teufelsweib«, schrie er, während er immer und immer wieder mit den Füßen auf das am Boden zusammengekauerte Mädchen eintrat. Rowan wimmerte und versuchte, mit den Armen ihren Kopf zu schützen.

»Rigani, erlöse mich«, wisperte sie mit aufgeplatzter, blutender Lippe.

8. Unterwegs

Tridentum, Etschtal, 100 v. Chr.

Caius war todmüde. Seit über sieben langen Tagen waren sie schon unterwegs. Sie hatten inzwischen die Gegend um Tridentum erreicht, und obwohl sie die meiste Zeit in einem Flusstal marschierten, ging es immer wieder bergauf. Das arme Maultier hatte mit dem Gewicht des Wagens genug zu schleppen, sodass Tito und Caius von nun an laufen mussten. Die voranmarschierenden Soldaten wirbelten mit ihren Sandalen so viel Staub auf, dass der sich überall festzusetzen schien. Caius hatte es sich angewöhnt, sich einen angefeuchteten Lappen um Mund und Nase zu binden, um dem steten Hustenreiz zu entgehen. Er bewunderte die Soldaten, die trotz ihres sechzig Libra schweren Gepäcks, ohne sich zu beklagen, marschierten und allen Befehlen zügig nachkamen. Er selbst konnte wenigstens seine Habseligkeiten auf dem Wagen transportieren und hatte dennoch mit dem langen, ungewohnten Marschieren zu kämpfen.

Am zweiten Morgen nach der Abreise hatte er sogar kurz befürchtet, gelähmt zu sein, da er größte Mühe hatte, nach dem Aufwachen seine Beine zu bewegen. Das hatte sich jedoch nach weiteren unzähligen Meilen wieder gegeben, als er sich an die ständige Anstrengung gewöhnt hatte. Caius spürte, dass die Muskeln in seinem Körper härter geworden waren. Auch traten die Muskeln an den Oberschenkeln deutlich hervor.

Die Soldaten trugen wie er eine knielange Tunika aus leinenem Stoff, darüber eine Obertunika, die aus rotem Wollstoff gewalkt worden war. Zusätzlich hatte jeder Soldat seine Paenula zu einer Rolle gebunden auf dem Rücken. In der Nacht benutzten sie diesen Wollmantel entweder als Kopfkissen oder als Decke, je nach Witterung. Der dicke Wollstoff wäre momentan tagsüber inzwischen zu warm, deshalb wurde er nur nachts eingesetzt. Auch Caius und Tito hatten so einen Wollmantel, worüber sie froh waren, konnte es doch empfindlich kalt werden. Die Mäntel besaßen außerdem eine praktische Kapuze, die man sich bei kalter Witterung und Regen über den Kopf zog.

Über der Obertunika trug jeder Soldat die Lorica Hamata, die ihn vor Stichverletzungen bewahrte. Diese fast zwanzig Libra schweren Kettenhemden klirrten leise im Takt der Schritte der Soldaten. Die Füße wurden von den Caligae geschützt. Die festen, braunen Sandalen aus Rindsleder waren an den Sohlen mit über achtzig Nägeln verstärkt worden. Caius und Tito trugen ganz ähnliche Sandalen. Tito war stolz auf sein erstes Paar Schuhe gewesen, das ihm sein junger Herr extra für die Reise gekauft hatte. Zu Hause hatte er kein Schuhwerk besessen, da alle Sklaven barfuß liefen.

Caius war froh, als er das Vorratspaket, das Mara ihnen gepackt hatte, zum ersten Mal geöffnet hatte. Es gab duftende Fladenbrote und Oliven, dazu Hartkäse und eine dicke, würzige Lucanicae. Diese Wurst war Caius' Lieblingsessen. Daneben fanden sich ein Päckchen Datteln und zwei Trinkschläuche. Einer war mit Wein gefüllt, der andere mit Wasser.

Die gute Mara!, dachte Caius. Er wusste, dass sich die dunkelhäutige Sklavin große Sorgen um ihn und Tito machte, und nahm sich fest vor, ihr sobald wie möglich zu schreiben.

Wieder schlängelte sich der Pfad leicht bergauf. Auf beiden Seiten türmte sich das Gebirge. Caius und Tito, die noch nie zuvor ihr Heimatdorf Ferentium verlassen hatten, staunten über die grauen Ungetüme. Beim Gedanken daran, sie überqueren zu müssen, wurde es ihnen angst und bange. Soweit ihr Blick reichte, sahen sie bewaldete Berge mit noch immer schneebedeckten Spitzen.

Die Stadt Tridentum betrat die lange Kolonne nicht. Caius hatte am Vorabend am Lagerfeuer vom Centurio Lucius Decimus erfahren, dass die Stadt erst seit Kurzem in römischer Hand war und von Barbaren, die sich Kelten nannten, gegründet worden war. Diese Wilden hatten den römischen Legionären nicht lange standhalten können, wie Lucius Decimus mit stolzem Unterton berichtete, und feige wie die Hasen die Flucht ergriffen. Die Kohorte und die mitreisenden Händler versorgten sich in Tridentum mit frischen Lebensmitteln und folgten dann weiter dem Weg am Fluss Athesis in Richtung Meranum.

Die Tage vergingen schleppend in ihrer Eintönigkeit. Längst waren Caius und Tito von den sie umgebenden Bergmassen nicht mehr so beeindruckt wie zu Beginn ihrer Wanderung. Meist liefen sie mit gesenkten Köpfen hinter ihrem Wagen her und versuchten, so wenig Staub wie möglich einzuatmen. Auch die beiden Jungen hatten sich in Tridentum mit neuen Lebensmitteln eingedeckt, da Maras Paket bereits aufgegessen war. Caius erstand harte Brotfladen, die er noch nie zuvor gesehen hatte. Ihm ging aber auf, dass sie länger haltbar sein würden als die weichen Fladen, die er aus seiner Heimat kannte. Die Bäckersfrau versicherte ihm, dass die meisten Alpenüberquerer sich mit diesen Fladen ausstatteten und ließ ihn sogar ein Stück vorab probieren. Der Fladen brach sofort, als er seine Zähne hineinschlug. Kräuter, die er nicht kannte, gaben ihm einen eigentümlichen Geschmack. Trotzdem mundete er vorzüglich, und Caius ließ sich eine kleine Menge davon für sich und Tito einpacken. Die Bäckersfrau schlug zufrieden mit dem Handel die harten Brotfladen in ein helles Leinentuch ein und verschnürte es gekonnt zu einem handlichen Paket. Dazu erstand Caius noch einige getrocknete Würste und ein paar Scheiben Hartkäse. Das sollte reichen, bis sie wieder auf eine Siedlung trafen. Er versuchte, so wenig Geld wie möglich auszugeben, deshalb kaufte er auch keinen Wein. Ab jetzt würde es nur Wasser geben.

Urplötzlich schien der Weg anzusteigen. Sie waren am Fuße des Berges angekommen, den es zu überqueren galt. Vorläufiges Ziel der Alpenüberquerung war der Ort Angedair, wo man wiederum Vorräte aufnehmen wollte, um dann weiter über den Ort Opido Humiste in Richtung Alpenvorland zu marschieren. Im Militärlager Foetes würde sich die Kohorte mit zwei anderen Gruppen vereinen, um den gefährlicheren Weg durch barbarisches Gebiet bis zum Fluss Rhenus zu nehmen. Das ferne Endziel der Reise war das Lager Mogontiacum. Dort wollte man die dort stationierten Truppen teilweise ersetzen und verstärken.

Der Weg wurde immer steiler. Tito musste das treue Maultier mit Stockhieben zum Weitergehen animieren. Der Weg war nicht mehr als einen Trampelpfad, den Händler schon seit langer Zeit benutzten, dementsprechend schwer war der Aufstieg mit dem Wagen. Außer Caius und Tito waren noch andere Händler im Zug dabei. Deren Gefährte polterten hintereinander den Berg hinauf. Immer wieder hörte man fluchende Knechte, die versuchten, ihre Zugtiere zum Weiterlaufen zu bewegen. Inzwischen saß niemand mehr auf den Wagen. Caius und Tito hatten sich sogar ihre Bündel umgehängt, um dem Maultier den Weg so gut wie möglich zu erleichtern. Hin und wieder stemmten sie sich mit der Schulter gegen das Gefährt, um das Tier bei besonders steilen Stücken zu unterstützen und um zu verhindern, dass der Wagen stehen blieb. Ihn wieder in Gang zu bringen, wäre auf manchen Steilstücken fast unmöglich gewesen.

Ein paar Händler hatten ihre Familien dabei. Auch die Frauen und Kinder liefen hinter den Wagen her. Keiner sprach. Das Gehen war einfach zu mühsam. Die Menschen mussten sich ihre ganze Energie für den mühevollen Aufstieg einteilen.

Der Weg führte zuerst durch dichte Wälder, die einen würzigen Duft verströmten. Nach und nach wurden sie lichter, und immer wieder konnte man riesige Felsbrocken sehen, die auf den Wiesen lagen. Einmal lag ein solcher Brocken mitten auf dem Trampelpfad. Die Kohorte marschierte kurzerhand durch die nassen Grünflächen, auf denen bis vor kurzem noch Schnee gelegen hatte, außen herum, doch die Händler konnten nicht so einfach ausweichen, da die Räder ihrer Wagen in der matschigen Erde stecken blieben. Ohne zu zögern, kommandierte Lucius Decimus zehn Soldaten ab, die den Händlern halfen, ihre Wagen um das Hindernis herumzutragen. Die Tiere wurden abgeschirrt und auf der anderen Seite wieder vor die Wagen gespannt. Schaudernd stellte sich Caius vor, wie sich ein solch riesiger Felsblock löste und auf den langen Menschenzug herabfiel. Schließlich war der Felsbrocken nicht schon seit jeher auf dem Weg gelegen.

Am Abend waren alle so erschöpft, dass die meisten nicht einmal mehr ein Feuer schüren wollten, sondern sich nach ein paar Bissen vom Fladenbrot und hartem Käse in ihre Mäntel wickelten und sofort einschliefen. Auch Caius und Tito waren furchtbar müde. Sie legten sich auf ihren Wagen und unterhielten sich leise. Nach kurzer Zeit konnte Caius hören, wie Titos Atemzüge gleichmäßiger wurden. Er war eingeschlafen. Caius war froh, dass Tito ihn begleitete. Dadurch fühlte er sich sicherer, konnte er doch immer wieder mit ihm Rücksprache halten. Tito packte tatkräftig mit an und murrte nie, selbst wenn die Strecke noch so beschwerlich wurde. Caius kannte ihn schon sein ganzes Leben lang. Er hatte ihn nie als Sklaven betrachtet, schließlich waren sie gemeinsam unter Maras Fuchtel aufgewachsen. Er war sein Freund und jetzt auch sein Weggefährte. Wenn er selbst einmal das Weingut führte, würde er ihm die Freiheit schenken, das war Caius schon immer klar gewesen.

Er drehte sich auf der harten Wagenfläche auf die Seite und legte seinen Kopf auf den Arm. Hier und da konnte er leise Gesprächsfetzen von den anderen Händlern vernehmen, doch nach und nach verstummten auch diese. Caius war zwar ebenfalls müde, machte sich aber große Sorgen um seinen Vater und das Weingut. Er betete, dass Vicinius wieder auf die Beine käme und dass Marcus es schaffen würde, die Ernte mithilfe der Weinbergsklaven einzubringen. Die Sterne über ihm funkelten wie Tausende kleine Kerzen. Unwillkürlich fragte er sich, wie eine solche Pracht zustande kam. Die Götter waren in ihrer Macht schlichtweg unbegreiflich. Endlich fielen dem Jungen die Augen zu, und er verbrachte eine kurze traumlose Nacht auf dem Wagen.

Am nächsten Morgen wurden dann doch Feuer geschürt. Es hatte in der Nacht leicht geschneit, und die Landschaft lag wie überzuckert vor ihnen. Ein kräftigender Morgenbrei wurde gekocht, und manch Reisender wärmte sich die von der Nacht steifen Gliedmaßen an den züngelnden Flammen. Manche Frauen verdienten sich durch das Kochen ein Zubrot. Auch Caius und Tito holten sich eine Schale des wässrigen Breis, verzogen aber nach dem ersten Bissen das Gesicht. Mara gab immer ein paar Löffel Honig und Gewürze in den Brei, um ihm Geschmack zu verleihen. Diese Masse schmeckte nach gar nichts. Trotzdem wussten die Jungen, dass sie die Energie brauchen würden und zwangen sich, ihre Schalen leer zu essen. Anschließend füllten sie ihre Trinkschläuche am nahe gelegenen Gebirgsbach und wuschen sich schnell die Arme und das Gesicht. Das eiskalte Wasser verursachte eine Gänsehaut, erfrischte aber ungemein. Noch ließ der Tag nicht ahnen, wie warm er wieder werden würde, aber die Kraft der Sonnenstrahlen schien mehr und mehr zuzunehmen, je höher sie kamen.

Die Tiere wurden wieder angeschirrt, und weiter ging der Aufstieg. Einmal liefen sie zwischen schroffen Felswänden entlang, ein anderes Mal dicht an einem tiefen Abgrund. Caius wurde himmelangst bei dem Gedanken daran, was bei einem Fehltritt passieren konnte.

Auf einmal fiel der Weg steil ab. Die Soldaten waren längst um die nächste Biegung verschwunden, doch die Händler mussten die Wagen abbremsen, um eine Weiterfahrt überhaupt zu ermöglichen. Sie halfen sich gegenseitig den steilen Pfad hinab, liefen links und rechts von den Wagen und hielten sie mit ihren Händen fest, um sie zu bremsen.

Caius und Tito waren gerade unten angekommen, da ertönte auf einmal ein markerschütternder Schrei. Ein Maultier war ins Rutschen gekommen, und die Männer hatten daraufhin den Halt verloren. Das Tier galoppierte voller Panik den Hang hinunter, und der Wagen schlingerte unkontrolliert hinterher und schwankte gefährlich nach links und nach rechts. Voller Entsetzen sah Caius, dass ein zierliches, etwa elfjähriges Mädchen auf dem Wagen saß und sich verzweifelt an einem Halteseil festklammerte. Sie wurde hin und her geworfen und hatte größte Mühe, nicht herunterzufallen. Das Mädchen schrie jämmerlich, und ein Mann, wohl der Vater des Kindes, lief schreiend und händeringend hinter dem Wagen her, in dem verzweifelten Versuch, sein Kind zu retten. Caius begriff, dass der Mann es nicht rechtzeitig schaffen würde. Das Maultier lief in seiner Panik stur geradeaus und bemerkte den Abhang nicht, der sich gleich hinter der Biegung auftat.

Caius rannte zu der Kurve und fackelte nicht lange. Er streckte seine Arme aus, und als das Gefährt an ihm vorbeidonnerte, griff er nach dem Mädchen und riss es herunter. Mit einem ohrenbetäubenden Krachen fiel der Wagen kurze Zeit später in die Tiefe, überschlug sich mehrmals und begrub das Maultier unter sich.

Caius lag auf dem Rücken, das weinende Mädchen fest an sich gedrückt. Bei dem Aufprall war ihm die ganze Luft aus der Lunge gewichen, und er hatte Mühe zu atmen.

»Aurelia! Bei Jupiter, Aurelia!«

Der Vater war inzwischen am Ort des Geschehens angekommen und nahm Caius das Mädchen behutsam ab. Der große Mann wiegte seine schluchzende Tochter in seinen kräftigen Armen und flüsterte immer wieder ihren Namen. Tränen liefen ihm über die Wangen.

Tito war inzwischen bei Caius angekommen und half ihm auf die Beine. »Was hast du dir nur dabei gedacht? Du hättest tot sein können!«, schimpfte er seinen Freund und Herrn.

»Ich weiß es nicht«, stammelte Caius. »Es ging alles so schnell. Ich konnte das Mädchen nicht einfach seinem Schicksal überlassen!« Er war leichenblass. Der Schock über das Geschehene ließ ihn zittern.

»Ich danke dir von ganzem Herzen!«, dröhnte Aurelias Vater und schlug eine mächtige Pranke auf die Schulter des Jungen, um ihn anschließend in eine kräftige Umarmung zu ziehen. Aurelia in einem Arm, Caius im anderen, stand der Riese lange da, von Dankbarkeit überwältigt.

»Ich werde dir das nie vergessen! Aurelia ist mein ein und alles! Ich hatte Angst, dass sie den steilen Abstieg nicht bewältigen können würde, darum ließ ich sie auf dem Wagen fahren. Aber dass so etwas geschehen könnte, damit hätte ich niemals gerechnet! Du bist ein Held, junger Mann!«

»Nicht der Rede wert«, versuchte Caius abzuwiegeln. »Das hätte jeder getan.«

»Das glaube ich nicht!«, sagte Aurelias Vater mit einem schiefen Blick auf Tito, der sich sichtlich zerknirscht bemühte, in die andere Richtung zu schauen. »Mein Name ist Quintus. Ich schulde dir etwas! Den Wagen und das Maultier kann ich ersetzen, meine Tochter jedoch nicht.«

»Lasst es gut sein!«, brummte Caius, dem der ganze Wirbel um seine Person unangenehm war. Inzwischen war er umringt von Menschen, die ihm alle die Hand schütteln oder zumindest auf die Schulter hauen wollten.

»Lasst uns weitergehen, sonst verlieren wir noch den Anschluss an die Kohorte.«

Obwohl sich seine Beine immer noch sehr wackelig anfühlten, setzte sich Caius in Bewegung. Ihm wollte das Geschehene nicht aus dem Kopf gehen. Wieder und wieder spielte sich der Vorfall vor seinem inneren Auge ab. Undenkbar, wenn er das Mädchen verfehlt hätte oder wenn er selbst von dem Wagen mitgerissen worden wäre. Tief in Gedanken versunken zog er weiter.

Auch die anderen Händler setzten sich wieder in Bewegung, aufgeregt über den Vorfall schwatzend. Ein jeder war froh, dass die kleine Aurelia das Unglück unbeschadet überstanden hatte. Quintus selbst trug seine Tochter auf den Schultern. Er schien ihr Gewicht nicht zu spüren und schritt kräftig aus.

9. Flucht

Keltisches Oppidum auf dem Donnersberg, 100 v. Chr.

Rowan lag auf dem Boden und schützte ihren Kopf mit ihren Armen vor den Tritten, als Morcant unvermittelt und mit vollem Gewicht auf sie fiel.

Jetzt ist es so weit. Jetzt wird er mich mit Gewalt nehmen oder gleich totschlagen, dachte Rowan panisch. Sie konnte sich keinen Millimeter mehr bewegen, da Morcant zwei Köpfe größer und doppelt so schwer war wie sie. Das Atmen war anstrengend, da ihr sein Gewicht immer mehr die Luft abdrückte. Panisch schrie sie auf.

»Schhh, Rowan, sei leise«, vernahm sie plötzlich eine bekannte Stimme.

Erschrocken drehte sie mühsam ihren Kopf in die Richtung, um zu sehen, ob sie sich diese nur eingebildet hatte. Da stand tatsächlich ihr Milchbruder Johs, heftig atmend und mit vor Aufregung geröteten Wangen. Seine rechte Hand umklammerte einen Holzhammer, der gewöhnlicherweise für das Einschlagen von Nägeln verwendet wurde. Etwas Rotes glänzte an der einen Seite des Hammers, und Rowan sah Johs fragend an.

»Ich … ich hab dich schreien gehört«, stotterte er. Seine Augen waren weit aufgerissen und glänzten seltsam. »Ich konnte es nicht ertragen, dass er dich schlägt.«

Beim Wort »er« stieß Johs mit angewidertem Gesichtsausdruck den noch immer auf ihr liegenden Morcant mit dem Fuß an.

»Johs, hilf mir!« Rowan schnappte nach Luft und versuchte, den schweren Körper von sich herunterzuschieben. Aber ihre Kraft reichte nicht aus. Johs ließ erschrocken den Hammer zu Boden fallen, wo er mit einem dumpfen Schlag landete, und eilte Rowan zu Hilfe. Mit aller Kraft zog er den leblosen Körper seines Vaters von seiner Milchschwester, bis diese sich wieder frei bewegen konnte. Sobald sie befreit war, sprang Rowan auf und sog gierig Luft ein. Ihre Augen wanderten zu Morcant, der seltsam verkrümmt auf dem Boden lag. Um seinen Kopf bildete sich eine rote Lache, die sich immer weiter ausbreitete.

Rowan, die sich urplötzlich ihrer Nacktheit bewusst wurde, raffte schnell ihre zerrissenen Kleider zusammen und hielt sie hilflos vor ihren geschundenen Körper. Ihr Blick verharrte auf dem Mann zu ihren Füßen, als befürchte sie, dass er jederzeit wieder aufspringen könnte. Johs, der Rowans Scham bemerkte, zog hastig seinen langen Umhang aus und reichte ihn ihr wortlos. Dankbar hüllte sie sich hinein.

»Ist er tot?« Rowans Stimme zitterte ein wenig.

Johs beugte sich zu seinem Vater hinab. »Ich denke schon. Da ist sehr viel Blut.«

Dem Jungen schien erst jetzt klar zu werden, was er getan hatte. Seine Unterlippe zitterte heftig, als er Rowan anblickte. »Du musst hier weg, Rowan. Wenn dich jemand hier sieht, werden sie meinen, du hast etwas mit seinem Tod zu tun. Ich werde ihnen sagen, dass ich es war. Nun geh und versteck dich für eine Weile, damit niemand auf dumme Gedanken kommt.«

Rowan riss die Augen auf. »Das kommt gar nicht infrage,

Johs. Du hast mir das Leben gerettet, und ich werde dich nicht der Meute überlassen. Sie würden dich mit Sicherheit töten, Johs. Mörder werden an Haerviu übergeben und du weißt, was das bedeutet.«

Johs seufzte. »Ich weiß, Rowan. Aber ich stehe zu dem, was ich getan habe. Er war ein Ungeheuer.«

Seine Stimme wurde fester, als er seine Milchschwester anblickte. »Ich würde es jederzeit wieder tun.«

Rowan schüttelte den Kopf. »Das lasse ich nicht zu. Du bist mein Freund, und du hast mich gerettet. Außerdem würden sie mich genauso verdächtigen. Lass uns beide von hier weggehen. Noch heute Nacht. Nur so sind wir sicher.«

Johs betrachtete Rowan mit zweifelndem Blick.

»Alleine kann ich nirgendwo hin. Weißt du noch, was mir im Wald passiert ist?«, versuchte sie ihn zu überzeugen.

Johs dachte noch einen Augenblick nach, dann stimmte er ihr zu. »Du hast Recht. Wir gehen gemeinsam.«

Entschlossen drehte er sich um und ging zu der groben Holztruhe, die in der Ecke des kleinen Raumes stand. Hastig wühlte er darin und zog ein langes, schlichtes Wollkleid hervor. Dies hielt er Rowan hin.

»Hier, das gehörte meiner Mutter. Es ist zwar nichts Besonderes, aber es wird dich warmhalten.«

Dankbar nahm Rowan das Kleidungsstück entgegen. Während sich Johs umdrehte und den restlichen Inhalt der Truhe in Augenschein nahm, schlüpfte sie schnell in das graue Wollkleid. Es kratzte ein wenig auf ihrer Haut und war ihr etwas zu weit, aber das machte ihr nichts aus. Sie war dankbar, ein Kleidungsstück am Körper zu fühlen. Sie meinte, in dem Stoff den vertrauten Geruch ihrer Milchmutter zu riechen, was eine beruhigende Wirkung auf sie hatte. Morcant hatte sie und seine Kinder jahrelang gequält.

Es war nur rechtens, dass er dafür zahlen musste. Sie hoffte nur, dass Johs damit leben konnte, dass er seinen Vater getötet hatte. Mit flinken Fingern band sie die Kordel um ihre Taille und schlüpfte dann rasch in ihre Lederschuhe.

Ein kleiner entzückter Aufschrei zeigte ihr, dass Johs nochmals fündig geworden war. Er zog einen zerschlissenen Umhang hervor und hielt eine goldene Fibel in der Hand. Diese betrachtete er liebevoll.

»Sie gehörte ebenfalls meiner Mutter. Sie war eine ihrer Hochzeitsgaben, und sie liebte sie sehr. Sie würde wollen, dass wir sie als Rücklage mitnehmen.«

Rowan nahm vorsichtig das Schmuckstück entgegen und befestigte damit ihren Umhang am Hals. Im Geiste dankte sie Venia dafür.

Schnell stopfte Johs Brotreste, die er in einem Tontopf am Herd fand, in einen Beutel. Auch die zwei ledernen Wasserschläuche, die sein Vater immer mit aufs Feld genommen hatte, nahm er vom Haken neben dem Herd und hängte sie sich über die Schulter.

Er trat zur Tür und öffnete diese vorsichtig einen Spalt.

»Das Fest ist noch in vollem Gange. Wir müssen uns leise hinter die Kate schleichen und dann hinter den Häusern im Schutz der Dunkelheit zum Osttor rennen.«

Rowan nickte. Sie spürte, wie erneut Angst in ihr hochkam, doch sie wusste, dass sie keine andere Wahl hatten. Sie musste sich zusammennehmen. Also straffte sie die Schultern und sagte mit fester Stimme: »Dann lass uns gehen, Johs.«

Mit einem letzten Blick auf Morcant fügte sie hinzu: »Ich kann seinen Anblick nicht länger ertragen.«

Johs öffnete die Tür wieder einen Spalt und beobachtete für einen kurzen Moment das Treiben auf dem Dorfplatz. Er gab Rowan ein Zeichen, und diese schlüpfte hinter ihm aus der Kate. Gebückt huschten sie um das kleine Haus herum und hielten schwer atmend an der Rückseite an. In der Nähe hörten sie plötzlich ein Rascheln und hielten erschrocken den Atem an. Es war nur einer der Festgäste, der sich in der Nähe hinter einem Busch erleichterte. Nach einer gefühlten Ewigkeit vernahmen sie endlich den leicht unsteten Gang des Mannes, und er entfernte sich leise pfeifend. Johs nickte Rowan auffordernd zu. Diese erwiderte das Nicken, hob den etwas zu langen Rock an, um beim Rennen nicht zu stolpern, und huschte los. Als sie hinter ihrem Elternhaus standen, hielt sie auf einmal inne.

»Los, Rowan, wir müssen weiter«, wisperte ihr Johs panisch zu.

»Ich muss noch etwas aus der Hütte holen«, zischte sie und rannte los. Johs hatte noch versucht, sie am Arm zu greifen, aber sie war schneller gewesen. Flink huschte sie um die Ecke und war in der nächsten Sekunde nicht mehr zu sehen.

Lautlos schlüpfte Rowan durch die schmale Holztür ihres Elternhauses. Sie wusste, dass ihre Eltern auf dem Fest waren. Bis auf das letzte Glühen eines Holzstücks in der Feuerstelle war es stockfinster, aber sie kannte die Kate in- und auswendig und eilte zu ihrer Bettstatt, ohne zu stolpern. Hastig fiel sie auf die Knie und tastete den gestampften Lehmboden mit dem gestreuten Stroh darauf ab. Nichts. Sie wusste, sie hatte nicht viel Zeit, und ihre Bewegungen wurden hektischer.

Irgendwo muss die Kette doch sein, dachte Rowan. Sie wusste nicht, warum ihr die so wichtig war, sie wollte auf einmal nur nicht ohne sie gehen. Da spürte sie auf einmal etwas Kaltes zwischen den Fingern. Erleichtert aufatmend hob sie das Schmuckstück hoch und streifte es schnell über den Kopf. Sie steckte die halbe Sonne unter ihr Gewand, sodass sie vor Blicken geschützt war.

Vorsichtig verließ Rowan die kleine Kate, aber nicht, ohne noch einen letzten Blick ins Innere ihres Elternhauses zu werfen. Ihr wurde bewusst, dass sie es nie wiedersehen würde und sie spürte einen dicken Kloß im Hals. Sie hatte keine Zeit innezuhalten. Es war Eile geboten. Schnell flitzte sie um die Ecke der Hütte zurück zu Johs.

Als sie ihn erblickte, verschwendete sie trotz seines fragenden Gesichtsausdrucks keine Zeit für Erklärungen. Wie hätte sie das mit der Kette auch erzählen sollen, wo sie es doch selbst nicht verstand? So ergriff sie einfach seine Hand und zog ihn mit sich. Sie huschten entlang der Rückseiten der Häuser in Richtung Osten. Je weiter sie kamen, desto leiser wurde der Festlärm. Nur der Duft nach gebratenem Fleisch, der vage in der Luft hing, erinnerte an die stattfindende Feier. Sie wagten es, kurz stehen zu bleiben, um Luft zu holen.

»Was hast du denn in der Hütte gesucht?«, fragte Johs schwer atmend zwischen zwei Atemzügen und beäugte Rowan neugierig.

»Nichts Wichtiges«, erwiderte sie ausweichend. Ihre Hand tastete nach dem Amulett an ihrem Hals.

»Es ist wirklich nichts Wichtiges«, sagte sie mit Nachdruck. »Lass uns weitergehen.«

Johs zuckte mit den Schultern. Sie nahmen ihre vorherige Geschwindigkeit wieder auf und eilten in Richtung des Osttors, das von zwei Fackeln beleuchtet wurde. Vorsichtig spähte Johs hinter der letzten Hauswand vor der Tempelanlage hervor. Der Platz vor dem Heiligtum war verwaist, da der Mond fast voll war, war es recht hell. Sie konnten deutlich die Wache vor dem Tor sehen. Die beiden Freunde beobachteten den Krieger genau. Wenn er sie erwischte, würde er sie sofort den Druiden übergeben. Kein Dorfbewohner verließ einfach so mitten in der Nacht die Siedlung. Es kam ihnen wie eine Ewigkeit vor, da bewegte sich der Mann. Offenbar musste er sich erleichtern und verschwand hinter dem Heiligtum. Johs packte Rowan entschlossen an der Hand und zog sie mit sich hinaus ins Freie. Jetzt musste es schnell gehen. Sie rannten am Tempel vorbei und pausierten auch nicht, als sie das Osttor durchquert hatten. Erst als sie völlig außer Atem waren und in der Dunkelheit immer öfter über den unebenen Boden stolperten, hielten sie schwer atmend an und sanken dann keuchend auf den Waldboden.

Eine Zeit lang lang sprach keiner von beiden. Gierig sogen sie die klare Nachtluft in ihre brennenden Lungen. Als sie sich wieder erholt hatten, sahen sie sich an. Johs bemerkte Rowans angsterfüllten Blick. Auch er fühlte sich alles andere als sicher, er wollte sich das vor Rowan jedoch nicht anmerken lassen.

»Ich bin sicher, dass uns keiner gesehen hat«, versuchte er, seine Milchschwester zu beruhigen. Dann hielt er ihr die Hand hin. »Komm, wir müssen weiter.«

Er versuchte, seiner Stimme einen festen Klang zu geben. Rowan nickte tapfer. Obwohl es hier im Wald, den sie zwischenzeitlich erreicht hatten, dunkel war, konnte Johs erkennen, wie blass ihre Haut war. Auf ihrer Wange bildete sich ein großer dunkler Fleck, wo Morcant sie getroffen hatte. Johs wusste, dass Rowan Schmerzen haben musste, da sie sich immer wieder kurz die Hand auf ihre Seite legte und das Gesicht leicht verzog. Sie jammerte nicht, und er bewunderte ihren Mut.

»Komm, Rowan, bald haben wir es geschafft. Wir müssen den restlichen Weg hinab ins Tal, dann werden wir uns irgendwo einen Unterschlupf besorgen«, sagte er sanft.

Rowans Schleier, den sie vor der Flucht aus der Kate gegriffen hatte, war heruntergerutscht und lag ihr wie ein Schal um den Hals. Ihre roten Locken tanzten lose um ihre Schultern, als sie nickte.

Liebevoll betrachtete er die Kindheitsfreundin. Sie waren gemeinsam aufgewachsen, und es gehörte zu seinen liebsten Erinnerungen, wie sie gemeinsam auf Bäume geklettert und im Bach gespielt hatten. Rowan hatte ihn immer getröstet, wenn sein Vater ihn wieder geschlagen hatte, und sie war es gewesen, die ihm über die schwere Zeit nach dem Tod seiner Mutter hinweggeholfen hatte. Sie hatten gemeinsam um sie getrauert, und die vielen Gespräche mit ihr über Venia taten ihm gut.

Rowan war wie eine Zwillingsschwester für ihn, schoss es ihm durch den Kopf. Es gab ein unsichtbares Band zwischen ihnen, das sie auf Lebenszeit verband.

Rowan schien seine Gedanken zu erraten, denn sie lächelte ihn an. Sie nahm seine Hand in ihre und drückte sie leicht. Sie war Johs unendlich dankbar, dass er sie gerettet hatte und sie nun auf ihrer Flucht begleitete. Während sie auf dem Waldboden saß und versuchte, sich von der Anstrengung zu erholen, schweiften ihre Gedanken zurück zu einer schöneren Zeit. Früher hatte sie hier oft gemeinsam mit Drystan und Johs gespielt, wobei sie um die Wette rannten oder sich versteckten und gegenseitig suchten. Rowan war besonders erfinderisch mit ihren Verstecken und stolz darauf, meist als Letzte gefunden zu werden.

Als sie wieder einmal Verstecken spielten und Johs an

der Reihe war, sie zu suchen, lief sie geschwind auf leichten Füßen durch den Wald. Sie sprang geschickt über aus dem Boden ragende Wurzeln und schlug Haken um die Bäume. Als sie in der Ferne das Lachen der Jungen vernahm, wusste sie, dass Johs Drystan bereits gefunden hatte. Sie lächelte triumphierend, weil sie wieder als Letzte gefunden werden würde. Wo sollte sie sich diesmal verstecken?

Sie erblickte vor sich eine Tanne, deren Äste tief über den Boden hingen. Anstatt sich unter den dichten Ästen zu verkriechen, griff Rowan nach dem untersten Ast und schwang sich hinauf. Die Nadeln bohrten sich schmerzhaft in ihre Handflächen. Trotzdem gelang es ihr innerhalb kürzester Zeit, auf den Baum zu klettern. Im Klettern war sie schon immer sehr geschickt gewesen und stand den Jungen dabei in nichts nach. Schließlich setzte sie sich vorsichtig auf einen Ast, der weit über Manneshöhe über dem Boden schwebte und wartete. Sie lehnte sich mit dem Rücken gegen den Baumstamm und umschloss ihre Knie mit den Armen.

Rowan machte kurz die Augen zu und atmete tief ein. Wie sehr sie den würzigen Geruch des Waldes nach Tannennadeln und Harz liebte. Sie konnte hören, wie der Wind durch die Wipfel der Bäume rauschte und mit ihnen seinen immerwährenden Reigen tanzte. Leises Knacken verriet ihr, dass kleinere Tiere sich ihren Weg durchs Unterholz suchten. Sie konnte einen Uhu rufen hören, der jedoch abrupt verstummte, als plötzlich lautes Gelächter durch den Wald schallte. Rowan hörte die Jungen näherkommen und atmete so leise wie möglich, um sich nicht zu verraten. Schon konnte sie die beiden sehen, einen blonden Schopf neben einem braunhaarigen, wie sie lachend nebeneinander durch den Wald stapften und Ausschau nach ihr hielten. Bald standen sie direkt unter der Tanne, auf der Rowan sich versteckt hielt, und sahen sich um. Johs hob den Finger vor seine Lippen, um Drystan zu verstehen zu geben, dass er leise sein sollte. Der Häuptlingssohn nickte kurz, als Zeichen, dass er verstanden hatte.

Dann sagte Johs laut: »Ach, hätte ich nur eine Ahnung, wo sich unser Rotschopf wieder versteckt hat!«

Mit diesen Worten ergriff er die untersten Zweige und riss sie beiseite. »Hab ich dich!«

Verdutzt starrte er auf die leere Stelle unter der Tanne, in der er Rowan vermutet hatte. Die wäre bei seinem verwirrten Gesichtsausdruck beinahe in Gelächter ausgebrochen, schaffte es aber gerade noch, sich still zu verhalten, sonst hätte sie ihr Versteck unweigerlich preisgegeben.

Drystan klopfte Johs versöhnlich auf die Schulter und lachte. »So einfach wird sie es dir wohl nicht machen, mein Freund. Komm, lass uns weitersuchen!«

Er zog Johs mit sich, und die beiden liefen tiefer in den Wald hinein. Als sie schon beinahe außer Sichtweite waren, sah Drystan auf einmal über seine Schulter zurück und blickte direkt zu Rowan in ihrem Versteck. Er hatte sie also doch entdeckt! Er blinzelte ihr zu, und schon war er mit Johs hinter dem nächsten Hügel verschwunden.

Rowan wurde schwer ums Herz bei dem Gedanken an den Häuptlingssohn, den sie wohl nie wiedersehen würde. Sie schüttelte den Kopf, um die düsteren Gedanken zu vertreiben. Schließlich musste sie sich auf das Hier und Jetzt konzentrieren.

»Komm, Johs, lass uns weitergehen«, sagte sie deshalb schnell und erhob sich.

Johs schien ebenfalls die Dringlichkeit ihrer Lage zu spüren, und so gingen sie gemeinsam flott den schmalen Weg entlang. Johs half Rowan über größere Wurzeln hinweg und warnte sie, wenn sich ihr Rock in Ästen verfing. Ab und zu hörten sie ein Rascheln im Gebüsch und hielten erschrocken inne. Doch es waren nur die Tiere des Waldes, die nachts jagten.

Es dauerte nicht lange, und die beiden erreichten den unteren Rand des Waldes. Rowan spähte zwischen den Bäumen hindurch auf die mondbeschienene Ackerfläche, die sich vor ihr ausbreitete. Die sanften Hügel, die die Landschaft rund um den Donnersberg prägten, schienen im Mondlicht zu leuchten, und sie spürte, wie plötzlich eine große Last von ihr abfiel. Sie wusste, sie hatten das Richtige getan.

10. Ankunft

Gegend um Foetes, 100 v. Chr.

Die restliche Alpenüberquerung verlief mehr oder weniger nach Plan. Caius und Tito marschierten nun immer gemeinsam mit Quintus und dessen Tochter. Meistens saß Aurelia auf dem Wagen und unterhielt die drei ungleichen Gefährten mit ihrem fröhlichen Geplapper. Quintus hatte sich unterwegs mit den nötigsten Gegenständen eindecken können. Diese lagen zu Bündeln geschnürt ebenfalls auf dem Wagen. Zusammen mit Caius' und Titus' Packen ergab sich so für das zarte Mädchen ein bequemes Lager, und sie spürte die Unebenheiten des Weges nicht allzu sehr.

Caius hatte inzwischen erfahren, dass Quintus ein Weingut im neurömischen Gebiet besaß und nur in die Heimat zurückgekehrt war, um seine Villa in der Toskana aufzulösen. Er hatte beschlossen, für immer im neuen Gebiet zu bleiben. Aurelias Mutter war bei der ersten Alpenüberquerung an einem Fieber gestorben, seitdem hütete Quintus sie wie seinen Augapfel. Sie war das Einzige, was ihm von seiner Familie geblieben war. Er wurde nicht müde zu betonen, dass Aurelia ihrer verstorbenen Mutter aufs Haar glich. Immer wieder blickte der Hüne liebevoll auf seine blonde Tochter.

Natürlich hatte Quintus wissen wollen, weshalb Caius und Tito in ihren jungen Jahren die Alpenüberquerung wagten und aus welchem Grund sie allein unterwegs waren. Als Caius ihm die ganze Geschichte erzählt hatte, betrachtete ihn Quintus nachdenklich.

»Weißt du, Caius, wenn du meinst, so einfach Wein aufkaufen zu können, muss ich dich leider enttäuschen. Die meisten Weinbauern haben feste Verträge mit Händlern, verstehst du?«

Caius' Gesichtsausdruck zeigte deutlich seine Verzweiflung. Niedergeschlagen blickte er auf den Boden.

»Aber jetzt hast du ja mich, nicht wahr, mein Junge?!« Lachend schlug Quintus ihm auf die Schulter. »Du hast mich nicht im Stich gelassen, und ich werde dich auch nicht im Stich lassen! Ihr kommt natürlich mit Aurelia und mir!«

Caius konnte sein Glück kaum fassen! Sollte es wirklich so einfach sein?

»Unsere Villa liegt bei Borbetomagus. Direkt am großen Rhenus liegen die fruchtbarsten Weinberge, die du dir nur vorstellen kannst!« Strahlend sah der Weinhändler die beiden Jungen an. »Zwei so tüchtige Helfer wie euch kann ich sehr gut gebrauchen!«

Caius und Tito blickten sich seufzend an. Die Erleichterung war ihnen deutlich anzumerken. Ihr Plan war über die Reise mit der Kohorte nicht hinausgegangen. Jetzt hatte das Schicksal eingegriffen und ihnen den Weg gedeutet. Die Götter schienen gnädig zu sein.

»Du wirst es nicht bereuen, Quintus.«

Fest sah Caius dem großen Weinhändler in die Augen. Sie besiegelten das Versprechen mit einem Handschlag.

Der Weg ging nun größtenteils bergab. Der anstrengende Aufstieg war geschafft. Je weiter sie talwärts marschierten, umso grüner wurde die Landschaft um sie herum. Caius liebte das satte Grün der Tannen, die im Bergwind hin und her wogten, und sog deren würzigen Duft tief ein. Aurelia lief immer wieder neben dem Wagen her und pflückte Wildblumen, die entlang des Weges wuchsen. Caius beobachtete, wie sie kichernd mit fliegendem Gewand durch die Wiese sprang, um die schönsten Blumen zu finden.

»Aurelia, lauf nicht zu weit weg. Ich will dich immer in Sichtweite wissen«, rief ihr Quintus hinterher.

Caius schmunzelte in sich hinein. Seit dem Vorfall auf dem Berg ließ Quintus sein Töchterlein nicht mehr aus den Augen, eine Aufgabe, die bei so einem quirligen Mädchen nicht gerade einfach für den Weinhändler war. Tito und Caius unterstützten ihn bei dieser Aufgabe, sahen aber viele Dinge nicht so eng wie ihr Weggefährte, der überall Gefahren wähnte.

Die Wagenkolonne rumpelte an dem zierlichen Mädchen vorbei. Als Caius an Aurelia vorbeilief, bückte er sich rasch und schloss sie in seine Arme. Zuerst wollte das Mädchen protestieren, doch als sie sah, wer sie da umarmte, strahlten ihre Augen. Sie schlang ihre Arme um Caius' Hals und schmiegte sich an ihn. Aurelia vergötterte ihren Retter.

Quintus sah schmunzelnd zu, wie sich seine Tochter und Caius umarmten. Er war glücklich, dass sie ihr frohes Gemüt bewahrt hatte. Weder der Tod ihrer Mutter, noch der schlimme Vorfall, bei dem sie beinahe ums Leben gekommen wäre, hatten sie verbittern lassen.

»Aurelia, du bist so schwer wie dieser Fels dort drüben!«, seufzte Caius und deutete auf einen riesigen Brocken, der abseits des Weges lag.

Aurelia kicherte. »Papa sagt, ich sei so leicht wie eine Feder.«

»Eine Feder, die so viel wiegt, wie ein Sack Mehl vielleicht.«

Aurelia strahlte ihn an. »Ich bin ja auch schon groß. Schon fast erwachsen. Bald kann ich dich heiraten!«

Bei diesen Worten mussten Caius, der neben ihm laufende Tito und Quintus auf der anderen Seite des Wagens laut auflachen. Aurelia sah die Männer verwirrt an. Sie hatte offenbar keine Ahnung, was an ihren Worten so komisch sein sollte.

Caius setzte seine kleine Fracht wieder oben auf dem Wagen ab, wo sich Aurelia sofort daran machte, ihre Wildblumen zu einem duftenden Kranz zu binden.

An diesem Abend setzten sich die vier Gefährten wie immer um ein gemeinsames Feuer. Sie teilten ihre Lebensmittel großzügig miteinander und erholten sich von den Strapazen des Tages. Caius genoss die gemeinsamen Stunden am Feuer sehr. Wenn das Essen beendet war, erzählte ihnen Quintus meist mit blumigen Worten von seiner neuen Heimat. Tito war genauso begierig darauf, mehr über diese Gegend zu erfahren wie sein Herr.

»Erzählt uns mehr von den Rheinlanden«, forderte er darum den Weinhändler auf.

Quintus lächelte und sah versonnen in die hoch züngelnden Flammen. »Die Hügellandschaft um den Rhenus ist äußerst fruchtbar. Wenn man auf einen dieser Hügel klettert, hat man einen wunderschönen Blick auf den großen Fluss, der sich zwischen den Weinbergen hindurchschlängelt. Riesige Schiffe fahren flussauf- und flussabwärts und transportieren alle erdenklichen Waren.«

Tito schaute ungläubig. »Die Schiffe fahren auch gegen den Strom, sagt Ihr? Wie soll das denn gehen?«

Quintus schmunzelte. Ihm war es selbst nicht anders ergangen, als er das damals zum ersten Mal gesehen hatte. Ihm war, als stünde er wieder auf dem größten Weinberg seines Gutes und blickte auf den mächtigen Rhenus.

»Flussabwärts zu fahren ist keine allzu große Kunst, wie

du dir denken kannst, junger Freund. Flussaufwärts ist eine ganz andere Sache. Die Schiffer benutzen Treidelpferde.«

»Pferde?«, rief Tito.

»Treidelpferde«, wiederholte Quintus geduldig. »Die Schiffe werden durch lange Taue mit den Pferden verbunden. Diese laufen direkt neben dem Fluss auf den sogenannten Treidelpfaden entlang und ziehen das Schiff so gegen den Strom.« Amüsiert sah er in die vor Staunen weit aufgerissenen Augen des jungen Sklaven.

In dieser Nacht träumte er von kräftigen Pferden, die riesige Schiffe einen Fluss hochzogen.

Als die Kohorte mit den Händlern endlich in Foetes angekommen war, änderte sich die Landschaft schlagartig. Der Wachposten glich denen, die sie bei der Alpenüberquerung schon kennengelernt hatten. Auch hier hatten sich Menschen ihre Häuser direkt um den Militärposten herum gebaut, um Handel treiben zu können und zweifellos auch, um im Ernstfall Schutz zu haben. Die Barbaren waren schließlich in unmittelbarer Nähe. Hier in Foetes warteten wie verabredet zwei Kohorten auf Lucius Decimus und seine Truppe. Sie würden den weiteren Weg gemeinsam beschreiten. Caius gab hier einen Brief an Mara auf, den eine zurückkehrende Kohorte mitnahm. Er hatte ihr die Alpenüberquerung in blumigen Worten geschildert und die Gefahren, die sie überwunden hatten, ausgelassen. Sie würde sich auch so genug sorgen.

In dem Militärstützpunkt durften die Händler ihre Wagen in einer Ecke des mit langen Holzpalisaden umzäunten Gebietes aufstellen. Staunend betrachteten Caius und Tito die hohen Holzpfähle.

»Eine Weile halten sie den Feind schon ab, jedoch nicht

unbegrenzt lange.« Unbemerkt war Lucius Decimus zu ihnen getreten und folgte ihrem Blick.

»Erzähl uns von den Feinden!«, bat Tito den Centurio schüchtern.

»Die keltischen Barbaren haben vor uns diese Gegend besiedelt. Immer wieder versuchen sie, uns das Land wieder abzuluchsen. Sie sind raue Gesellen. Die barbarischen Krieger sind groß und sehen furchteinflößend aus. Sie haben lange, zottige Haare und malen sich die Haut weiß an, sodass sie wie Geister aussehen. Dazu stimmen sie fürchterliches Kriegsgebrüll an, um ihre Feinde einzuschüchtern.«

Lucius Decimus hatte immer leiser gesprochen, wie wenn er sich die grausigen Gestalten seiner Feinde genau vor Augen führte.

»Neben Keulen und Äxten führen sie lange Schwerter, sogenannte Spathae, mit sich, die sie vorzüglich beherrschen. Unser Gladius hat eine wesentlich kürzere Reichweite. Des Weiteren benutzen sie Wurfspeere und Steinschleudern. Die können ohne weiteres bis über die Palisaden reichen und großen Schaden anrichten.«

Ungläubig blickte Caius abermals zu den Spitzen der Festung hoch, die mindestens zweieinhalb Passi über ihren Köpfen endete. Welche Kräfte mussten Krieger aufbringen, um einen Speer so hoch und weit schleudern zu können? Unwillkürlich lief ihm ein Schauer über den Rücken.

Lucius Decimus bemerkte das Unwohlsein seines Reisegefährten und fuhr besänftigend fort: »Die römischen Soldaten sind den barbarischen Kriegern natürlich weit überlegen. Die strenge Disziplin der Truppen und die geordnete Kampfweise unserer Soldaten lassen diesen Wilden keine Chance.«

Verächtlich zog der Centurio die Nase hoch und spuckte

kräftig auf den Boden, wohl um seiner Missachtung für die Barbaren bildlich Ausdruck zu verleihen.

»Sie sind schmutzige, ungehobelte Wilde, die angeblich Naturgötter anbeten. Sie sind völlig ungebildet und weit von jedweder Zivilisation entfernt. Es ist unsere Aufgaben, sie zu besiegen und unter die Herrschaft Roms einzugliedern. Als Sklaven taugen sie leidlich, sind aber für ihren Ungehorsam bekannt. Nicht so wie unsere römischen Sklaven. Die wurden ja dazu geboren, um zu dienen, nicht wahr?«

Sein kalter Blick traf Tito, der daraufhin zusammenzuckte. Caius, der sah, wie ihn die harten Worte des Centurio schmerzten, da er ja selbst nur ein Sklave war, legte ihm begütigend die Hand auf den Arm. Er bedankte sich höflich bei Lucius Decimus für seine Auskünfte, dann entfernten sich die beiden Jungen schnell.

»Tito«, begann Caius verlegen.

Aber der junge Sklave unterbrach seinen Herren rasch: »Es ist alles richtig, was der Centurio gesagt hat. Es gibt dem nichts hinzuzufügen.«

Caius merkte, dass er momentan bei Tito nicht weiterkam, also ließ er ihn in Ruhe. Er nahm sich wiederum fest vor, seinem Freund alsbald die Freiheit zu schenken. Er wusste, dass Sklaven wichtig waren, um die Römer bei der Haushaltsführung und der Feldarbeit zu unterstützen. Er fand jedoch, dass fremde Völker, die sich gegen die Herrschaft Roms auflehnten, die weitaus besseren Sklaven abgaben. Sie hatten es schließlich nicht anders verdient. Wahrscheinlich tat man den wilden Barbaren sogar einen Gefallen damit, sie an die Zivilisation heranzuführen.

Nach nur wenigen Tagen Rast ging die Reise weiter. Ab Foetes ging der Weg wieder geradeaus. Sie schritten entlang saftig grüner Wiesen, auf denen sich gelber Löwenzahn und weiße Gänseblümchen ein Stelldichein gaben. Die Natur hatte sich inzwischen vom eisigen Griff des Winters gelöst. Die Bäche sprudelten munter dahin, und Vogelgezwitscher erfüllte den Himmel. Die Reisenden genossen die wärmenden Sonnenstrahlen auf ihren Gesichtern. Es roch nach Frühling, und sie streckten genießerisch ihre Nasen in die Luft und sogen den frischen Duft nach aufgebrochener Erde und den ersten Blumen und Wildkräutern tief ein. Aurelia war damit beschäftigt, eifrig Gänseblümchenkränze zu binden, und setzte sie sich und den Männern auf die Köpfe.

Es schien, als marschierten die Soldaten und Händler wesentlich beschwingter dahin, und so erreichten sie nach vier Tagen Cassiliacum. Ähnlich wie in Foetes befand sich hier ein Wachposten, um den sich Katen schmiegten. Offensichtlich trieben die Bewohner hier regen Handel mit den dort stationierten Soldaten. Vieh graste auf den saftigen Weiden, und die prallen Euter der Kühe zeigten, dass sie sich hier vollfressen konnten.

Die Reisegruppe blieb zwei Tage in Cassiliacum. Lucius Decimus hatte militärische Dinge zu besprechen und wollte vor allem den weiteren Reiseweg abklären. Während die ranghöheren Soldaten in dem kleinen Fort schliefen, blieben die Händler größtenteils vor den hölzernen Toren, um ihre Wagen zu bewachen. Die übrigen Soldaten errichteten eine Zeltstadt vor dem Fort.

Caius und seine Reisegefährten schliefen immer bei ihrem Wagen. Aurelia hatte sicher die beste Schlafstätte auf der Ladefläche. Ihr Vater und die beiden Gefährten lagen unter und neben dem Wagen zusammengerollt und machten es sich auf der harten Erde so bequem wie möglich.

Für den Weitermarsch versorgten sich die Reisegefährten

mit selbst gemachtem Käse und harten Broten, die sie für wenig Geld bei den Bewohnern des kleinen Dorfes erstehen konnten. Dieses Brot schmeckte anders als das weiche, weiße Fladenbrot, das sie aus ihrer Heimat gewohnt waren. Es hatte eine dicke, braune Kruste und roch würzig. Quintus lachte, als er sah, wie Caius einen vorsichtigen Bissen nahm, und biss selbst herzhaft in die verführerisch duftende Kruste des noch warmen Brotlaibs.

»So etwas Gutes gab es daheim nicht, stimmt's?« Genießerisch schloss er die Augen.

Insgeheim mussten die Jungen ihm Recht geben. An dieses Brot konnte man sich gewöhnen. Es schmeckte völlig anders als das harte Brot, das sie als Reiseproviant mitgenommen hatten. Obwohl es den Jungen auch geschmeckt hatte, hatte der Laib Brot, der gerade vor ihnen lag, einen frischen, würzigen Geschmack. Was wiederum gar nicht ging, war der stinkende, weiche Käse, den Quintus einem Bewohner abgekauft hatte. Sowohl Caius als auch Tito weigerten sich, dieses übel riechende Etwas in den Mund zu nehmen. Dem Weinhändler schien es allerdings bestens zu schmecken! Er leckte sich genießerisch mit der Zunge über die Lippen, um auch jeden Krümel aufnehmen zu können. Die beiden Jungen hielten sich lieber an den härteren Käse, den die Dorfbewohner aus der Milch ihrer Kühe gemachte hatten. Zusammen mit dem duftenden Brot ergab das eine herrliche Mahlzeit, die sie sich schmecken ließen.

Der weitere Weg führte die Kohorten und die Händler zum Kastell Cannstatt. Auf dem Weg dorthin wölbten sich plötzlich wieder einige grüne Hügel, die mit Heidepflanzen bewachsen waren, und die Gruppe musste sich wieder mehr abplagen. Dennoch war es kein Vergleich mit der anstrengenden Alpenüberquerung, und auch die Witterung war wesentlich besser. Deshalb tat der beschwerliche Weg der Stimmung keinen Abbruch, und als man nach zehn Tagen schließlich im Kastell ankam, waren alle guter Dinge.

Das Kastell stand strategisch äußerst günstig auf einem Hügel, von wo man die umliegende Gegend überwachen konnte. Etwas mehr als zwei Stadia östlich des Kastells verlief der Fluss Neccarus. Die Festung lag in einer geografisch vorteilhaften Position. Hier kreuzte sich die Römerstraße, die nach Mogontiacum führte, mit der Trasse, die entlang des Flusses verlief.

Das Kastell selbst umfasste bei einer Länge von einem Stadium und einem Actus und einer Breite von gut einem knappen Stadium eine Fläche von acht Heredia. Das ganze Kastell war zu seinem Schutz von einem tiefen Spitzgraben umgeben. Das Haupttor des Kastells, die sogenannte Porta Praetoria, lag im Südosten und war zum Neccarus hin ausgerichtet. Entlang der rückwärtigen Begrenzung konnte Caius Eck- und Zwischentürme ausmachen. Insgesamt verfügte das beeindruckende Kastell über vier Tore, die alle jeweils mit doppelten Türmen gesichert waren. Im Inneren waren die Lagerstraßen mit Kies und Steinen gepflastert, sodass die Wagen der Händler problemlos hineinfahren konnten.

Im Kastell erfuhren sie von dort ansässigen Händlern, dass sich erst wenige Tage zuvor ein verheerender Angriff der Barbaren ereignet hatte und viele Soldaten getötet oder verletzt worden waren. Die Reisegruppe war schockiert, da vorher der Gedanken an die sie umgebenden Barbaren gern verdrängt worden war.

»Sie würden es nicht wagen, drei ganze Kohorten anzugreifen«, beruhigte Lucius Decimus die besorgten Händler.

»Wir sind wesentlich besser ausgerüstet als die schmutzigen Krieger der Barbaren, und das wissen sie auch.«

Zuversichtlich blickte Lucius Decimus in die ängstlichen Gesichter der Händler. Dennoch blieb bei ihnen ein mulmiges Gefühl zurück.

Die Kohorten verweilten sieben Tage im Kastell, um bei den Aufräumarbeiten zu helfen. Die Barbaren hatten Holzwände niedergerissen und viele Gebäude niedergebrannt. Caius und Tito halfen mit, wo sie gebracht wurden. Sie waren den Soldaten dankbar, dass sie sie vor den Barbaren beschützten, und bewunderten ihren Mut. Caius stellte sich lebhaft vor, wie ein keulenschwingender, weiß bemalter Wilder zähnefletschend auf ihn zu sprang, und schauderte. Er war froh, als Händler selbst keinen solchen Gefahren ausgesetzt zu sein.

Endlich machten sie sich wieder auf den Weg. Die Stimmung in der Reisegruppe war bei Weitem nicht mehr so gelöst wie auf der Strecke von Foetes nach Cannstatt. Die ständige Gefahr durch keltische Krieger hatte sich wie ein Schatten über ihr Gemüt gelegt. Immer wieder ertappte sich Caius dabei, wie er sich besorgt nach allen Seiten umsah. Was, wenn diese Wilden hinter der nächsten Wegbiegung auf sie lauerten? Aber die Prophezeiung des Lucius Decimus schien sich zu bewahrheiten. Die große Militärschlange, die sich durch das Land schob, wurde von niemandem angegriffen. Nach und nach beruhigten sich die Händler.

Caius nahm die Umgebung erstmals wieder genauer in Augenschein. Die Gegend war wunderschön. Blühende Obstbäume säumten den Weg, umschwärmt von geschäftigen Bienen. Immer wieder liefen sie an Hirten vorbei, die Herden von Schafen oder Ziegen auf die saftigen Felder führten. Sie näherten sich stetig ihrem Ziel. Die nächste größere Siedlung würde bereits Borbetomagus sein.

Je näher sie seiner neu auserkorenen Heimat kamen, desto aufgeregter wurde Quintus. Schon Meilen außerhalb der Stadt marschierten sie an grünen Weinbergen vorbei, in denen überall fleißige Leute arbeiteten. Weinreben wurden aufgebunden, Unkraut entfernt und neue Reben angepflanzt. Immer wieder deutete Quintus auf ihm bekannte Merkmale der Landschaft und erzählte ihnen, was er darüber wusste.

An einer Weggabelung verabschiedeten sich Caius und Tito gemeinsam mit Aurelia und ihrem Vater von Lucius Decimus, seinen Männern und den anderen Händlern. Hier mussten sie abbiegen, um zu Quintus' Villa zu gelangen.

Caius ergriff Lucius Decimus' Hand und dankte ihm nochmals von ganzen Herzen, dass er ihn mitgenommen hatte. Der Hauptmann schüttelte lächelnd die Hand des Jungen. Dann verabschiedete er sich und der Reisezug entfernte sich mit einer großen Staubwolke. Caius und Tito sahen ihren ehemaligen Reisegefährten lange nach. Die Alpenüberquerung war ein anstrengendes, ereignisreiches Abenteuer gewesen, das sie ihr Leben lang nicht vergessen würden. Jetzt begann ein neues Kapitel. Würde alles so verlaufen, wie es sich die Jungen erhofften?

»Von hier aus ist es noch ein halber Tagesmarsch. Wenn wir zügig voranschreiten, können wir bei Anbruch der Dunkelheit unsere Füße vor ein wärmendes Feuer strecken und einen herzhaften Eintopf verspeisen«, zerstreute Quintus die Bedenken seiner jungen Begleiter.

Diese verlockenden Worte trieben die vier Reisegefährten an, und sie lenkten ihren Wagen zügig durch die grünen Weinberge. Von einer Anhöhe aus erblickte Caius zum ersten Mal den Fluss Rhenus. So gewaltig hatte er ihn sich bei Weitem nicht vorgestellt. Majestätisch schlängelte sich der breite Fluss durch die fruchtbaren Weinberge und schien diese mühelos zu teilen. Caius starrte mit offenem Mund auf dieses Wunder, und erst als Aurelia zu quengeln begann, weil die Gruppe so lange am gleichen Platz verharrte, liefen sie zügig weiter.

Nach einer Weile bogen sie um eine scharfe Kurve und standen plötzlich vor Quintus' Villa Rustica. Das Herrenhaus war fast zwei Acti und drei Perticae lang und hatte links und rechts der gewaltigen Holztür Marmorsäulen mit fein ziselierten Kupfersockeln, die die Säulen nach unten und oben hin abgrenzten. Es war vom Grundriss her genauso quadratisch wie Caius' Elternhaus, nur war es wesentlich größer. Die Jungen konnten zahlreiche andere Gebäude um die Villa erkennen und bekamen auf ihre Nachfragen mitgeteilt, dass es sich hierbei um die Ställe, das Badehaus, die Schlafbaracken für die Sklaven und das Kelterhaus, das für die Weinherstellung benötigt wurde, handelte.

Staunend schritten Caius und Tito hinter dem stolzen Hausherrn, der die müde Aurelia inzwischen auf dem Arm trug, in das Hauptgebäude. Der Boden war aus feinstem Marmor und im Wohnraum brannte ein wärmendes Feuer im Kamin.

Ein älterer, vornehm gekleideter Mann verbeugte sich vor Quintus. »Wir haben Eure Nachricht bekommen, Herr. Es ist alles vorbereitet worden. Ich habe dem jungen Herrn ein Cubiculum bereiten lassen. Sein Sklave wird in einem der Quartiere unterkommen.«

Sein abschätziger Blick auf den jungen Sklaven ließ keinen Zweifel daran, dass er es nicht guthieß, dass Tito seinem Herrn in die Villa gefolgt war.

»Quintus, Tito ist mehr als nur ein Sklave. Er war mir ein treuer Gefährte. Ich würde mir gerne seine Unterkunft ansehen, wenn es dir recht ist.« Unsicher sah Caius auf den großgewachsenen Hausherrn.

»Natürlich ist das möglich, Caius. Tito hat uns beiden auf der beschwerlichen Reise treu zur Seite gestanden. Es soll ihm an nichts fehlen.«

Mürrisch blickte Quintus auf seinen Hausverwalter. »Appius, ich erwarte, dass der junge Tito bestens untergebracht wird. Sorge dafür, dass er alles bekommt, was er braucht!«

Damit entließ er ihn mit einer unwirschen Handbewegung.

Der Weinhändler hatte nicht zu viel versprochen. Caius hatte sich davon überzeugt, dass Titos Schlafkammer sauber war. Sie lag in einem der Sklavenhäuser, war jedoch lichtdurchflutet und durch einen Vorhang von den anderen Schlafstätten abgetrennt. Tito war zufrieden und ließ sich sofort auf den bequemen Strohsack fallen.

»Hier beweg ich mich erst mal nicht mehr weg!«, verkündete er und verschränkte beide Arme hinter dem blonden Haarschopf.

Caius lachte und verabschiedete sich von seinem treuen Freund.

Zurück im Herrenhaus nahm er gemeinsam mit Quintus und Aurelia einen kräftigen Eintopf zu sich. Dicke Fleischbrocken schwammen in einer sämigen Brühe. Hungrig löffelte Caius seinen Teller leer und ließ ihn sich nochmal füllen. Danach fielen ihm beinahe die Augen zu. Quintus entging nicht, dass sein neuer Hausgast genauso müde wie Aurelia war, die inzwischen auf seinem Schoß eingeschlafen war.

»Caius, wie wäre es, wenn du dich zurückziehst und dich von den Strapazen erholst?«

Dankbar blinzelte er den Gutsherrn an. Dieser ließ es sich nicht nehmen, nachdem er seine Tochter zu Bett gebracht hatte, den jungen Gast persönlich zu dessen Schlafkammer zu begleiten, die im linken Flügel des Hauses lag, genau wie die Räume des Hausherrn und seiner Tochter.

Caius bewunderte die geräumige Kammer, die ihm zur Verfügung gestellt worden war. An der rechten Wand stand ein großes Bett, das ihn magisch anzuziehen schien. Auf der gegenüberliegenden Seite befand sich ein Holztisch mit einem dazugehörigen Schemel. Auf dem Tisch stand eine Waschschüssel nebst einer Karaffe Wasser. Daneben lagen zwei fein säuberlich gefaltete Tücher, die Caius zum Abtrocknen benutzen konnte. Direkt neben der Tür stand eine hölzerne Truhe, in der sich schon Caius' persönliche Gegenstände befanden. Sie mussten während seiner Mahlzeit von Sklaven ausgepackt worden sein.

Als er sich, von der Großzügigkeit des Weinhändlers überwältigt, bei Quintus bedanken wollte, wehrte der dieser kopfschüttelnd ab.

»Was du für meine Aurelia getan hast, kann ich dir sowieso nicht vergelten! Lass also gut sein, Caius. Morgen zeige ich dir die restliche Villa und die umliegenden Gebäude. Jetzt ruh dich erst mal gründlich aus!«

Mit einem freundlichen Grinsen zog Quintus die Tür hinter sich zu und ließ den jungen Gast allein in seiner Kammer zurück.

Nachdem er sich gründlich gewaschen hatte, lag Caius nach acht langen, anstrengenden Wochen satt und zufrieden auf der weichen Matratze. Welch ein Gegensatz zu dem harten Lager auf dem Boden. Die schwierige, gefahrvolle Reise lag hinter ihm, und er war endlich angekommen!

11. Freiheit

Gegend um den Donnersberg, 100 v. Chr.

Die Nacht war recht ungemütlich gewesen. Das improvisierte Lager, das sie versteckt zwischen zwei Brombeerbüschen am Fuße des Donnersberges aufgeschlagen hatten, schützte Rowan und Johs zwar vor neugierigen Blicken, war jedoch hart, und die spitzen Dornen der kleinen Zweige pikten bei jeder Bewegung. Dennoch fühlte sich Rowan seltsam ausgeruht, als sie erwachte. Ihr war, als könnte sie endlich wieder frei atmen.

Frei... Ihre Gedanken wanderten zurück zur letzten Nacht. Sie war verheiratet, aber ihr Ehemann Morcant war tot. Das Ganze kam ihr unwirklich vor, doch sie musste sich nur umblicken, um zu erkennen, dass es tatsächlich passiert war.

Zärtlich blickte sie auf den schlafenden Johs. Er hatte sie gerettet und dabei seinen eigenen Vater getötet. Das würde sie ihm nie vergessen.

Johs schlug langsam die Augen auf. Sein Blick war verwirrt, als wisse er nicht, wo er sich befand. Als er Rowan erblickte, lächelte er.

»Guten Morgen.«

»Guten Morgen, Johs.« Sie lächelte zurück.

Sie erhob sich und zog ihn mit auf die Beine. Ihre linke

Gesichtshälfte leuchtete in Blau und Lila, aber sie schien keine Schmerzen mehr zu haben. Auch als sie ihr Gesicht mit Wasser aus einem der Schläuche wusch, jammerte sie nicht. So gut sie konnten, befreiten die beiden ihre Gewänder von losen Blättern, und Rowan fuhr mit ihren Händen ein paar Mal durch ihre wilden Locken. Dann zog sie den Schleier, der ihr in der Nacht als Kopfunterlage gedient hatte, hervor, schüttelte ihn kurz aus und befestigte ihn anschließend geschickt an ihrem Haar.

Sie blickte über die Büsche hinweg in die hügelige Landschaft. Es dämmerte, und die ersten Sonnenstrahlen ließen die Erde glutrot leuchten.

»Es ist noch zu früh für die Bauern. Ich glaube, wir können los.«

Johs stimmte ihr zu und sagte mit einem Grinsen: »Ja, du hast bestimmt recht. Außerdem müssen sie alle erst noch ihren Rausch ausschlafen.«

Seine Stimme nahm einen sorgenvollen Klang an. »Ob sie Vater schon gefunden haben?«

Rowan legte ihre Hand auf Johs' Arm, um ihm zu zeigen, dass sie seine Sorgen mit ihm teilte. Dann schob sie die Zweige des Brombeerbusches entschlossen zur Seite und trat hinaus in die Ebene.

Die frühe Sonne auf ihrem Gesicht fühlte sich herrlich an. Energisch setzte sie einen Fuß vor den anderen. Die Gegend am Fuße des Berges war zwar hügelig, und sie mussten den einen oder anderen steilen Anstieg nehmen, trotzdem kamen sie recht zügig voran. Schweigend marschierten sie nebeneinander her. Hin und wieder erblickten sie ein paar Rehe, die ihr Morgenmahl einnahmen. Keiner von beiden sprach über das Ziel ihrer Reise, sich wohl bewusst, dass es darauf im Moment keine Antwort gab. Sie wussten nur, dass sie so viel Wegstrecke wie möglich zwischen sich und die Siedlung auf dem Donnersberg bringen mussten. Morcants Tod würde sicher nicht mehr lange unentdeckt bleiben. Bei diesem Gedanken beschleunigte Rowan ihre Schritte. Der kleinere Johs hatte Mühe, mit ihr mitzuhalten, doch er beklagte sich nicht.

Erst als die Sonne schon über den Zenit gestiegen war, rasteten sie inmitten einer Baumgruppe, zwischen der ein Bach munter sprudelte. Rowan schlüpfte aus ihren Lederschuhen und tauchte ihre nackten Füße in das kalte Wasser. Mit einem wohligen Seufzer ließ sie sich nach hinten sinken und schützte ihre Augen mit einem Arm vor dem Sonnenlicht. Johs füllte währenddessen die beiden Wasserschläuche wieder auf und setzte sich dann im Schneidersitz neben sie. Nach einer Weile brach er das Schweigen.

»Rowan, wir müssen einen Plan fassen.«

Sie wandte interessiert den Kopf in seine Richtung. »Hast du denn eine Idee, wo wir hingehen könnten?«

Johs schüttelte den blonden Schopf.

»Siehst du, ich auch nicht.«

Rowan legte sich wieder zurück auf das weiche Moos. »Vielleicht sollten wir einfach hierbleiben?«

Johs überlegte einen Moment. »Wenn ich auf diese Hügelkuppe steige«, er deutete in Richtung des kleinen Hügels außerhalb der Baumgruppe, »dann kann ich bestimmt den Donnersberg noch sehen. Ich glaube nicht, dass wir schon weit genug gegangen sind.«

Rowan schwieg, nickte bei seinen Worten aber leicht.

»Selbst wenn nicht, Cadans Krieger könnten uns überall fassen und zurück ins Dorf bringen.« Ihre Worte wurden zu einem Flüstern. »Zurück zu Haerviu.«

Johs erschauderte. »Dann lass uns weitergehen. Je mehr

Weg wir zwischen uns und den Berg bringen, desto besser.«

Rowan nickte abermals. Sie wusste, dass es das einzig Vernünftige war. Plötzlich wurde ihr schmerzlich bewusst, dass sie jeder Schritt weiter von ihrem geliebten Vater entfernte. Sie würde ihn nie wiedersehen. Rowan spürte, wie ihr Tränen in die Augen stiegen, und wischte sie mit einer ungeduldigen Handbewegung weg. Sie konnte sich jetzt keinen Zusammenbruch erlauben. Sie zog ihre Füße aus dem Bach, trocknete sie mit dem Ende ihres Schleiers und schlüpfte in ihre Lederschuhe.

»Los, lass uns weitermarschieren.«

Ihre Stimme klang entschlossen. Die beiden erhoben sich und liefen gemeinsam weiter.

Als die Sonne immer tiefer am Himmel stand, entschieden sie, dass es Zeit fürs Aufschlagen ihres Nachtlagers war. Sie wollten nicht von der Dunkelheit überrascht werden, so liefen sie, bis sie einen leicht windschiefen, verlassen wirkenden Schuppen erblickten. Erleichtert eilten sie darauf zu. Die Holztür quietsche leicht, als Johs sie langsam aufzog. Vorsichtig spähte er hinein. Ein Lächeln überzog sein Gesicht.

»Glück muss man haben. Ein feines Bett aus weichem Heu erwartet uns heute Nacht.«

Er lief in den Schuppen und ließ sich mit einem Plumps in das getrocknete Gras fallen.

Rowan blieb zögerlich an der Schuppentür stehen. »Meinst du nicht, dass dieser Schuppen jemandem gehört?«

»Natürlich gehört er jemandem, aber der hat bestimmt nichts dagegen, wenn wir eine Nacht hierbleiben.« Johs Stimme klang unbekümmert. »Außerdem schützt uns der Schuppen vor Blicken. Und falls es dir nicht aufgefallen ist, da draußen braut sich was zusammen, und hier sind wir geschützt.«

Natürlich waren Rowan die dunklen Wolken am Horizont aufgefallen. Sie hatte gehofft, dass das Unwetter weiterziehen würde. Zögerlich betrat sie den kleinen Schuppen.

»Nun komm schon rein, Rowan. Stell dich nicht so an. Wer sollte denn um diese Zeit hier noch herkommen?«

Johs hatte Recht. Die Bauern waren um diese Zeit längst wieder zu Hause in ihren Katen. Außerdem sah der Schuppen so aus, als wäre er schon lange nicht mehr benutzt worden.

»In Ordnung«, sagte sie schließlich. Sie breitete ihren Umhang auf dem Heu aus und ließ sich darauf nieder.

Johs angelte das Brot, das er mitgenommen hatte, aus seiner Tasche, brach es in zwei Stücke und hielt ihr einen Kanten hin. »Es ist nicht viel, aber wir müssen etwas essen.«

Hungrig bissen die beiden in die trockenen Brotkanten. Entfernt hörten sie leises Donnergrummeln. Erst jetzt merkte Rowan, wie erschöpft sie von dem weiten Weg war. Sie nahm ein paar Bissen, reichte dann das übrige Brot zurück an Johs und ließ sich auf ihrem Lager nieder. Sie war bereits eingeschlafen, als Johs vorsichtig seinen Umhang wie eine Decke über sie breitete.

Der Donner kam näher, und Johs vernahm erste Regentropfen, die auf das Dach des Schuppens fielen. Das rhythmische Plätschern der Tropfen wiegte ihn ebenfalls in den Schlaf, und selbst der lauter werdende Donner weckte ihn nicht mehr auf.

Mit einem lauten Scheppern flog plötzlich die Tür des Schuppens auf. Rowan und Johs waren schlagartig hellwach. Hatte der Sturm, der draußen tobte, die Tür aufgedrückt?

Johs wollte sich gerade erheben, um sie wieder zu schließen, da erschien ein Schatten im Türrahmen. Ein Blitz erhellte die Szenerie gespenstisch, und sie konnten einen Mann ausmachen, der in ein seltsames Gewand gekleidet war. Er trug eine Art rote Tunika und darüber einen silbernen Brustpanzer. Mit einem Arm stemmte er die Tür auf, mit der anderen winkte er jemanden von außen herbei. Rowan und Johs versuchten verzweifelt, sich unter dem Heu zu verstecken. Sie hatten beide das Kurzschwert an der Seite des Mannes entdeckt. Zitternd kauerten sie, notdürftig von Heu bedeckt, nebeneinander.

Der Mann rief etwas in einer fremdartigen Sprache, und sie hörten, wie andere Stimmen antworteten. Dann stapfte der Mann in den kleinen Schuppen, dicht gefolgt von drei anderen. Lachend schüttelten sie ihre Köpfe, und Wasser flog in alle Richtungen. Sie schienen sich über etwas zu amüsieren, denn donnerndes Gelächter folgte auf die Worte des Mannes, in dem Rowan den Anführer der Gruppe vermutete. Er war der Erste gewesen, der den Schuppen betreten hatte und schien Anweisungen an die anderen gegeben zu haben. Seine nassen Haare waren pechschwarz. Schwarze Augen und eine leicht gebogene Nase wiesen ihn als Fremden aus. Noch dazu die seltsame Kleidung. Die Krieger in Rowans Stamm trugen ebenfalls Schutzrüstungen, doch diese waren normalerweise aus Leder und lagen auf blanker Haut und wurden nicht über eine Tunika gezogen. Nur im Winter schützten zusätzliche Felle die Männer vor der Kälte.

Die vier Männer schienen die beiden jungen Kelten noch nicht entdeckt zu haben, denn sie begannen damit, ihre Rüstungen abzulegen. Ein Brustharnisch wurde achtlos ins Heu geworfen und traf Johs fast am Kopf. Im letzten Moment konnte er das Geschoss mit dem Arm abwehren. Mit einem lauten Klappern fiel der Harnisch neben den Heuballen. Rowan und Johs hielten erschrocken den Atem an, doch die Männer schienen keine Notiz davon zu nehmen. Vielleicht hatte das Tosen des Sturms sie von dem Geräusch abgelenkt. Die kleine Gruppe stand im Kreis. Es war merkwürdig. Rowan fiel auf, dass die Männer immer noch ihre Schwerter trugen, obwohl sie ihre Rüstungen abgelegt hatten. Als sie überlegte, was es damit auf sich hatte, machten sie auf einmal einen Satz in ihre Richtung. Erschrocken schrie sie auf, da wurde sie bereits am Arm gepackt und aus dem Heuhaufen gezogen. Johs erging es ähnlich. Auch er landete unsanft auf dem Boden vor den grimmig dreinblickenden Männern. Einer hatte sein Schwert gezogen. Die Spitze zeigte auf Johs, und der junge Kelte blickte erschrocken auf das blanke Eisen. Der Anführer bellte etwas, und der Mann steckte sein Schwert weg. Johs und Rowan kauerten sich zusammen. Rowan verbarg ihr Gesicht an Johs' Schulter und zitterte unablässig vor Angst. Sie konnte sich nicht erklären, wen sie da vor sich hatten. Dass es Krieger waren, stand außer Frage. Schließlich trugen sie alle Schwerter. Vielleicht waren sie von einem anderen Stamm?

Der Anführer gab einen weiteren Befehl. Zwei Männer bückten sich und zerrten die jungen Leute auf die Beine. Sie klammerten sich aneinander, doch sie wurden brutal auseinandergerissen. Der dritte Mann betastete Johs' Körper, als suchte er etwas. Das Gesicht des Jungen spiegelte die Angst wieder, die er empfand. Mit einem Kopfschütteln bedeutete der Mann, dass er nicht fündig geworden war, und ließ von dem Jungen ab. Der Anführer blickte die beiden an und sagte etwas. Rowan und Johs verstanden kein Wort. Er wiederholte dasselbe Wort, diesmal wurde seine Stimme lauter, doch die beiden sahen ihn nur stumm an. Mit einem Grummeln ging er zu seinem Marschgepäck, entnahm diesem ein langes Seil und warf es den Männern zu. Während der eine Rowan und Johs auf den Boden zerrte, begann der andere schon damit, das grobe Seil um ihre Füße zu wickeln. Als er fertig war, schlang er das Seil um die Körper der beiden und zog unsanft zu. Rowan blieb fast die Luft weg, als das Seil scharf in ihre Seite schnitt. Sie war Rücken an Rücken an Johs gefesselt. Mit einem dicken Knoten band der fremde Krieger das Ende des Seils an einen Querbalken der Hüttenwand. Rowan und Johs konnten sich nicht rühren. Jede Bewegung verursachte Schmerzen, so blieb ihnen nichts anderes übrig, als in dieser unbequemen Position zu verharren.

Die Männer schienen sie wieder völlig vergessen zu haben, denn sie begannen damit, ihre nassen Kleider auszuziehen und an den Deckenbalken aufzuhängen. Ihre Schwerter behielten sie in Griffweite. Sie ließen sich auf einem Heuballen nieder und zogen Schläuche aus ihren Rucksäcken. Darin befand sich eine rote Flüssigkeit, von der Rowan vermutete, dass es sich um Wein handelte. Der Mann, der sie gefesselt hatte, zog ein paar getrocknete Würste aus seinem Beutel und verteilte sie unter den Männern. Lachend aßen und tranken sie, scheinbar ohne auch nur einen Gedanken an ihre zwei Gefangenen zu verschwenden.

»Johs«, wisperte Rowan, so leise es konnte. »Wer sind diese Männer?«

Sie spürte, wie er den Kopf schüttelte, konnte ihn aber nicht sehen, da ihre Körper eng zusammengeschnürt waren.

»Ich hab keine Ahnung, Rowan.« Seine Stimme klang ängstlich. »Ich glaube aber nicht, dass es Krieger eines anderen Stammes sind. Deren Sprache ist der unseren zumindest ähnlich, aber das, was diese Männer sprechen, klingt so ganz anders.«

Rowan dachte über Johs' Worte nach und musste ihm Recht geben. Urplötzlich schoss ihr ein Gedanke durch den Kopf, und sie stöhnte entsetzt auf. »Was, wenn es Römer sind?«

Erschrockenes Schweigen antwortete ihr. Johs schien ihr Recht zu geben, denn sie spürte, wie er erschauderte.

Sie hatten bis jetzt nur schreckliche Geschichten über die brutalen Soldaten aus Rom gehört. Einige Händler auf dem Markt hatten berichtet, dass sich die Römer Gebiet um Gebiet nahmen, ohne Rücksicht auf die Bewohner. Wenn diese Glück hatten, kamen sie mit heiler Haut davon. Viele aber wurden von den Soldaten verschleppt, versklavt oder gar getötet. Rowan wurde übel. Sie spürte, wie Johs versuchte, seine Hand auf ihre zu legen, was ihm wegen der engen Fesseln aber nicht gelang. Ein Finger streichelte sanft ihren Handrücken, als spürte er ihren inneren Aufruhr.

»Mach dir keine Sorgen, Rowan. Wir kommen hier schon wieder weg.«

Seine Stimme klang sicherer, als er sich fühlte. Auch er hatte von den Gräueltaten der Römer gehört. Er sah es als seine Aufgabe an, Rowan zu beschützen. Fieberhaft überlegte er, wie er die Männer überwältigen und mit Rowan entkommen konnte. Er betrachtete die vier genauer. Sie saßen auf zwei gegenüberliegenden Heuballen und ließen den Weinschlauch kreisen. Da ihr Obergewand zum Trocknen an den Dachbalken hing, konnte Johs gut die stählernen Muskeln an den Armen und Rücken der Männer sehen und die eine oder andere verheilte Kampfwunde. Seine Hoffnung schwand. Was sollte er schon gegen vier erfahrene Kämpfer ausrichten?

Rowan wusste, dass sie in der Falle saßen.

»Rigani«, flüsterte sie leise. »Hilf uns!«

Was hatten die Schicksalsgötter nur mit ihnen vor? War das ihre Strafe für den Mord an Morcant? Lange grübelte Rowan darüber nach. Irgendwann fiel sie erschöpft in einen traumlosen Schlaf.

Teil 2

12. Rheinlande

Im neurömischen Gebiet im Jahr 95 v. Chr.

»Tito! Wo steckst du wieder?«

Schwitzend lief Caius über den Hof der schmucken Villa Rustica, die vor fünf Jahren seine Heimat geworden war. Aus dem schlaksigen, großgewachsenen Jungen war inzwischen ein junger Mann geworden.

»Tito?!«

Wo steckte sein Freund nur? Seufzend fuhr sich Caius durch die kurzen braunen Haare, die dadurch wild in die Höhe standen. Die Sonne schien mit all ihrer Kraft auf das Weingut. Die Luft flimmerte vor Hitze und ließ Mensch und Tier gleichermaßen schwitzen. Caius trug eine kurze Tunika, die seine kräftigen Arme frei ließ. Um die schmalen Hüften hatte er ein Lederband geschlungen, ansonsten hatte er bis auf feine braune Ledersandalen auf alle überflüssigen Kleidungsstücke verzichtet.

Er setzte sich an den Rand des gemauerten Brunnens, der in der Mittel des Hofes der Villa stand. Er ließ einen Eimer in das Wasser hinab und holte ihn mit kräftigen Zügen wieder nach oben. Gierig trank er das kühle Nass, dann tauchte er eine Hand in den Eimer und fuhr sich damit über Gesicht und Nacken. Tat das gut! Caius seufzte wohlig und schloss kurz die Augen vor der gleißenden Sonne.

»Du hast wohl nichts zu tun, was?!«

Ein Schatten fiel auf ihn, und als er aufblickte, stand ein lachender Tito vor ihm.

»Na warte nur!«

Caius sprang mit einem Satz auf und nahm ihn in den Schwitzkasten. Die beiden jungen Männer rangelten eine ganze Weile, bis sie plötzlich ein leises Lachen hinter sich hörten, das sie innehalten ließ.

»Man könnte meinen, ihr seid noch dieselben Jungs, die vor fünf Jahren hier eingezogen sind!«, zog Aurelia die beiden Freunde mit ihrer glockenhellen Stimme auf.

Sie schüttelte ihre langen blonden Haare, die glatt bis zu ihrer Hüfte fielen. Da sie mit ihren sechzehn Jahren noch unverheiratet war, musste sie ihr Haar nicht mit einem züchtigen Schleier bedecken.

Aurelia schlenderte zum Brunnen und nahm ebenfalls einen tiefen Zug aus dem Eimer, den Caius achtlos am gemauerten Rand stehen gelassen hatte. Sie trug eine lange weiße Stola, die bis zu ihren Füßen reichte. Den Saum zierte ein purpurfarbenes Band. Dieselbe Farbe hatte Aurelias Gürtel, der den Stoff an ihrer Hüfte raffte. Auf ihre Palla hatte sie wohl aufgrund der enormen Hitze verzichtet. Ihre zierlichen Füße steckten in dunkelrot gefärbten Ledersandalen. An ihren schlanken, elfenbeinfarbenen Oberarmen trug sie kunstvoll verzierte Spangen, die perfekt zu ihren Armreifen passten, die bei jeder Bewegung klimperten.

Trotz ihrer Sommerbräune stieg Caius und Tito eine feine Röte ins Gesicht, was Aurelia wiederum leicht auflachen ließ. Es sah aber auch zu albern aus, wie die beiden muskulösen Männer wie gescholtene Kinder mit gesenkten Köpfen vor ihr standen.

»Er hat angefangen!«, riefen beide gleichzeitig und deuteten auf den jeweils anderen. Dann fielen sie in Aurelias Lachen mit ein und klopften sich grinsend auf die Schultern.

Tito war genauso groß gewachsen wie Caius. Auch er trug eine knielange leinene Tunika und Sandalen. Sein blondes Haar war der römischen Mode entsprechend kurz geschnitten, und in seinen hellbraunen Augen glitzerte der Schalk. Er hatte sich fleißig um alle anstehenden Arbeiten im Haus gekümmert und auch am Weinberg tatkräftig mit angepackt, sodass er inzwischen zum Vorarbeiter ernannt worden war. Dieser Stand hatte es ihm ermöglicht, vor zwei Jahren in ein eigenes schmuckes Häuschen neben den Sklavenquartieren einzuziehen. Er war trotz seines jugendlichen Alters bei allen Sklaven hoch angesehen, da er selbst hart arbeitete und immer gerecht war. Caius war stolz auf seinen Gefährten und behandelte ihn wie einen Bruder.

Fünf lange Jahre waren sie schon in den Rheinlanden! Wenn Caius an diese Zeit zurückdachte, konnte er über sein unverschämtes Glück nur den Kopf schütteln. Er hatte es mit der Hilfe des Weinhändlers geschafft, seinen Vertrag mit dem Wirt Marius in seinem Heimatdorf zu erfüllen. Jedes Jahr schickte er einen Wagen mit Fässern über die Alpen. Im ersten Jahr hatte er sich das dazu benötigte Geld von Quintus leihen müssen, da seine restlichen Münzen bei Weitem nicht ausgereicht hatten. Seitdem war er durch seine große Tatkraft eine unentbehrliche Hilfe für den Weinhändler geworden und entlastete diesen, wo er nur konnte. Dadurch war er in der Lage, sich immer wieder das Geld zur Seite zu legen, das Quintus ihm als Lohn auszahlte, und kaufte davon den benötigten Wein für seinen Vater. Quintus verließ sich völlig auf Caius und überließ ihm mehr und mehr Aufgaben. Er behandelte seinen ehemaligen Reisegefährten wie einen Sohn.

Sein eigener Vater Vicinius hatte sich fast vollständig von seinem Schlagfluss erholt. Das Einzige, was von der Krankheit übrig geblieben war, war ein leichtes Nachziehen seines linken Beines. Caius hatte Tränen in den Augen gehabt, als er eines Tages einen Brief in der Handschrift seines Vaters erhalten hatte. Immer noch schrieb er fleißig alle vierzehn Tage in die Heimat. Der rege Handel zwischen dem neurömischen Gebiet und dem Heimatland ermöglichte dies problemlos. Stets fanden sich Händler oder heimkehrende Kohorten, denen man Post gegen ein geringes Entgelt anvertrauen konnte. Auf demselben Weg erhielt Caius häufig Briefe von Vicinius oder seiner alten Amme Mara. Die beiden vermissten ihn schmerzlich, waren jedoch auch äußerst stolz auf das von ihm Erreichte. Durch den Handel mit dem von seinem Sohn gelieferten neuen Wein hatte sich Vicinius inzwischen ein kleines Vermögen erwirtschaftet und konnte sich einen ruhigen Lebensabend leisten. Mara war durch eine neu gekaufte Sklavin entlastet worden, die für den Haushalt kochte, auch wenn sie in ihren Briefen regelmäßig über das neue Mädchen schimpfte.

Caius grinste liebevoll, als er an sein altes Kindermädchen dachte. Er konnte sich nur zu gut vorstellen, dass sie der neuen Köchin ständig über die Schulter blickte und ihr das Leben schwer machte.

Aurelia hatte sich inzwischen wieder ins kühle Innere des Hauses zurückgezogen. Es war undenkbar, dass sich die Tochter des Patronus braune Haut wie eine Feldsklavin zuzog. Der Innenhof der Villa war quadratisch im Mittelpunkt des Gebäudes angelegt. Der Brunnen lag genau in der Mitte und war somit von allen vier Seiten gleich schnell erreichbar. Das Haus war zum Innenhof hin von Säulengängen umgeben. Die Säulen waren aus feinstem toskanischem Marmor angefertigt worden und spiegelten den Reichtum ihres Besitzers wieder.

Caius und Tito kannten inzwischen jeden Winkel des riesigen Anwesens. Aber am meisten faszinierte sie immer noch der blaue Rhenus, den man von einer Anhöhe aus gut sehen konnte. Der riesige Fluss schlängelte sich majestätisch zwischen den grünen Weinbergen hindurch. Oft fuhren große Lastkähne den Rhenus hinauf und hinab. Wenn sie voll beladen waren, lagen sie so tief im Fluss, dass man Angst bekam, das Wasser würde bald alles von Deck spülen. Auf dem Rückweg waren die großen Schiffe leichter und glitten scheinbar spielerisch dahin. Die meisten Schiffe waren von keltischen Schiffsbauern gebaut worden.

Caius wusste inzwischen, dass die keltische Kultur der Römischen bei Weitem nicht so unterlegen war, wie er anfangs geglaubt hatte. Er war schon des Öfteren Kelten begegnet, da sie mit den römischen Bewohnern des Rheinlandes regen Handel trieben. Caius konnte sich gut an seine erste Begegnung mit keltischen Händlern erinnern. Er war überrascht über das gepflegte Äußere der Männer gewesen, hatte er doch eher mit in Fell gehüllten Barbaren gerechnet. Die Händler trugen tunikaähnliche wadenlange Hemden, die im Gegensatz zum römischen Kleidungsstück mit halblangen Ärmeln versehen waren. Sowohl an Ärmeln als auch Säumen waren farbige Borten angebracht. Überhaupt war die Kleidung der Kelten viel farbenfroher und sogar gemustert; kein Vergleich zu der einfarbigen römischen Tunika. Caius musste zugeben, dass die keltischen Händler einen vornehmen Eindruck machten. Er musste über sich selbst den Kopf schütteln. Er hatte die Geschichten der Händler in seinem Heimatort alle geglaubt und sich die Kelten als völlig primitive und minderwertige Wilde vorgestellt. Die keltischen Händler kauften Wein für ihre Stammeshäuptlinge und verkauften im Gegenzug Salz, Zinn, Wolle, Wachs, Waffen und Werkzeuge. Auch ihre farbenfrohen Stoffe fanden bei den Römern reißenden Absatz. Die Kelten zahlten mit Gold- und Silbermünzen oder tauschten die Waren.

Im Nachhinein schämte sich Caius für seine kindischen Vorurteile. Natürlich hörte er nach wie vor von Überfällen keltischer Krieger auf römische Siedlungen. Aber wenn er ehrlich war, waren die römischen Soldaten auch nicht zimperlich bei der Eroberung neuer Gebiete. Sie plünderten die keltischen Dörfer, brannten alles nieder und töteten die Bewohner oder führten sie in die Sklaverei. Auf Quintus' Weingut arbeiteten viele keltische Sklaven. Sie sprachen allesamt recht gut Latein und waren fleißige Arbeiter. Caius vermutete, dass der Gehorsam der Sklaven mit der angemessenen Behandlung zusammenhing, die ihnen im Haus des Patronus zuteilwurde. Sowohl die Haus- als auch die Feldsklaven, die auf den weitläufigen Weinbergen arbeiteten, waren allesamt wohlgenährt und gut gekleidet. Die Sklavenunterkünfte waren sauber. Tito sorgte dafür, dass jeder Sklave gut versorgt wurde, und teilte die Arbeit gerecht ein. Auf anderen Weingütern war es schon zu Aufständen der Leibeigenen gekommen, die von den Besitzern meist schnell niedergeschlagen werden konnten, schließlich besaßen die Sklaven ja keine Waffen. Caius hatte selbst schon gesehen, wie Leibeigene von Aufsehern misshandelt wurden, und konnte daher verstehen, weshalb die verzweifelten Arbeiter Aufstände wagten.

»Warum hast du eigentlich nach mir gerufen?«, riss Tito ihn aus seinen Gedanken. »Du hast ja das ganze Haus zusammengeschrien!«

»Wir müssen das Lager kontrollieren. Heute Nachmittag

kommt der Böttcher, um die schadhaften Fässer zu reparieren. Wir sollten sie genau untersuchen und feststellen, ob wir neue benötigen, schließlich ist es nicht mehr lange bis zur Weinlese.«

Tito nickte, und gemeinsam machten sich die beiden Männer auf den Weg ins Lager, das abseits des Wohngebäudes lag. Es war viel größer als Vicinius' altes Lager gewesen war, bevor es abgebrannt war. Im Inneren des Gebäudes stapelten sich Holzfässer in unterschiedlichen Größen. Links lagerten die vollen Fässer, nach Sorte beschriftet. So gab es vollmundige rote Weine und prickelnd leichte Weißweinsorten. Caius liebte den fruchtigen Geschmack der Weine. Zum Abendessen gab es fast immer einen guten Tropfen aus dem eigenen Lager.

In der Mitte stapelten sich die leeren Fässer, die darauf warteten, mit dem neu gekelterten Wein befüllt zu werden, und rechts waren die schadhaften Behälter aufgereiht.

Sorgfältig kontrollierten Caius und Tito alle leeren Fässer auf winzige Risse oder sonstige Schäden. Sie wollten auf keinen Fall, dass der kostbare Wein durch ihre Unachtsamkeit Schaden nehmen würde. Das war auch der Grund dafür, dass sie diese wichtige Arbeit selbst übernahmen.

Ein paar Stunden später öffnete sich die Tür zum Lager knarrend, und Quintus kam in Begleitung eines zweiten Mannes herein. Der Patronus erklärte dem klein gewachsenen Böttcher, welche Fässer ausgebessert werden mussten, und ließ ihn dann an die Arbeit gehen. Caius musterte besorgt das erhitzte Gesicht seines Arbeitgebers.

Quintus schwitzte stark und atmete schwer. »Diese verdammte Hitze!«

Er hatte immer noch volles, inzwischen schlohweißes

Haar und war nach wie vor kräftig gebaut, aber an seinem leicht gebeugten Gang ließ sich sein Alter ablesen. Außerdem kam er schnell aus der Puste. Er war immerhin fast sechzig Lenze alt, und die Freude über seinen fleißigen, jungen Gehilfen Caius war ihm deutlich anzumerken. Vor fünf Jahren, als er Caius und Tito spontan auf sein Weingut eingeladen hatte, hätte er sich nicht träumen lassen, wie sehr die Anwesenheit der beiden jungen Männer sein Leben erleichtern würde. Er war unheimlich froh, über den Weg, den sein Schicksal genommen hatte. Caius war für ihn wie ein Sohn geworden. Er arbeitete äußerst hart und war erst zufrieden, wenn alles genauso verlief, wie er sich das vorstellte. Er behandelte Quintus immer mit dem nötigen Respekt und war durch seine angenehme Art auch bei den anderen Arbeitern des Weingutes hoch angesehen. Sie nannten ihn sogar »Patronus«, wie Quintus selbst, was den Weinhändler aber keinesfalls störte, sondern im Gegenteil, mit Stolz erfüllte. Aus dem langen, dürren Kerlchen, der schon damals bei der Alpenüberquerung großen Mut bewiesen hatte, war ein richtiger Mann geworden. Seine Menschenkenntnis hatte ihn nicht getäuscht, und Quintus war äußerst zufrieden mit der Entwicklung, die seitdem stattgefunden hatte. Er wusste das Weingut in besten Händen und hatte endlich mehr Zeit für seinen Augenstern Aurelia oder für ausgedehnte Spaziergänge durch seine Weinberge. Kurzum, Quintus genoss das Leben in vollen Zügen.

Beim Abendessen berichtete Caius seinem Patronus, was der Böttcher gesagt hatte. Fünf der schadhaften Bottiche konnte er reparieren, aber drei der Fässer waren so stark beschädigt, dass sie ersetzt werden mussten. Caius hatte sich den Schaden zeigen lassen und gleich neue Fässer beim Böttcher in

Auftrag gegeben. Quintus lehnte sich zufrieden zurück. Er wusste, dass er sich auf seinen jungen Gehilfen verlassen konnte.

»Tito würde gerne neue Hilfskräfte für die Weinlese anwerben, wenn es Euch recht ist, Patronus.« Caius vermied das Wort »Sklaven«, das ihm immer schwer von der Zunge ging.

»Wenn Tito der Meinung ist, dass wir neue Sklaven brauchen, hat er natürlich meine Erlaubnis, welche zu erwerben. Ich werde ihm gleich morgen früh das benötigte Geld aushändigen.«

Nach dem Abendessen zog sich Caius früh in seine Kammer zurück. Es war wieder einmal an der Zeit, einen Brief nach Hause zu schreiben. Sein Heimweh war im Laufe der Zeit abgeklungen. Nur manchmal dachte er noch wehmütig an die bildschöne Villa in den toskanischen Weinbergen, die von knorrigen Olivenbäumen umgeben war. Er hatte erfahren, dass sein alter Lehrer inzwischen verstorben war. Mara hatte ihm geschrieben, dass Alexander eines Morgens einfach nicht mehr aufgewacht war. Er hatte seinen Lebensabend in Vicinius' Villa verbracht und den Hausherrn während dessen langer Erkrankung mit seinen Geschichten und stundenlangem Vorlesen unterhalten. Obwohl Caius fast immer ungern zu den Stunden mit Alexander gegangen war – waren der Weinberg und die Weinherstellung doch wesentlich aufregender für den abenteuerlustigen Jungen –, dachte er dankbar an den alten Griechen zurück, der ihm mit unendlicher Geduld viele Dinge beigebracht hatte, die ihm jetzt nützlich waren.

Nachdem er den langen Brief an seinen Vater fertiggestellt hatte, schrieb er an Mara. Während er Vicinius lange Abhandlungen über seine Arbeit auf dem Weingut schickte und sich oft in technischen Details verlor, beschrieb er in seinen Briefen an Mara die Umgebung, in der er wohnte. Er wusste, dass sie neugierig darauf war, zu erfahren, wo sich ihr Schützling aufhielt. So schilderte er ihr in blumigen Worten die großen grünen Laubbäume, die der Villa Schatten spendeten, die ganz anders aussahen als die Olivenbäume in der Toskana. Im Herbst ließen die grünen Riesen braune Früchte fallen, die entweder zu einem leckeren Mus verarbeitet werden konnten oder sie wurden auf den Rost über der Feuerstelle gelegt, wo sie einen würzigen Duft verströmten, anschließend wurden sie geknackt und warm gegessen. Caius beschrieb Mara die andersartigen Speisen, die er in den Rheinlanden kennengelernt hatte. So gab es Fisch aus dem Rhein, der mit heimischen Kräutern verfeinert wurde, oder Wildfleisch aus den großen Wäldern. Den Fisch und das Wildbret kaufte man bei keltischen Händlern, ebenso wie die würzigen Dinkelfladen, die man zum Essen als Beilage reichte. Caius' Schilderung der Kelten hatte Mara in hohem Maße erstaunt, war sie doch nach wie vor davon überzeugt, dass ihrem kleinen »Kiduku« von diesen kraftstrotzenden Ungeheuern stete Gefahr drohte. Caius wusste dennoch, dass sie mächtig stolz auf ihn war. Schrieb sie es auch nicht direkt, ließ sie ihre Gefühle doch immer wieder durchblitzen.

Als Caius seinen Namen unter die Schreiben gesetzt hatte, packte er die beiden Briefe zu einem dicken Bündel, verschnürte es sorgfältig und legte es auf seinen Tisch. Er wollte es Tito morgen mitgeben, wenn dieser auf den Markt ging, um Sklaven zu erwerben. Dort würde er gewiss Händler oder Soldaten finden, die die Briefe mit in die Heimat nehmen konnten.

Erschöpft von dem langen, arbeitsreichen Tag, aber satt und zufrieden, ließ er sich daraufhin in sein bequemes Bett fallen und war gleich darauf tief eingeschlafen.

13. Stolz

Im Umland von Borbetomagus, 95 v. Chr.

Rowan rieb sich die schmerzende Wange, als sie die Treppe des großen Herrenhauses hinabstieg, um neuen Wein zu holen. Appius hatte ihr wieder einmal kräftig ins Gesicht geschlagen. Diesmal war ihm der von Rowan servierte Wein nicht frisch genug gewesen. Aber eigentlich brauchte er keinen Grund, um sie zu züchtigen. Als Herr über sie und ihr Leben hatte er jedes Recht, mit ihr zu verfahren, wie er wollte. Ihre zahlreichen Flecken an den Armen und im Gesicht, die in frischem Blau und Purpur schimmerten, zeugten davon. Vor vier Jahren hatte er sie auf dem Markt als Sklavin gekauft, und seit diesem Zeitpunkt lebte und arbeitete sie in der großen Villa in einer Gegend, die die Römer Rheinlande nannten. Jeden Tag vermisste sie ihre keltische Heimat.

Mit Grauen dachte Rowan an den Tag zurück, als sie und Johs in die Hände der vier römischen Soldaten gefallen waren. Sieben lange Tage waren sie aneinandergefesselt mitgezerrt worden. Sie hatten nur Wasser und schimmliges Brot zu essen erhalten und mussten selbst ihre Notdurft an den anderen gefesselt verrichten. Rowan spürte immer noch das ausgeprägte Schamgefühl, das sie dabei empfunden hatte.

Rasch wurde es dann aber vom Gefühl tiefer Trauer verdrängt, das sie immer verspürte, wenn sie an ihren Kindheitsfreund dachte.

Hätte er nur nicht versucht, mich und sich selbst zu befreien, dachte Rowan, *dann wäre er gewiss noch am Leben.*

Tränen füllten ihre Augen, als sie am Ende der steinernen Treppe angelangt war, doch sie wischte sie mit einer schnellen Handbewegung weg. Der Dominus mochte es nicht, wenn sie weinte, und ließ sie das mit seinen Fäusten spüren.

Schnell füllte Rowan einen der leeren Tonkrüge, die auf dem Boden standen, mit Wein aus einer großen Amphore auf und eilte zurück die Stufen hinauf.

»Rowan, du unmögliches Weibsstück, wo bleibst du nur wieder?«, hörte sie die bereits leicht lallende Stimme ihres Herrn.

Rowan hastete in den Raum, in dem Appius mit seiner Gemahlin beim Abendmahl saß, und füllte den silbernen Becher, der ihr gierig entgegengestreckt wurde, vorsichtig auf. Sie hatte gelernt, bei allem, was sie tat, Sorgfalt walten zu lassen, da sie sonst hart bestraft wurde.

Appius grunzte und wedelte mit seiner Hand, um ihr zu bedeuten, dass sie sich entfernen sollte. Rowan bemerkte, wie ihre Herrin sie mit Argwohn betrachtete. Vermutlich waren ihr die lüsternen Blicke ihres Gatten, mit denen dieser Rowan in letzter Zeit immer häufiger bedachte, nicht entgangen. Rowan schauderte. Es war ihrem Geschick und ihrer Schnelligkeit zu verdanken, dass er seinen Blicken nicht schon längst Taten hatte folgen lassen. Sobald sie mit ihrer Arbeit fertig war, verließ sie stets blitzschnell den Raum oder schaffte es, in der Nähe der Herrin zu bleiben. Vor ihr würde er es nicht wagen, sie anzurühren.

Trotz der Entbehrungen der Sklaverei und der Misshandlungen, denen sie beinahe täglich ausgesetzt war, hatte sich

Rowan zu einer Schönheit entwickelt. Ihre Gestalt war groß und schlank, und sie bewegte sich mit einer Anmut, die manche Frauen nie erreichten. Ihre Haut war hell und ebenmäßig, nur die rauen Hände zeugten von der harten körperlichen Arbeit, die sie leisten mussten. Ihre langen, roten Locken hatten sie ihr kinnlang abgeschnitten, da sich für eine Sklavin eine solche Lockenpracht nicht gehörte, und sie hielt diese unter einer Art Kopftuch versteckt. Es erinnerte sie an den Schleier, der in ihrer Heimat üblich war, was auch der Grund war, warum sie es immer trug.

Rowan bewegte sich leise aus dem Zimmer und hastete dann eilig in Richtung des Hinterausgangs, der sich in der Küche befand. Die dicke Köchin schaute ihr kopfschüttelnd nach, während sie mit einem großen Holzlöffel in der feinen Suppe rührte, die Rowan gleich servieren musste.

»Ich komme gleich wieder«, hörte sie das Mädchen sagen, da flog die Tür schon hinter ihr zu.

Gierig atmete Rowan die kühle Nachtluft ein und lehnte sich an die Hauswand. Ihr Herz pochte wild, und sie verspürte eine leichte Übelkeit. Sie kannte diesen Zustand nur zu gut. Er überkam sie regelmäßig, seit sie damals von den Römern gefangen genommen worden war. Langsam ließ sie sich auf den noch warmen Lehmboden gleiten, winkelte ihre Beine an und legte ihren Kopf dazwischen. Sie hatte festgestellt, dass ihr diese Haltung half, ihren Herzschlag zu beruhigen und sich wieder zu fangen. Langsam zählte sie in ihrer Muttersprache bis zehn und spürte die beruhigende Wirkung der vertrauten Worte sofort. Wieder wanderten ihre Gedanken zurück zu Johs.

Was für ein Narr, schalt ihn Rowan innerlich. Hätte er bloß auf sie gehört und sich friedlich verhalten. Aber nein, Johs musste ja unbedingt den Helden spielen. Rowan konnte sich noch sehr gut an den Schrecken erinnern, den sie bekam, als er urplötzlich einem vorbeigehenden Soldaten das Kurzschwert von der Seite riss und damit um sich schlug. Er traf zwar zwei von ihnen und verwundete sie leicht an den Armen, aber er war natürlich nicht gegen die Übermacht der bis an die Zähne bewaffneten Römer angekommen. Rowan konnte seinen Schrei nicht vergessen, als ihm die Speerspitze in die Seite gestoßen wurde. Ihr Schrei hatte sich mit seinem vermischt, und sein Blut war auf ihr Kleid gespritzt.

Hier hörte ihre Erinnerung auf, denn sie musste selbst niedergeschlagen worden sein. Das Nächste, an was sie sich erinnern konnte, war, dass ihr Kopf schmerzte und sie in einer armseligen Hütte auf dem Fußboden lag, wo sie von mehreren, zum Teil dunkelhäutigen Frauen angestarrt wurde. Dies war der Beginn ihrer »Erziehung«, wie die Sklavenhändler es nannten. Ein halbes Jahr lang wurde sie geschlagen und gequält, um sie für einen Verkauf gefügig zu machen. Bevor sie die eigentlichen Arbeiten, die sie später ausführen sollte, erlernen konnte, meinten die Sklavenhändler, dass sie erst ihren Willen brechen mussten. Doch das schafften sie bei ihr nicht. Rowan war zu schlau für sie, und so zeigte sie sich von Anfang an gefügig und fleißig. Insgeheim aber schmiedete sie unaufhörlich Pläne, wie sie ihrem Los entrinnen konnte. Doch dafür musste sie ausdauernd sein.

Johs hätte auch geduldig sein sollen, dachte Rowan. *Dann wäre es nie so weit gekommen.*

Sie hatte ihren Milchbruder nie wiedergesehen. Sie war sich sicher, dass die Römer ihn entweder direkt an Ort und Stelle im Dreck verscharrt oder ihn einfach liegen gelassen hatten. Die Tatsache, dass ihr langjähriger Freund kein traditionelles Begräbnis erhalten hatte, stimmte sie zutiefst traurig. Johs hatte ohne die üblichen Beigaben, die einem das neue Leben in der Anderswelt erleichterten, aus diesem Dasein gehen müssen. Sie war sich nicht sicher, ob er so überhaupt jemals den richtigen Weg in die Anderswelt finden konnte. Jedes Kind wusste schließlich, dass eine verirrte Seele vom Körper Besitz nehmen konnte, wenn der Tote nicht enthauptet worden war. Auch war er nicht verbrannt und als Staub an Rigani zurückgegeben worden, was für Rowan ein weiteres sicheres Zeichen dafür war, dass es für Johs unmöglich sein musste, den Weg in die Anderswelt zu finden. So oft es ihr möglich war, betete sie deshalb zu Rigani, um ihrem Milchbruder den Übergang in sein neues Leben zu ermöglichen.

Sie murmelte eilig ein kurzes Gebet, dann erhob sie sich und ging zurück in die Küche. Dort wurde sie bereits von der dicken Berta erwartet, die als angestellte Köchin weit über den Sklaven des Haushaltes stand und auf diese herabschaute.

»Da bist du ja, du faules Stück. Die Herrschaften warten bestimmt schon auf ihre Suppe. Was sich der Dominus nur dabei gedacht hat, eine Barbarin als Hausmädchen zu kaufen? Das will mir einfach nicht in den Kopf gehen. Aber er muss es ja wissen. Nun lauf schon los und serviere die Suppe.«

Rowan nahm schweigend die zwei dampfenden Suppenteller und balancierte sie vorsichtig die Treppe nach oben. Sie trug die Suppe ins Speisezimmer und stellte sie auf dem Tisch ab.

»Wenn die Suppe kalt ist, kannst du was erleben«, zischte Appius und tauchte seinen Holzlöffel in die dampfende Flüssigkeit.

Schlürfend genoss er die heiße Suppe. Reglos stand Rowan neben ihm und wartete auf eine erneute Züchtigung.

»Da hast du gerade noch mal Glück gehabt, du Miststück.«

Sie wartete diesmal nicht auf die wedelnde Handbewegung und verließ eilig das Zimmer. Wie sie dieses Leben hasste! Tagein, tagaus war sie den Launen ihrer Herrschaft ausgeliefert. Sie musste Kleidung tragen, die auf ihrer Haut kratzte, und sich nachts zum Schlafen in das Sklavenhaus begeben, das hinter dem Herrenhaus stand. Dort lagen Strohsäcke auf dem Boden, und sie versuchte, es sich darauf so bequem wie möglich zu machen, was ihr aber meist nicht gelang. Mäuse huschten zwischen den Strohsäcken hin und her und nagten Löcher in die Kleidung, wenn sie sie nicht über den Dachbalken hängte.

Da hätte ich genauso gut mit Morcant verheiratet bleiben können, da wäre es mir nicht viel schlechter ergangen, dachte Rowan.

Bei dem Gedanken an den grausamen Hünen überzogen sich ihre Arme mit einer leichten Gänsehaut. Sie war sich auf einmal sicher, dass ihr Schicksal weitaus schlimmer verlaufen wäre, wenn Johs seinen Vater nicht erschlagen und mit ihr geflohen wäre. Morcant hätte sie Abend für Abend mit Gewalt genommen, und vermutlich wäre sie bereits mehrfach niedergekommen oder im Kindbett gestorben wie Morcants erste Frau.

»Da lebe ich lieber als Sklavin bei diesem verfluchten Appius und seiner Frau«, stieß sie heftig hervor.

Nachdem das Abendessen beendet war und sie sich endlich in das Sklavenhaus hatte begeben können, legte sich Rowan müde auf ihren Strohsack. Die Gedanken an Johs und ihre Heimat übermannten sie heute mit aller Macht und ließen sie schreckliches Heimweh verspüren, dass sie meinte, es müsse ihr das Herz zerreißen. Sie vermisste ihren Vater und mochte sich gar nicht ausmalen, was er nun wohl von ihr denken musste. Sicher hatte man ihr Morcants Tod in die Schuhe geschoben. Ihre Mutter würde bestimmt sagen, dass es ja so habe kommen müssen, und Berit vermisste sie sicher nicht, hatte sie doch Biorach und ihren Sohn.

Wieder stiegen Tränen in Rowans Augen, und sie drehte ihren Kopf zur Wand, damit die anderen Sklaven sie nicht bemerkten. Deren gleichmäßiges Atmen verriet ihr jedoch, dass sie alle längst zu schlafen schienen. Die Arbeit für Appius war sehr hart, weshalb die meisten von ihnen sich fast immer direkt auf ihr Lager begaben, um Kraft für den nächsten Tag zu gewinnen.

Wie jeden Abend, wenn die anderen schliefen, setzte sich Rowan leise auf und suchte mit ihrer Hand den schmalen Schlitz, den sie in die Seite ihres Strohsacks gebohrt hatte. Ihre geübten Finger fanden das Loch, und sie griff vorsichtig hinein. Sie musste sich anstrengen, da der Sack prall gefüllt war. Da schlossen sich ihre Finger endlich um den runden Gegenstand, und sie zog ihn vorsichtig hervor. Liebevoll betrachtete sie den silbernen Anhänger in ihrer Hand, und ihre Finger strichen zärtlich über die halbe Sonne. Wie immer beruhigte sie das sofort, und sie ließ die Kette über ihren Kopf gleiten. Das Metall fühlte sich kühl auf ihrer Haut an.

Rowan legte sich hin und schloss ihre rechte Hand um die halbe Sonne, die sich nun direkt über ihrem Herzen befand. Mit einem Lächeln auf den Lippen schloss sie die Augen und begab sich im Geiste zurück zu einer Zeit, in der sie glücklich gewesen war. Wieder und wieder erlebte sie die zärtlichen Momente mit Drystan, blickte in seine blauen Augen, spürte seine kräftigen Hände, die sich um ihre Taille schlossen. Das Gefühl von Drystans Lippen auf ihren würde sie nie vergessen. Es fühlte sich an, als wäre es gestern gewesen. Rowan war schmerzlich bewusst, dass Drystan für immer für sie verloren war. Er war bestimmt längst verheiratet. Ganz abgesehen davon, dass sie aller Voraussicht nach hier in der Fremde als Gefangene sterben würde. Dennoch erlaubte sie sich jene Ausflüge zurück in die Vergangenheit. Ohne diese täglichen Momente innigster Freude, die sie jeden Abend erlebte, hätte sie die Torturen der letzten fünf Jahre nicht überlebt. Dessen war sie sich sicher.

Am nächsten Morgen war Rowan wie immer vor Sonnenaufgang auf den Beinen und richtete den Speisesaal für die Herrschaft her. Sie schmückte den Tisch mit frischen blauen Kornblumen, die sie auf dem Feld unweit des Hauses gepflückt hatte. In Gedanken war sie auf der grünen Wiese, die neben dem Bächlein wuchs, in dem sie als Kinder immer gespielt hatten. Was für eine unbeschwerte Zeit das gewesen war! Johs und Drystan hatte es nicht gestört, mit einem Mädchen zu spielen, was daran gelegen haben mochte, dass sie höher als jeder Junge auf Bäume klettern konnte und selbst vor Raufereien nicht halt machte. Es war die schönste Zeit ihres Lebens gewesen.

Rowan seufzte leise und widmete sich dem Feuer. Sie kniete sich hin, um ein neues Holzscheit auf die Flammen zu legen, da wurde sie jäh von hinten an der Hüfte gepackt und hochgerissen. Ein kurzer, erschrockener Schrei entschlüpfte ihr. Raue Hände pressten sie an einen Körper, der dem Mann gehörte, der sie von hinten festhielt. Auch ohne sich umzudrehen, wusste sie, dass es Appius war. Sein säuerlicher Geruch stieg ihr in die Nase. Mit gierigen Griffen erkundete er ihren Körper.

Rowan schrie laut auf, und Appius presste eine schwielige Hand auf ihren Mund.

»Halt still, Weib. Jetzt nehm ich mir endlich, was mir zusteht«, grunzte er ihr ins Ohr.

Mit aller Kraft biss Rowan zu und spürte warmes Blut zwischen ihren Zähnen. Appius schrie auf und ließ sie los. Sie nutzte die Gelegenheit, um blitzschnell Richtung Tür zu laufen, doch Appius war schneller. Er riss sie herum und schlug ihr mit der geschlossenen Faust ins Gesicht. Hart kam Rowan auf dem Boden auf. Sie versuchte, sich stöhnend aufzusetzen, da trafen sie schon harte Tritte in die Seite.

»Dich mache ich fertig. Deinen Herrn anzugreifen … Das hast du heute zum letzten Mal versucht!«

Weitere Tritte trafen sie, und Rowan kauerte sich zusammen. Sie wusste, dass sie zu weit gegangen war. Trotzdem würde sie sich lieber erschlagen lassen, als sich diesem Widerling hinzugeben.

In dem Moment flog die Tür auf, und Appius' Frau erschien auf der Schwelle. »Was hat dieser fürchterliche Krach zu bedeuten?«

Ihre flinken Augen huschten von Rowan zu ihrem Mann, der mit wutverzerrtem Gesicht und blutender Hand über dem Mädchen stand, und erfassten die Situation. Sie eilte zu ihrem Mann und legte besänftigend ihre Hand auf seinen Arm.

»So halte ein, mein Gemahl. Tot nützt dir das liederliche Weibsstück gar nichts mehr. Sperr sie in die Sklavenkammer und verkauf sie bei nächster Gelegenheit. So machst du wenigstens noch ein wenig Profit und kannst eine verlässlichere Haushaltshilfe kaufen.«

Rowan konnte sich denken, dass Appius' Frau liebend gerne eine ältliche, unansehnlichere Sklavin für ihren Mann gehabt hätte. Sicherlich blieben ihr die Blicke, die ihr Mann Rowan zuwarf, nicht verborgen.

Appius atmete heftig, ließ aber von Rowan ab. Er sah auf sie herab und stieß nur ein Kurzes »Du hast recht« hervor. Anschließend stampfte er aus dem Speisezimmer.

Rowan war übel vor Schmerzen, aber innerlich jubilierte sie. Hatte sie das richtig verstanden? Sie konnte weg von diesem schrecklichen Appius? Sie fühlte eine Woge der Erleichterung.

Als sie aufgestanden war, öffnete sich die Tür, und ein weiterer Sklave betrat mit einem langen Seil in der Hand die große Stube. Mitleidig blickte er in ihr zuschwellendes Gesicht und gebot ihr, ihre Hände vor dem Bauch zu falten. Dort band er sie fest zusammen und zog sie dann mit sich aus dem Zimmer. Er führte sie in das Sklavenquartier und band sie an einem Stützbalken in der Ecke fest.

»Wenn du mir versprichst, nicht wegzulaufen, lockere ich das Seil ein wenig«, wisperte ihr der Sklave zu. Sie hatte ihn bisher nicht oft gesehen, war aber dankbar für seine Bereitschaft, ihr zu helfen.

»Ich danke dir. Mögen die Götter dich beschützen«, erwiderte Rowan und ließ sich dann auf dem kalten Boden nieder.

Mehrere Tage vergingen. Ohne den Sklaven, der ihr immer wieder die Fesseln öffnete und ihr erlaubte, sich zu bewegen und ihre Notdurft zu verrichten, hätte sie furchtbare Qualen leiden müssen. Sie erfuhr von ihm, dass sie am Samstag auf dem großen Sklavenmarkt von Borbetomagus verkauft werden sollte. Diese Neuigkeit nahm sie desinteressiert auf. Sie konnte daran sowieso nichts ändern. Ihre anfängliche Euphorie war verflogen. Ihr war bewusst geworden, dass sie in eine schlimmere Stellung geraten konnte, als sie sie als Haussklavin hatte. Wenn die Leibeigenen eine ruhige Minute hatten, erzählten sie einander von den Gräueln, denen andere Sklaven ausgesetzt waren. Vielleicht taten sie dies, um ihr eigenes Los besser ertragen zu können. Vor allem die Frauen traf es oft schlimm. Sie wurden in Bordelle verkauft oder von reichen Herren als Lustsklavinnen erstanden. Rowan grauste es bei dem Gedanken, gezwungen zu werden, fremden Männern zu Willen zu sein. Sie überlegte fieberhaft, wie sie dieses Schicksal abwenden konnte.

Als sie das nächste Mal für kurze Zeit freikam, um sich zu waschen, versuchte sie, auf der Wasseroberfläche ihr Antlitz zu erkennen. Ein breites Lächeln stahl sich in ihr Gesicht. Appius hatte sie übel zugerichtet. Ihr linkes Auge war zu einem Schlitz zugeschwollen, und ihre Lippe war aufgesprungen. So würde sie mit Sicherheit niemand attraktiv finden. Wenn sie sich dazu betont zurückhaltend und unauffällig benahm, käme sicher niemand auf die Idee, sie als Lustsklavin zu erstehen. Zum ersten Mal seit längerer Zeit fühlte sich Rowan wieder zuversichtlicher. Sie verzichtete auf die tägliche Wäsche, denn der Schmutz würde das seinige tun, um sie so unattraktiv wie möglich erscheinen zu lassen. Mit einem Lächeln auf den Lippen ging sie zurück zu ihrem Platz. Der Sklave, der sie bereits erwartete, um ihre Fesseln erneut anzulegen, sah sie mit einem erstaunten Gesichtsausdruck an, als er ihr Lächeln bemerkte, sagte aber nichts.

14. Mädchenträume

Quintus' Villa bei Borbetomagus, 95 v. Chr.

Aurelia schaute verträumt aus dem Fenster ihrer Kammer. Sie saß auf ihrer bequem gepolsterten Fensterbank, die Quintus noch dazu mit denselben farbenfrohen Stoffen hatte überziehen lassen wie die Vorhänge, die neben den zwei Fenstern hingen und die sie zum Schutz gegen die grelle Sonne vorziehen konnte. Überhaupt war ihre Schlafkammer einer Prinzessin würdig. Quintus hatte weder Kosten noch Mühe gescheut und seiner geliebten Tochter jeden Wunsch von den Augen abgelesen.

Im Vorzimmer zu ihrer Schlafkammer schlief ihre persönliche Hausssklavin Aelia, damit diese ihr zu jeder Tages- und Nachtzeit zur Verfügung stehen konnte. Durch eine Tür gelangte man in Aurelias geräumige Kammer, die aufgrund der großzügigen Fenster lichtdurchflutet war. Im Winter konnte man Holzläden vor die Öffnungen ziehen, um die Kälte auszusperren. Dann versteckten die bezaubernden Vorhänge die Holzbretter und schufen eine gemütliche Atmosphäre. Ohne die Fußbodenheizung wäre es im Winter trotzdem bitterkalt geworden. Quintus hatte das sogenannte Hypokaustum auf einer Handelsreise zum ersten Mal gesehen und nach seiner Rückkehr sofort in die Villa einbauen lassen. Dazu ließ er den ursprünglichen Fußboden um fast einen Meter nach unten verlegen. In kurzen Abständen zog man dann aus Ziegeln gemauerte Pfeiler ein, auf die der neue Fußboden gelegt wurde. Dieser wurde mit prächtigen Mosaiken versehen und war ein wahres Schmuckstück. Der unter dem Boden entstandene Hohlraum war an den Seiten von Praefurnia umgeben, die in regelmäßigen Abständen von Sklaven geheizt wurden.

An der linken Wandseite stand ein riesiges gemütliches Bettgestell aus Holz, das mit Messingfüßen versehen war. Aurelias Matratze war mit Schwanenfedern gefüllt und teurer gewesen als alle anderen Betten in der Villa zusammengerechnet. Über der Matratze lagen Decken aus edelsten Stoffen in purpurner Farbe, deren Ränder mit feinsten Stickereien aus Silberfäden versehen waren. Sie glitzerten, wenn das Sonnenlicht darauf fiel. Vier Kissen aus demselben Stoff wie die Decken lagen am Kopfende des Bettes, sodass Aurelia am Abend ihr müdes Haupt darauflegen konnte. Wenn sie, ihr langes goldenes Haar wie einen Fächer um sich ausgebreitet, da lag, sah sie wirklich wie eine Prinzessin aus, wie ihr stolzer Vater ihr immer wieder versicherte. An der Wand über ihrem Bett hatte ein Maler, der sich auf der Durchreise befand, eine wunderhübsche Malerei angebracht, für die er ganze drei Wochen benötigt hatte. In der Mitte des Gemäldes war ein zierlicher Marmorbrunnen zu sehen, aus dem Wasser sprudelte. Um den Brunnen herum waren farbenprächtige Vögel und Pflanzen abgebildet. Neben dem Brunnen saß Venus, die in eine weiße Toga gehüllt war und lächelnd ihr Antlitz im Wasser betrachtete. Die Göttin hatte auffallende Gemeinsamkeiten mit Quintus' verstorbener Frau Flora, und auch eine gewisse Ähnlichkeit mit Aurelia war unverkennbar.

Aurelia, die ihre Mutter immer noch sehr vermisste, fühlte

sich beim Betrachten des Gemäldes meist seltsam getröstet. Es war fast so, als wäre ihre Mutter stets bei ihr und wache über sie.

Auf der rechten Seite der Kammer standen ein großflächiger Messingspiegel und drei große Truhen, in denen Aurelias Kleidung verwahrt wurde. Der Spiegel hatte ihrer Mutter gehört, ebenso wie die goldene Kette mit dem filigranen türkisfarbenen Anhänger, die über dem Spiegel hing.

Aurelia seufzte. Sie hatte einen bezaubernden Ausblick aus ihrem Fenster über die grünen Weinberge. Die Luft flirrte durch die Hitze. Zikaden zirpten, und Salamander huschten über die warmen Steine. Doch heute nahmen ihre Augen die Schönheit der Landschaft überhaupt nicht wahr, ihr Blick irrte unruhig umher. Hatte sie nicht gerade den ihr so vertrauten braunen Haarschopf erspäht?

Da war er wieder. Eine große, aufrechte Gestalt trat in ihr Blickfeld. Aurelia beobachtete, wie Caius mit langen Schritten auf eines der zahlreichen Lager zuging. Er war wie immer nur mit einer knielangen Tunika bekleidet. Seine muskulösen Arme waren wegen der großen Hitze unbedeckt und von einem leichten Schweißfilm überzogen. Aurelia lächelte unwillkürlich. Caius musste sich wieder einmal unbedacht mit der Hand durch die Haare gefahren sein, so wirr wie diese vom Kopf abstanden. Wie gerne würde sie einmal mit ihren Händen durch seinen braunen Haarschopf fahren!

Erschrocken schlug sie ihre Hand vor den Mund. Wie konnte sie nur so etwas denken?

Sie versuchte, sich an den fünfzehnjährigen Caius zu erinnern, der ihr vor fünf Jahren das Leben gerettet hatte. Er hatte heldenhaft sein eigenes riskiert, um ihres zu retten. Das würde sie ihm nie vergessen! Leider sah er nie etwas anderes in ihr als eine Art kleine Schwester! Vorhin, als sie ihn am Brunnen getroffen hatte, hatte sie es genossen, wie er bei ihrem Anblick errötet war. Das war aber nur seiner Verlegenheit geschuldet, weil sie ihn beim Herumalbern mit Tito erwischt hatte.

Aurelia seufzte wieder. Sie hatte sich vom ersten Augenblick an in ihren Retter verliebt. Natürlich hatte Caius die Schwärmerei des damals erst elfjährigen Mädchens nicht ernst genommen. Auch heute schien er sie nicht anders zu sehen. Er behandelte sie stets höflich und zuvorkommend. Sie konnten zusammen lachen und sich blendend unterhalten. Das war es dann auch schon. Voller Neugier hatte Aurelia im Laufe der Jahre verfolgt, wie aus dem schlaksigen Jungen ein gut aussehender Mann geworden war. Manche Frau sah ihn mit verträumtem Blick an, doch er schien das gar nicht wahrzunehmen. Genauso wenig, wie er Aurelias Gefühle ihm gegenüber wahrnahm. Alles, was für ihn zählte, war seine Arbeit. Caius hatte früh Verantwortung übernehmen müssen. Er hatte nie die Zeit gehabt, sich die Hörner abzustoßen und den gleichen leichtsinnigen Lebenswandel zu führen, der den meisten jungen Männern zu eigen war.

Aurelia war sehr stolz auf den jungen Römer. Er hatte seine Familie vor dem Ruin gerettet und war zu einer unschätzbaren Hilfe für ihren Vater geworden. Sie würde die Hoffnung nicht aufgeben! Vielleicht erwiderte er ihre Gefühle ja irgendwann!

Inzwischen war er aus Aurelias Blickfeld verschwunden. Sie starrte noch eine Weile aus dem Fenster, in der Hoffnung, einen weiteren Blick auf ihn zu erhaschen. Leider vergeblich!

»Domina, wir sollten Euch für das Abendmahl herrichten, wenn wir rechtzeitig fertig werden wollen.«

Aelia hatte von Aurelia unbemerkt ihr Zimmer betreten. Folgsam ließ sich Aurelia auf dem Schemel vor dem Spiegel nieder und verfolgte im Spiegelbild, wie Aelia die Haarnadeln aus ihrem einfachen Haarknoten zog und mit den Fingern die langen, blonden Strähnen entwirrte. Die Sklavin holte einen hübschen Kamm aus Elfenbein aus einer hölzernen Schatulle und fuhr damit vorsichtig durch die goldene Pracht. Danach fasste sie das Haar mit einem Band in der Mitte des Kopfes zusammen und steckte einzelne Strähnen zu einem kunstvollen Dutt auf. Anschließend befestigte sie ein reizendes Haarnetz aus Goldfäden über dem Haarknoten, das die glänzende Farbe ihres Haares schön betonte. Als Nächstes entledigte sich Aurelia der einfachen Tunika, die sie bis dahin getragen hatte. Nun stand sie nackt im Zimmer, und Aelia wusch ihre Herrin mit duftendem Wasser. Aurelia liebte den Rosenduft, den man deshalb immer an ihr wahrnehmen konnte. Ihr Vater brachte ihr gern kostbare Öle von seinen Handelsreisen mit, weil er wusste, dass sich seine Tochter sehr darüber freute.

Nachdem Aurelia abgetrocknet war, schlüpfte sie in die bereitgelegte, frische Tunika. Sie verzichtete aufgrund der großen Hitze auf die Untertunika und genoss den weichen Stoff auf ihrer bloßen Haut. Statt der Palla aus Wolle, an die im Hochsommer nicht zu denken war, zog sie ein dünnes Tuch aus kostbarer blauer Seide über ihre Schultern. Zu guter Letzt ließ sie sich die Kette ihrer Mutter mit dem türkisfarbenen Anhänger umlegen, dessen Farbe perfekt mit dem Seidentuch harmonierte.

Zufrieden betrachtete sie ihr Spiegelbild. Die Tunika betonte ihre große, schlanke Gestalt vortrefflich. Mit den hochgesteckten Haaren sah sie beinahe wie eine erwachsene Frau aus.

Aurelia konnte der Versuchung nicht widerstehen und tupfte jeweils einen Tropfen kostbaren Rosenöls hinter ihre Ohrläppchen. Wie sie den blumigen Duft liebte!

»Ihr seht bezaubernd aus.«

Stolz auf ihr Werk betrachtete Aelia ihre junge Herrin.

»Aber Ihr solltet nun gehen, wenn Ihr nicht zu spät kommen wollt.«

Dankbar nickte Aurelia der Sklavin zu, dann wandte sie sich zur Tür und verließ ihre Kammer. Sie freute sich auf den Abend mit ihrem Vater und Caius. Ihrem Caius. Vielleicht würde er sie heute wahrnehmen.

Die beiden Männer saßen schon bei Tisch. Als Aurelia das Speisezimmer betrat, erhoben sie sich höflich. Die Sitte, das Essen sitzend einzunehmen, hatten die Römer von der einheimischen Bevölkerung übernommen. Nur wenn höhergestellte römische Gäste zu Besuch waren, wurde der große Holztisch beiseite geräumt und musste für drei Lecti Platz machen, die dreieckförmig um einen niedrigen Tisch aufgestellt wurden, damit man die Mahlzeiten im Liegen einnehmen konnte. Quintus bevorzugte aber die aufrechte Art zu speisen, da er festgestellt hatte, dass ihm das Essen auf diese Art besser bekam.

»Du siehst wie immer bildhübsch aus, Prinzessin.«

Quintus lächelte seine Tochter liebevoll an und gab ihr einen Kuss auf die Wange.

Aurelia erwiderte sein Lächeln und schielte unauffällig zu Caius. Der sah jedoch nur flüchtig auf und schenkte gleich darauf seinem Essen weitaus mehr Aufmerksamkeit als ihr.

So richtig wollte ihr das Essen gar nicht mehr schmecken. Aurelia zwang sich, ihrem Vater zuliebe ein paar Bissen des zarten Fischfleisches zu sich zu nehmen. Es schmeckte ausgezeichnet, dennoch verspürte sie keinen Hunger. Caius und

Quintus unterhielten sich während des Essens angeregt über die Arbeit auf dem Weingut. Der Böttcher war da gewesen, und neue Sklaven sollten angeschafft werden.

Aurelia erhob sich vom Tisch. Quintus und Caius sahen erstaunt auf. »Entschuldigt mich bitte. Ich bin müde und möchte früh zu Bett gehen.«

Mit langsamen Schritten ging Aurelia aus dem Zimmer. Hätte sie sich noch einmal umgedreht, hätte sie bemerkt, dass Caius ihr nachdenklich hinterherblickte.

15. Sklavenmarkt

Borbetomagus, 95 v. Chr.

Es war noch dunkel. Tito war vor dem ersten Hahnenschrei aufgestanden, um rechtzeitig zum Markt zu kommen. Er hatte einen Fußmarsch von fast zwei Stunden vor sich, um nach Borbetomagus zu gelangen, wo jeden diem saturni ein großer Markt abgehalten wurde. Am ersten dies saturni jeden Monats fand noch dazu ein großer Sklavenmarkt statt.

Quintus hatte Tito einen schweren Lederbeutel mit dreißig Goldmünzen mitgegeben. Ein Vermögen! Sorgfältig hatte er den Beutel am Gürtel befestigt und in einer Falte seiner Tunika verschwinden lassen. Es musste ja niemand sehen, mit wie viel Geld er unterwegs war!

Nach einem schnellen Frühstück machte sich Tito auf den Weg. Er schritt flott aus, da er den Weg in- und auswendig kannte. Am Horizont kündigte ein silberner Faden den Beginn des neuen Tages an. Die Vögel stimmten ihr fröhliches Morgenlied an, und bald war der Wald, durch den Tito lief, von ihrem hellen Gezwitscher erfüllt. Er fragte sich nicht zum ersten Mal, ob sich die Vöglein auf diese Weise von ihren Erlebnissen erzählten oder sich zum Beispiel gegenseitig vor Feinden wie dem Fuchs warnten.

Anfangs war Tito mutterseelenallein unterwegs, aber

nach und nach füllte sich der Weg. Alle hatten dasselbe Ziel und strömten deshalb in dieselbe Richtung. Er sah Händler, die ihre Ware auf Wägen aufgetürmt hinter sich herzogen. Berge an Geschirr, jede Menge bunte Tücher, Waffen, Schmuck, alles, was man sich nur vorstellen konnte, wurde von geschäftstüchtigen Menschen Richtung Markt transportiert. Ein Junge trieb eine Herde Ziegen vor sich her. Eine alte Frau zog einen Leiterwagen voller Eier, die sie den Menschen in der Stadt verkaufen wollte. Auf dem Berg mit Eiern transportierte sie vorsichtig einen hölzernen Käfig, in dem zwei fette Hennen steckten, die aufgeregt vor sich hin gackerten. Reiche Leute ließen sich auf vornehmen Wagen fahren, die von Maultieren gezogen wurden. Ein Junge auf einer Ladefläche drehte Tito eine lange Nase und verschwand schnell unter einer Lage Decken, bevor er Ärger bekommen konnte.

Tito lief schneller. Er wollte früh am Markt ankommen, um sich die besten und kräftigsten der angebotenen Sklaven auszusuchen. Wenn er zu spät kam, wären nur noch alte oder schwache Sklaven übrig. Die würden ihm bei der Arbeit auf dem Weingut nicht nützlich sein und wären ihr Geld nicht wert.

Er war freute sich über das Vertrauen seines Herrn und Freundes Caius und des Weinhändlers Quintus. Er hatte sich bis zum Vorarbeiter hochgearbeitet und durfte nun selbstständig neue Arbeitskräfte erwerben. Er nahm sich fest vor, das in ihn gesetzte Vertrauen nicht zu enttäuschen. In der Tasche trug er ein Papierstück bei sich, das ihn als Sklaven des Weinhändlers Caius auswies und ihm bei Kontrollen freie Passage ermöglichen sollte. Immer wieder versuchten Sklaven, ihrer Gefangenschaft zu entfliehen und in Städten ein Auskommen zu finden, weshalb die Stadtwachen angewiesen waren, alle Fremden nach ihren Ausweisdokumenten zu fragen.

In der Ferne kam endlich die hölzerne Umzäunung von Borbetomagus in Sicht. Tito war schon öfter hier gewesen, aber jedes Mal staunte er wieder über die mächtigen, angespitzten Holzstämme, die in den Boden gerammt, ein schier unüberwindbares Hindernis für Feinde darstellten. Die Straße verlief schnurgerade auf ein großes, hölzernes Tor zu, das bereits geöffnet war. Tito fluchte leise, als er die Menschenschlange sah, die vor dem Tor auf Einlass wartete. Das würde ihn viel Zeit kosten! Seufzend ordnete er sich in die Reihe ein und stellte sich auf eine längere Wartezeit ein.

Endlich war er an der Reihe. Die Sonne war inzwischen hochgestiegen, und die lauwarme Morgenluft heizte sich schnell auf. Schon hatten die ersten Menschen Schweißränder unter den Armen und stöhnten über die Hitze. Einige Männer hatten sich Tücher um den Kopf geschlungen, um sich vor den unerbittlichen Sonnenstrahlen zu schützen. Tito entrichtete den Wegzoll und wurde von den Wächtern ungeduldig durchgewunken. Er trug keine Waffen bei sich, und der Begleitbrief, den Caius ihm ausgestellt hatte, interessierte die Wächter nicht einmal. Tito vermutete, dass die beiden ungehobelten Männer des Lesens sowieso nicht mächtig waren.

Im Inneren der Umzäunung drängten sich Häuser an Häuser. Jeder freie Platz schien bebaut worden zu sein. Die Straße verlief kerzengerade durch die Siedlung und war so voll, dass Tito nur langsam vorwärtskam. Alle drängten in Richtung Marktplatz.

Endlich öffnete sich die Straße in ein großes Forum, das vor einem mächtigen Jupitertempel lang. Tito hatte den

Marktplatz erreicht. Auch hier wimmelte es von Menschen, die sich zwischen den vielen Ständen hindurchzwängten. Dem jungen Römer stieg der Duft nach gebratenem Fleisch in die Nase, und sein Magen machte sich knurrend bemerkbar. Er erstand einen Dinkelfladen, der mit einer dicken Scheibe Hammelfleisch und Kraut beladen war, und biss genießerisch hinein. Fett lief ihm übers Kinn und tropfte von seinen Fingern auf den Boden. Es schmeckte himmlisch! Der lange Fußmarsch hatte ihn hungrig gemacht. Schnell verschlang er den restlichen Fladen und wischte sich die Hände an der Tunika ab. Er nahm einen großen Schluck aus seinem Wasserschlauch und schritt dann rasch weiter, um zu den Sklavenständen zu gelangen. Satt schenkte Tito den restlichen Verkaufsständen keine Aufmerksamkeit. Verkäufer priesen köstlich duftende Schmalzkringel, getrocknete Früchte und kostbare Gewürze an und versuchten, Kunden mit übertriebenen Schmeicheleien anzulocken. Auf der linken Seite wurden feinstes Porzellan und Kochgeschirr angeboten. Vornehme Frauen, die sich auf Sänften zum Markt hatten tragen lassen, ließen sich die Waren zeigen. Wenn ihnen etwas zusagte, deuteten sie auf den entsprechenden Gegenstand, warfen dem Händler ein paar Münzen zu, und ein Sklave beeilte sich, die Pakete einzusammeln.

Tito schritt geradewegs auf den Tempel zu. Vor dem großen Gebäude, dessen Vordach von riesigen Säulen getragen wurde, war ein hölzernes Podest aufgebaut worden. Hier wurden die Sklaven den interessierten Kunden vorgeführt, und ein Auktionator nahm Gebote entgegen. Gerade wurde eine junge Frau angepriesen. Der Auktionator hatte aber bis jetzt kein Gebot erzielt. Tito wunderte das nicht. Die Sklavin stand mit hängendem Kopf auf dem Podest. Als ihr der Schleier von den Haaren gerissen wurde, bemerkte er kurz geschnittene, rote Locken. Das linke Auge der jungen Frau war zugeschwollen, und ihre Arme und Beine waren mit blauen Flecken übersät.

Der Sklavenhändler flüsterte dem Auktionator etwas ins Ohr, woraufhin dieser den verlangten Preis senkte.

»Fünf Goldmünzen für dieses Prachtweib. Sie kann kochen, putzen oder jede sonstige Arbeit verrichten.«

»So wie die aussieht, war ihr ehemaliger Herr wohl nicht zufrieden mit ihr?« Ein fetter, schwitzender Mann zeigte lachend auf das geschwollene Auge der jungen Frau.

Die Menge fiel schadenfroh in das wiehernde Lachen des Mannes ein.

»Also gut, drei Goldmünzen. Das ist mein letztes Wort!«

Die Sklavin schien von der Diskussion um sich herum, nichts mitzubekommen. Teilnahmslos stand sie auf dem Podest und starrte auf ihre schmutzigen Füße.

»Gut, ich nehme sie. Wenn man den Schmutz abwäscht, wird sie schon eine brauchbare Publica abgeben.« Der fette Mann, der sich vorhin lustig gemacht hatte, warf dem Auktionator drei Münzen hin. Die junge Frau wurde von der Bühne geführt.

Als Nächstes kam ein junger Germane zum Verkauf dran. Er war groß und kräftig und nur mit einem Lendenschurz bekleidet. Seine muskulösen Arme waren eingeölt worden, damit sie besonders gut zur Geltung kamen. Er hatte kurzes braunes Haar und wirkte wohlgenährt.

Das Anfangsgebot lag bei acht Goldmünzen. Dies war ein stolzer Preis für einen Feldsklaven. Schnell stiegen die Gebote.

»Zehn Goldmünzen sind geboten, wer bietet mehr?«

Tito fackelte nicht lange. Dies war seine Chance. »Elf Goldmünzen!«, rief er lauf in Richtung Bühne.

»Zwölf!«, schallte es aus einer anderen Ecke. Ein dürrer, hochgewachsener Mann hob die Hand.

Tito knirschte vor Anspannung mit den Zähnen. »Dreizehn Goldmünzen!«

Sofort kam das Gegenangebot. »Vierzehn Goldmünzen.«

Die Menge raunte. Ein solch hohes Gebot war ungewöhnlich, und die Schar verfolgt gespannt, wer den Zuschlag bekommen würde.

»Ich biete achtzehn Goldmünzen!« Tito hatte genug. Entweder er bekam jetzt den Zuschlag, oder er würde aussteigen. Er sah zu dem dürren Mann, der abwehrend die Hände hob.

»Verkauft für achtzehn Goldmünzen!«

Die Menge jubelte. So ein spannendes Schauspiel sahen sie wahrlich nicht alle Tage.

Tito drängte sich nach vorne und zählte achtzehn Goldmünzen auf den Tisch. Sein Beutel wurde merklich leichter, trotzdem war er überzeugt, ein gutes Geschäft gemacht zu haben. Der Bursche würde für zwei arbeiten können!

Der Sklavenhändler war zufrieden. Grinsend gab er Tito das Seil, an das die Hände des Sklaven gebunden waren.

»Wie heißt du?«, fragte Tito seinen neuen Arbeitssklaven.

»Mein Name ist Arnulf, Herr. Ihr werdet es nicht bereuen, mich gekauft zu haben.«

»Hör zu, Arnulf. Mir widerstrebt es, dich wie ein Stück Vieh an einer Leine zu führen. Wenn ich sie weglasse, versprichst du mir dann, dass du nicht wegläufst?« Ernst schaute Tito dem kräftigen Sklaven in die Augen.

»Bei meinem Ehrenwort!«

Arnulf legte drei Finger einer Hand auf sein Herz und sah seinen neuen Herrn mit neu gewonnenem Respekt an. Schnell löste dieser die Fesseln. Arnulf blieb gelassen neben ihm stehen.

Tito verfolgte noch weitere Auktionen. Es wurden zwei Feldsklaven angeboten, die weit weniger kosteten als der junge Germane. Tito bemerkte, dass einer der beiden dicke Knie hatte, und sah deshalb von einem Kauf ab. Der Mann litt offensichtlich an einer Gelenkkrankheit und würde ihm wenig nützen. Der andere Sklave, der angeboten wurde, hatte sein bestes Alter bereits überschritten. Ihm fehlten die meisten Zähne, und sein spärliches Haar stand wirr um seinen Kopf.

Nein, Tito würde auch diesen Sklaven nicht brauchen können.

Danach wurden keine Männer mehr verkauft, nur noch mehr Frauen und ein paar Kinder. Tito seufzte und beschloss, sich auf den Rückweg zu machen.

Er marschierte voran und führte seine Neuerwerbung über den Markt. In einer Seitengasse bemerkte er eine kleine Menschenansammlung, die laut johlte und sich über irgendetwas zu amüsieren schien. Tito vermutete, dass irgendwelche betrunkenen Raufbolde aufeinander losgegangen waren. Zuerst wollte er vorbeigehen, als auf einmal eine Lücke in der Menge den Blick auf das Geschehen freigab. Die rothaarige Sklavin, die er vorhin auf dem Markt gesehen hatte, stand vor einer Wand und hieb mit einer Peitsche auf den fetten Bordellbesitzer ein, der sie erworben hatte. Die Striemen, die leuchtend rot quer über ihr Gesicht verliefen, bewiesen, dass sie die Peitsche selbst schon mehrfach abbekommen hatte. Offenbar hatte sie sie ihrem Schinder entwinden können und wehrte sich nun verzweifelt gegen ihn. Der kurzgewachsene, fette Mann ging drohend einen Schritt auf sie zu. Wieder schlug sie die Peitsche mit aller Kraft in seine Richtung.

»Bleib stehen, wenn dir dein Leben lieb ist!«

An der Art, wie das Mädchen das »R« rollte, konnte er erkennen, dass sie keltischer Abstammung sein musste. Tito hatte diesen Akzent schon öfter bei keltischen Händlern gehört.

»Warte nur, bis ich dich erwische, du kleine Hure!«, schimpfte der Bordellbesitzer laut. Speichel flog aus seinem Mund, und sein Gesicht war rot angelaufen. Die Sklavin beobachtete seine Bewegungen genau. Tito war fasziniert, da die junge Frau plötzlich einen ganz anderen Eindruck als vorhin auf der Auktion machte. Ihre Augen blitzten kämpferisch, und ihre Haltung strahlte Stolz und Kampfeswillen aus.

Auf einmal machte der Mann einen für sein Gewicht unerwartet schnellen Satz nach vorne. Die Peitsche surrte durch die Luft und traf ihn am Rücken. Er jaulte laut auf, packte aber gleich darauf die Peitschenschnur und zog fest daran. Die Menge johlte, als die junge Frau durch den kräftigen Zug gegen den Mann prallte. Er packte sie an den kurzen roten Haaren und riss brutal ihren Kopf nach hinten.

»Hab ich dich, du Miststück! Dich werd ich schon noch zähmen! Am besten fangen wir gleich damit an.«

Er hielt sie immer noch an den Haaren fest und zog sie so hoch, dass sie auf Zehenspitzen stehen musste. Die junge Frau hatte keine Chance mehr. Der fette Mann griff an den Kragen der schmutzigen Tunika der Sklavin und riss sie mit einem kräftigen Ruck auseinander. Die kleinen, festen Brüste der jungen Frau waren den Augen der lüsternen Menge schutzlos ausgesetzt. Sie wand sich im Griff ihres Besitzers, konnte sich jedoch aufgrund ihrer unangenehmen Position kaum bewegen.

»Wer sie jetzt will, kann sie für nur zwei Kupfermünzen gleich hier und jetzt in Besitz nehmen! Dies ist ein einmaliges Sonderangebot!«

Die Augen des Mädchens weiteten sich vor Schreck. Der genannte Preis entsprach etwas dem eines großen Laibes Brot. Einige Männer in der Menge fingen an, in ihren Lederbeuteln zu wühlen. Diese Gelegenheit wollten sie sich nicht entgehen lassen. Ein großer, feister Mann warf dem Bordellbesitzer die gewünschten Münzen zu. Der fing sie geschickt auf und presste die junge Sklavin gleich darauf fest auf den Boden. Er hielt ihre Arme über ihrem Kopf fest.

»Nur zu! Sie gehört dir.«

Der feiste Mann grinste und kümmerte sich nicht um die gaffenden Blicke aus der Menge. Er löste die Verschnürung seiner Lederhose und kniete sich zwischen die Beine der Sklavin. Plötzlich sackte er zusammen und stöhnte laut auf. Er fiel auf die Seite und hielt sich mit beiden Händen sein Gemächt. Die junge Frau hatte ihn mit voller Wucht zwischen die Beine getreten!

Der Bordellbesitzer war außer sich vor Wut. Er holte mit der Hand aus und schlug der Sklavin ins Gesicht. Der Ring an seiner Hand riss ihr die Wange auf, und Blut strömte aus der Wunde. Schon holte er wieder aus und brach ihr mit einem lauten Knacken die Nase. Die junge Frau rührte sich kaum noch. Sie schien halb besinnungslos zu sein. Als ihr Besitzer wieder die Hand hob, um sie ein weiteres Mal zu schlagen, fiel ihm Tito in den Arm.

»Wenn Ihr sie totschlagt, habt Ihr nichts mehr von ihr«, versuchte er, dem wütenden Mann ins Gewissen zu reden. Er wusste selbst nicht, was ihn dazu brachte einzugreifen. Das Schicksal der jungen Frau erweckte sein Mitgefühl.

»Das geht dich nichts an! Lass mich sofort los!«, grunzte der Mann unversöhnlich. »Wenn ich sie totschlagen will, schlag ich sie tot! Sie gehört mir, also kann ich entscheiden, was mit ihr passiert! Sie ist ja sogar zu nichtsnutzig dazu, als

Hure zu arbeiten! So kann ich sie jedenfalls nicht auf meine Kunden loslassen! Die laufen mir ja scharenweise davon! Was soll sie mir also nützen?«

Wütend sah er auf das blutüberströmte Gesicht seiner Sklavin und war kurz davor, sich wieder auf sie zu stürzen.

»Ich kaufe sie Euch ab, Herr.« Tito nahm drei Goldmünzen aus seinem Lederbeutel und hielt sie dem Bordellbesitzer hin. Der hatte aber sehr wohl bemerkt, dass in dem Beutel noch mehr Münzen waren.

»Sie kostet aber zehn!« Feixend blickte der fette Mann Tito an.

»Ihr habt drei Münzen für sie bezahlt!« Tito konnte es nicht fassen.

»Tja, mein Freund, da du sie unbedingt willst, wirst du wohl mehr zahlen müssen!«

Er war durch und durch ein Geschäftsmann und konnte so das Interesse des jungen Mannes richtig einschätzen.

Tito war sich unschlüssig. Zehn Goldmünzen waren ein Vermögen! Wie sollte er eine solche Summe nur daheim erklären? Dafür könnte er zwei Hausklavinnen einstellen, die hervorragend ausgebildet waren!

»Für zehn Goldmünzen kannst du mich haben!«, lachte eine dicke Frau und rückte ihre großen Brüste zurecht. »An mir ist mehr dran, als an dem dürren Ding!«

Die Menge lachte.

Als Tito auf die junge Frau blickte, der das Blut immer noch aus der Platzwunde an der linken Wange und auf der Nase floss, bemerkte er, dass sie die Augen geöffnet hatte. Sie zeigten einen derart hoffnungslosen Ausdruck, dass er nicht anders konnte. Er musste ihr helfen!

»Ich gebe Euch fünf Goldmünzen. Das ist mein letztes Angebot!«

Tito nahm fünf Münzen aus dem Beutel, die er dem unangenehmen Bordellbesitzer verächtlich zuwarf. Da dieser seine Ausgaben beinahe doppelt zurückerhalten hatte, nahm er das Angebot an und bückte sich, um das Geld aufzuheben. Dann steckte er die Münzen rasch in seine Lederbörse.

»Die Kleine muss es dir ja ganz schön angetan haben.«

Grinsend drehte sich der feiste Mann um und schritt gemächlich davon. Die Menge, die das Geschehen bisher interessiert verfolgt hatte, begann sich langsam zu zerstreuen. Es gab nichts Interessantes mehr zu sehen!

Kurzentschlossen hob Tito die gemarterte junge Frau vom Boden auf. Er stellte sie auf die Beine, aber sie schwankte und war so schwach, dass sie kaum stehen konnte. Kurzerhand hob er sie auf seine Arme. Er signalisierte seinem neu erworbenen Sklaven, dass sie weitergehen würden, und sie marschierten los.

Als sie den überfüllten Marktplatz hinter sich gelassen hatten, sah Tito, dass in der Mitte der Straße ein großer Brunnen stand. Er steuerte geradewegs darauf zu und lehnte die junge Frau gegen den gemauerten Rand. Dann ließ er einen Eimer in den Schacht hinab und holte frisches Wasser herauf. Anschließend riss er einen schmalen Streifen der Tunika der Sklavin, die sowieso in Fetzen hing, ab, tauchte ihn ins Wasser und wischte vorsichtig das Blut aus dem Gesicht der jungen Frau. Sie stöhnte leise. Dann besah er sich die Verletzungen genauer. Die Platzwunde hatte aufgehört zu bluten und war dabei zu verschorfen. Die Nase stand seltsam schief im Gesicht der Sklavin und musste dringend gerichtet werden, sollte sie nicht für immer entstellt bleiben.

»Halte sie gut fest, Arnulf. Wir müssen ihre Nase geraderücken.«

Der kräftige Sklave setzte sich hinter die rothaarige Frau und hielt sie fest umklammert. Tito nahm beherzt das schiefe Nasenbein und schob es kräftig in die Mitte. Es knackte vernehmlich. Noch mehr Blut schoss aus der Nase, und die gequälte Frau schrie gellend auf. Sie erschlaffte in den Armen des Germanen, und ihr Kopf fiel zur Seite. Sie war ohnmächtig geworden.

Tito schwitzte heftig. Er nahm erst einmal einen kräftigen Schluck Wasser aus dem Eimer. Dann betrachtete er sein Werk. Die Nase nahm ihre ursprüngliche Position wieder ein, blutete aber nach wie vor heftig. Ein weiteres Mal tauchte er den Lappen in das kühle Nass und tupfte vorsichtig um die Nase. Dann riss er noch ein Stückchen des Stoffes ab, rollte es zusammen und schob es ihr in das blutende Nasenloch. Das würde die Blutung stoppen.

»Wir werden sie nach Hause tragen müssen. Sie ist zu schwach, um zu laufen. Am besten wir wechseln uns ab.«

Arnulf stand auf und hob die ohnmächtige Frau auf seine kräftigen Arme. Es sah spielerisch leicht aus, und der Germane verzog nicht einmal das Gesicht vor Anstrengung. Er grinste, als er den bewundernden Blick seines neuen Herrn sah, und zuckte mit den Schultern.

»Sie wiegt doch gar nichts, Herr.«

Tito zog die zerrissene Tunika der Sklavin zurecht, um ihre Blöße zumindest notdürftig zu bedecken. Dann liefen er und sein neu erworbener Feldsklave Arnulf den langen Weg bis nach Hause. Obwohl Tito ihm mehrfach anbot, ihm die Last abzunehmen, wollte es sich der Sklave nicht nehmen lassen, die junge Frau den ganzen Weg zu tragen. Sie war kurz zu sich gekommen und hatte sich verwirrt umgesehen, war dann aber gleich wieder weggedöst. So erreichten die drei nach gut zwei Stunden die Villa Rustica, die Tito am Morgen verlassen hatte.

16. Neubeginn

Quintus' Weingut bei Borbetomagus, 95 v. Chr.

Rowan erwachte mitten in der Nacht. Irritiert fuhr sie von ihrer Matratze hoch, hielt aber gleich darauf inne, als ein scharfer Schmerz in ihre Nase fuhr. Stöhnend ließ sie sich wieder nach hinten sinken. Wo war sie nur? Langsam kamen die Ereignisse des vergangenen Tages wieder in ihr Gedächtnis zurück. Sie betastete vorsichtig ihr Gesicht und stellte fest, dass ihr jemand eine lindernde Salbe auf die Wunde an der Wange, die der Ring des Bordellbesitzers hinterlassen hatte, aufgetragen hatte. Ihre Nase schmerzte und fühlte sich dick an, schien aber gerade in ihrem Gesicht zu stehen. Rowan musste durch den Mund atmen, da sie durch ihre geschwollene Nase nur wenig Luft bekam.

Als ihre Augen sich an die Dunkelheit gewöhnt hatten, konnte sie im Mondlicht, das durch ein quadratisches Fenster hereinfiel, zumindest Konturen erkennen. Sie lag in einem bequemen Bett in einer geräumigen Kammer, in der außer einem Schemel und einer Truhe keine weiteren Möbelstücke standen. Jemand hatte sie mit einer Decke zugedeckt, doch zu ihrem Entsetzen stellte sie fest, dass sie darunter nackt war. Wo war ihre Kleidung? Rowan griff sich an den Hals. Und wo war ihre Kette? Sie sah sich um, konnte aber nichts erkennen. Es war einfach zu dunkel. Ihr Gesicht schmerzte bei jeder Bewegung, und sie fühlte sich erschöpft. Sie beschloss, erst einmal die Augen zu schließen, um sich auszuruhen. Sie musste Kräfte sammeln, um sich der neuen Situation stellen zu können, in der sie sich nun befand.

Sie musste wieder eingeschlafen sein, denn als sie erneut die Augen aufschlug, war es heller Tag. Sie bewegte den Kopf vorsichtig zur Seite und erschrak zutiefst. Jemand stand in ihrer Kammer! Schützend raffte sie das Laken an sich und zog es bis zum Kinn.

»Du musst keine Angst haben! Ich tue dir nichts! Mein Name ist Lucrezia.«

Eine kleine, kräftige Frau stand vor Rowans Lager und musterte sie.

»Wie fühlst du dich? Dein Gesicht schillert inzwischen in allen Farben des Regenbogens!«

»Wo ist meine Tunika?«, wagte Rowan leise zu fragen.

»Das alte Ding? Es war so schmutzig und zerrissen, dass ich es verbrannt habe. Da war nichts mehr zu retten.«

»Wer hat mich ausgezogen?« Eine feine Röte überzog ihre Wangen.

Die Frau lächelte verstehend. »Das war ich! Ich musste schließlich nachsehen, ob du noch andere Verletzungen davongetragen hast. Aber außer etlichen blauen Flecken an Armen und Beinen hat vor allem dein Gesicht etwas abbekommen. Nun sag mir schon, wie fühlst du dich?«, wiederholte Lucrezia ihre Frage.

»Es geht mir gut. Aber könnt Ihr mir sagen, wo meine Kette abgeblieben ist?« Bittend sah sie der Römerin in die Augen. »Sie bedeutet mir sehr viel.«

»Ich habe sie in die Truhe gelegt, damit sie nicht wegkommt. Ein hübscher Anhänger. Was stellt er denn da?«

»Eine Sonne«, erwiderte Rowan leise, »eine halbe Sonne.«

Sie spürte Lucrezias fragenden Blick, doch sie war froh, dass diese nicht weiter nachhakte. In ihren Gedanken fragte sie sich, wie so oft, wo die andere Hälfte des Amuletts wohl gerade war. Ob Drystan noch an sie dachte?

Ein leises Räuspern machte Rowan bewusst, dass sie nicht alleine war. Sie wollte sich aufsetzen, aber eine plötzliche Schwindelattacke ließ sie innehalten.

»Du bleibst schön liegen! Du musst erst mal wieder zu Kräften kommen. Ich habe dir eine feine Suppe mitgebracht, die wird dir guttun.«

Lucrezia stemmte ihre kurzen Armen in die kräftigen Hüften und machte so deutlich, dass sie keinen Widerspruch gelten lassen würde. Sie setzte sich auf den Schemel neben Rowans Bett und nahm den dampfenden Suppenteller in die Hand, der auf der Truhe gestanden hatte. Sie nahm einen Löffel voll Suppe und führte ihn an Rowans Lippen. Die drehte empört den Kopf zur Seite.

»Ich kann selbst essen! Ich bin doch kein Kind mehr!«

Lucrezia gab seufzend nach. Sie stellte die Suppe wieder ab und stopfte Rowan ein dickes Kissen in den Rücken, damit diese halbwegs aufrecht sitzen konnte. Dann platzierte sie den Schemel direkt neben Rowans Kopf und stellte den Teller darauf ab. Abwartend sah sie Rowan an.

Die wusste, dass sie zu Kräften kommen musste, und die Suppe duftete verführerisch nach Gemüse und frischen Kräutern. So nahm sie den Löffel, tauchte ihn in die sämige Suppe und führte ihn vorsichtig zum Mund. Sie schmeckte einfach köstlich! Rowan hatte gar nicht bemerkt, wie ausgehungert sie war. Sie löffelte die Suppe leer, ohne einmal innezuhalten. Als der Teller leer war, sah sie beschämt in Lucrezias lächelndes Gesicht.

»Du armes Ding!«

Mitleidig strich diese ihrem Schützling über die struppigen Haare.

»Du musst Schlimmes durchgemacht haben! Warte, ich hol dir noch einen Teller.«

Bevor Rowan antworten konnte, hatte Lucrezia sich den leeren Teller geschnappt und war aus der Türe geeilt. Bei Tageslicht betrachtet, sah ihre Kammer sogar recht freundlich aus. Die Tür war nicht mit einem Schloss versehen, wie Rowan es bis jetzt gewohnt war. Lucrezia hatte sie sogar einen Spalt offen gelassen! Rowan wollte gerade versuchen, sich etwas mehr aufzurichten, da hörte sie eilige Schritte im Gang. Sofort ließ sie sich wieder in das Kissen sinken. Lucrezia kam herein und balancierte noch einen Teller mit heißer Suppe vor sich her. Dazu hatte sie sich einen Fladen duftendes Dinkelbrot unter den Arm geklemmt. Sie bemerkte Rowans gierigen Blick und reichte ihr das Essen.

»Langsam, Mädchen! Wir wollen nicht, dass es dir vom schnellen Essen schlecht wird!«, ermahnte sie ihre Patientin.

Rowan zwang sich, langsamer zu essen. Genießerisch schlug sie ihre Zähne in den lauwarmen Dinkelfladen und kaute mit vollen Backen. Dann wandte sie sich wieder ihrer Suppe zu. Als auch dieser Teller geleert war, schloss sie erschöpft ihre Augen. Das Essen hatte sie viel Kraft gekostet.

»Schlaf nur, meine Kleine. Dein Körper braucht Ruhe, um heilen zu können.«

Wieder spürte Rowan die Hand der älteren Frau, die ihr über den Scheitel strich. Sie hatte dieses Gefühl von Geborgenheit, das sie plötzlich überkam, so lange entbehren müssen, dass ihr Tränen in die Augen stiegen.

»Ich heiße Rowan«, flüsterte sie noch, bevor sie in einen tiefen Schlaf fiel.

Als sie wieder erwachte, war sie allein in ihrer Kammer. Jemand hatte ihr einen Krug mit frischem Wasser auf den Schemel neben ihrem Lager gestellt. Daneben stand ein tönerner Becher, der mit einem hübschen Blumenmuster am Rand verziert war.

Lucrezia, dachte Rowan dankbar und goss vorsichtig den Becher voll. Das kühle Nass war erfrischend und wirkte äußerst belebend. Rowan vermeinte, mehr Luft durch ihre schmerzende Nase ziehen zu können. Sie versuchte, sich vorsichtig aufzusetzen. Leichter Schwindel erfasste sie abermals, doch diesmal war er erträglich. Sie blieb kurz mit geschlossenen Augen sitzen, um sich zu fangen. Dann sah sich sie um.

Direkt über ihrem Bett befand sich das Fenster, das sie nachts schon bemerkt hatte. Es spendete genug Licht, hielt aber aufgrund seiner geringen Größe die schlimmste Hitze draußen. Auf der gegenüberliegenden Seite des Bettes war die hölzerne Tür. Sie sah wieder kein Schloss und fragte sich, ob sie von außen verriegelt war. Direkt neben der Tür befand sich eine lederne Truhe. Vorsichtig stand Rowan auf. Kurz wurde ihr schwarz vor Augen, und sie hielt sich an ihrer Bettstatt fest. Der Moment ging vorüber. Sie atmete ein paar Mal tief durch, dann griff sie sich die Decke vom Bett und schlang sie um sich, um nicht völlig nackt zu sein, sollte jemand gerade jetzt in ihre Kammer treten. Langsam mit immer noch wackeligen Beinen tapste sie zuerst zur Tür. Vorsichtig drückte sie dagegen. Die Tür ließ sich problemlos öffnen! Überrascht sah Rowan in einen langen Gang mit weiteren Türen. Man hatte sie nicht eingesperrt! Sie konnte sich das nicht erklären! Langsam schloss sie die Tür wieder. Sie wollte keinen Laut verursachen und damit möglicherweise Leute auf sich aufmerksam machen! Dann schlurfte sie zu der Truhe neben der Tür und hob ihren Deckel an. Darin fanden sie eine neue weiße Tunika und diverse Bänder, die man als Gürtel verwenden konnte. Des Weiteren machte sie mehrere farbige Tücher aus, die man ohne Frage als Kopfbedeckung nutzen konnte. Auf den Kleidungsstücken lag ein fest zugeschnürtes Säckchen, das verführerisch nach Lavendel duftete. Sprachlos starrte Rowan auf die neuen Sachen.

»Ah, Rowan, wie ich sehe, geht es dir schon besser! Wie schön!«

Rowan fuhr der Schreck in die Glieder. Vor lauter Staunen hatte sie gar nicht bemerkt, wie sich die Tür geöffnet hatte. Lucrezia stand in der Türöffnung und strahlte sie an.

»Und du hast deine neuen Sachen schon gefunden! Hoffentlich passen sie dir!«, plauderte sie munter weiter drauflos.

Sie gesellte sich zu Rowan und warf ebenfalls einen Blick in die Truhe. Rowan überragte die kleine Römerin um Hauptes länge. Lucrezia nahm die Tunika aus der Truhe und hielt sie prüfend vor ihre Patientin.

»Na ja, sie ist etwas zu kurz, fürs Erste wird sie aber gehen.«

Dann nahm sie Rowan die Decke ab, faltete sie zusammen und legte sie wieder aufs Bett. Rowan genierte sich vor Lucrezia, sie war es nicht gewohnt, vor fremden Menschen nackt zu sein. Die Römerin hatte Wasser in einer Waschschüssel mitgebracht. Sie begann Rowan mit energischen Strichen den Dreck vom Leib zu waschen. Zunächst war ihr das unangenehm. Sie war noch nie von jemand anderem gewaschen worden. Lucrezias Gesichtsausdruck zeigte ihr aber an, dass sie keinen Widerspruch gelten lassen würde. So schloss sie die Augen und ließ die Prozedur über sich ergehen. Sie bemerkte, dass sich das kühle Wasser angenehm auf ihrer geschundenen Haut anfühlte. So hatte sie auch keine Einwände, als ihr Lucrezia anschließend die völlig verdreckten Haare wusch und ihr ein Tuch um den Kopf schlang, um sie zu trocknen.

Als Nächstes hieß Lucrezia sie, auf den Schemel zu sitzen, und untersuchte die blauen Flecken sowie die Striemen und Wunden auf ihrem Körper. Sie bestrich ihre Blessuren mit einer wohlriechenden Paste, was Rowan augenblicklich Linderung verschaffte. Dann nahm sie ihr das Tuch vom Kopf und streifte ihr die frische Tunika über.

»Jetzt muss ich nur noch diese Zotteln entwirren. Das wird etwas ziepen!«, warnte die ältere Frau.

Sie zog einen hölzernen Kamm aus ihrer Schürze und fing an, Rowans verfilzte Locken zu durchkämmen. Es zog fürchterlich, aber Rowan hielt geduldig still. Als Lucrezia fertig war, fühlte sie sich wie neugeboren. Ihre Haare fühlten sich federleicht an, und sie duftete himmlisch. Als sie jedoch ihr Spiegelbild in der Kupferkanne erspähte, fuhr sie erschrocken zusammen. Ihr blickte ein blau-grün verfärbtes Antlitz entgegen. Ihre Nase erinnerte sie an eine dicke Wurzel, und ein Auge war dick geschwollen.

»Einen Schönheitswettbewerb wirst du so schnell nicht gewinnen!«, lachte Lucrezia, der das Erschrecken ihrer jungen Patientin offenbar nicht entgangen war. »Aber keine Sorge! Das wird schon wieder!«

Energisch schob sie Rowan in Richtung Bett.

»Genug für heute! Du musst dich wieder ausruhen!«

Rowan wollte protestieren, merkte aber schnell, wie sie die ganze Prozedur mitgenommen hatte. Sie musste kurz stehen bleiben, während Lucrezia ihr Bettlaken wechselte. Rowan bemerkte Blutflecken und Dreck auf dem alten Laken und schämte sich dafür. Doch als Lucrezia sie in das neu gemachte Bett steigen ließ, genoss sie den blumigen

Duft des frischen Lakens und fiel schnell in einen erholsamen Schlummer.

Sie musste den halben Tag und die ganze Nacht tief geschlafen haben. Als sie erwachte, dämmerte es. Rowan hörte entferntes Klappern im Haus und leise Stimmen. Die Bediensteten waren offensichtlich bereits dabei, ihr Tagwerk zu verrichten.

Sie stand auf, streckte sich und tapste barfuß zur Tür. Auch diesmal ließ sich diese wieder problemlos öffnen. Vorsichtig trat Rowan auf den Gang hinaus. Während sie noch überlegte, wie es jetzt weitergehen könnte, öffnete sich eine Tür zu ihrer Linken. Ein hübsches, junges Mädchen mit langem blonden Haar in einer edlen Tunika trat auf den Gang und musterte sie kurz. Dann nickte sie ihr zu und lief den Gang entlang. Rowan war mehr als verwundert. Sie hatte damit gerechnet, dass sie außerhalb ihrer Kammer nicht erwünscht war und dies sofort gesagt bekäme. Aber die junge Herrin – und das musste sie zweifelsohne sein, so elegant wie sie gekleidet war – hatte sie weder gescholten noch aufgehalten.

Rowan zuckte leicht mit den Schultern und lief entschlossen los. Das Klappern und die Stimmen, die sie vorhin gehört hatte, wurden lauter. Neugierig öffnete sie die Tür, hinter der sie die Geräusche ausmachen konnte. Sofort schlug ihr ein himmlischer Duft entgegen. Sie war in der Küche gelandet. Am Herd stand eine dicke Köchin, die sich nur kurz zu ihr umdrehte und mit dem Kinn auf eine hölzerne Eckbank neben der Tür wies. Offensichtlich sollte sie sich setzen. Folgsam tat Rowan, wie ihr geheißen wurde, und drückte sich an dem großen Holztisch vorbei in die Ecke. Von hier aus hatte sie einen guten Überblick über das

Geschehen in der Küche. Die Köchin rührte mit unbewegter Miene in einem riesigen Topf, der über einer der beiden Feuerstellen hing. Die zweite war momentan unbeheizt. Rowan wunderte sich. Wozu brauchte man denn zwei Feuerstellen in der Küche? Sie konnte sich keinen Reim darauf machen. Neben der Kochstelle stand ein großer, länglicher Waschtrog aus Stein, an dem gerade eine Küchenhilfe Schüsseln und Becher auswusch. Ein zweites Mädchen nahm das saubere Geschirr in Empfang und trocknete es sorgfältig mit einem Tuch ab, bevor sie es in die hölzernen Schränke einsortierte. Rowan staunte über die Berge an Geschirr, die von den beiden Mädchen versorgt wurden.

»Iss!«

Mürrisch stellte die Köchin ihr eine bis an den Rand gefüllte Schale mit Getreidebrei auf den Tisch und legte einen hölzernen Löffel daneben. Als Rowan ihr danken wollte, winkte sie ab und drehte sich sofort wieder zu ihrem Kessel um.

»Mach dir nichts draus! Unsere Gundula mag auf den ersten Blick unwirsch erscheinen, hat aber in Wirklichkeit ein Herz aus Gold, stimmt's nicht?«

Lucrezia schlüpfte neben Rowan auf die Bank und richtete die Worte neckend an die Köchin. Die brummelte nur etwas Unverständliches, nahm aber eine zweite Schüssel und füllte sie ebenso voll wie Rowans. Dann stellte sie sie vor Lucrezia hin.

»Und kochen kann unsere Gundula! Ein Gedicht!«

Genießerisch tauchte Lucrezia ihren Löffel in den warmen Brei und steckte ihn anschließend mit einem wohligen Seufzer in den Mund. »Hmm! Wie das schmeckt!«

Rowan probierte ebenfalls von ihrem Frühstücksbrei und musste Lucrezia insgeheim Recht geben. Der Brei schmeckte ungewöhnlich gut! Sie machte Honig und ein Gewürz aus, das sie noch nie vorher geschmeckt hatte. Es passte hervorragend zu der Mahlzeit.

»Der Brei schmeckt wirklich köstlich!«, lobte Rowan die Köchin. »Ich schmecke Honig heraus und ein Gewürz, das ich noch nicht kenne.«

Erfreut über das Lob drehte sich Gundula zu Rowan um und schenkte ihr sogar ein kurzes Lächeln. »Das Gewürz heißt Malabatrum. Der Herr besorgt mir immer ein Säckchen auf dem Markt. Es kommt von weit her und ist sehr teuer. Man darf nur ein Quentchen davon in den Brei geben, da der Geschmack sehr intensiv ist. Unsere Domina liebt das Gewürz sehr, deshalb haben wir auch immer etwas davon im Haus.«

Gundula drehte sich wieder um und rührte weiter in ihrem großen Topf.

Rowan wunderte sich immer mehr. Wenn das Gewürz so teuer war, wie die Köchin behauptete, warum durfte dann das einfache Gesinde davon essen? In diesem Moment ging die Tür auf, und ein Mann betrat die Küche. Rowan zog den Kopf ein. Sie kannte den Mann. Er hatte sie auf dem Sklavenmarkt gekauft. Bestimmt würde er wütend sein, weil sie faul in der Küche herumsaß und den teuren Brei verspeiste.

»Ah, ich sehe, dir geht es ja schon besser!« Freundlich blickte er auf sie herunter.

Rowan wagte es nicht aufzusehen, aus Furcht, den Mann zu verärgern.

»Hast du noch große Schmerzen?«

Verblüfft blickte sie nun doch auf und sah in ein paar besorgte braune Augen. »Es geht mir gut, Herr.« Ihre Stimme klang leise und schüchtern.

»Nenn mich Tito, so wie alle anderen hier«, sagte der junge Mann freundlich.

Vor Verwunderung blieb Rowan der Mund offen stehen. Sie sollte ihn mit seinem Vornamen anreden? Appius hatte ihr mit Schlägen eingebläut, dass er mit »Dominus« angesprochen werden wollte. Sein Vorarbeiter Dominian verlangte das Gleiche von ihr. Nun sollte sie einen offensichtlich hochgestellten Mann in diesem Haus einfach mit Tito ansprechen? Wohin war sie nur geraten?

Tito ließ sich neben Rowan und Lucrezia auf die lange Sitzbank gleiten. Vier weitere Männer kamen hinter ihm in die Küche, sodass sich der lange Tisch langsam füllte. Alle bekamen große Schüsseln mit Brei vorgesetzt. Rowans Schüssel war inzwischen leer gegessen.

»Möchtest du einen Nachschlag?« Gundula musterte sie fragend.

Rowan wurde rot. Einerseits hätte sie gerne mehr von der leckeren Speise gehabt, andererseits wagte sie es nicht, vor dem Herrn am Tisch eine solche Forderung zu stellen. Bevor sie den Kopf schütteln konnte, kam ihr die Stimme des Mannes zuvor.

»Natürlich will sie noch etwas, Gundula! Gib ihr nur ordentlich zu essen. Das arme Mädchen besteht ja nur aus Haut und Knochen.«

Also füllte die dicke Köchin Rowans Schüssel wieder bis zum Rand auf und schob sie ihr hin. Sie murmelte einen Dank und aß auch die zweite Portion komplett auf. Dann lehnte sie sich zurück und musterte ihre Tischgesellschaft. Die Männer unterhielten sich über den geplanten Tagesablauf und schienen sich gut zu verstehen. Alle sprachen den großen Mann mit Tito an. Rowan wunderte sich immer mehr.

Sie wartete auf eine kurze Gesprächspause, dann wagte sie es, ihn anzusprechen. »Herr, was für eine Arbeit soll ich denn hier im Haus erledigen?«

»Nicht Herr, nur Tito«, erinnerte er sie freundlich. »Deine Aufgabe ist es momentan, einfach wieder zu Kräften zu kommen. Ich hoffe, Lucrezia kümmert sich gut um dich?«

Eifrig nickte Rowan. »Sie ist sehr gut zu mir gewesen!«

»Das freut mich! Lucrezia ist eine wahre Perle auf ihrem Gebiet. Sie leitet unsere Krankenstube. Du kannst ihr vertrauen!«

Lucrezias Augen strahlten freudig wegen des ihr erteilten Lobes. »Ich werde unsere Kleine gut umsorgen, Tito.«

Mütterlich legte sie einen Arm um Rowans Schulter. Diese ließ sich die ungewohnte Zuwendung überrascht gefallen. Sie hatte vorher schon bemerkt, dass ihr Lucrezias warme Art guttat. Da sie derlei von ihrer Mutter nie erfahren hatte, genoss sie die Streicheleinheiten sehr.

Die Männer hatten inzwischen ihre Mahlzeit beendet und erhoben sich. Sie wünschten allen Anwesenden höflich einen schönen Tag und verließen die Küche.

»Hättest du Lust, dich ein wenig in deinem neuen Zuhause umzusehen?«

Unwillkürlich versteifte sich Rowan bei Lucrezias Frage. Von einem Zuhause konnte nun wahrlich keine Rede sein. Sie war hier als Sklavin, sonst nichts.

Lucrezia bemerkte offenbar die Veränderung an der Haltung ihres Schützlings, interpretierte diese aber falsch. »Oder bist du zu müde und möchtest dich lieber wieder ausruhen?«

Rowan schüttelte schnell den Kopf. Sie war schon neugierig auf ihre neue Umgebung und wollte unbedingt herausfinden, wo sie gelandet war. Nur so konnte sie weitere Pläne für ihre Zukunft und eine mögliche Flucht schmieden. Sie erhob sich und brachte ihre dreckige Schüssel zum Waschtrog. Artig bedankte sie sich nochmals bei Gundula und verließ anschließend gemeinsam mit Lucrezia die Küche. Die beiden traten wieder in den langen Gang, aus dem Rowan vorhin gekommen war. Sie gingen aber nicht in die Richtung, in der ihre Kammer lang, sondern wandten sich nach links.

»In diesem Trakt liegen die Schlafräume der Herrschaften«, plauderte Lucrezia munter drauf los. »Neben deiner Kammer liegen die Räume der jungen Domina. Direkt daneben wohnt ihr Vater, unser Dominus. Der junge Herr Caius bewohnt Räume auf der gegenüberliegenden Seite.«

Rowan hatte also mit ihrer Vermutung recht gehabt, dass die junge Frau, der sie vorhin begegnet war, zur Familie des Hausbesitzers gehörte.

Lucrezia öffnete eine Tür am Ende des langen Gangs. Rowan musste sich kurz die Augen zuhalten, als ihr plötzlich gleißend helles Sonnenlicht entgegenkam. Sie waren ins Freie getreten. Lucrezia wartete kurz ab, bis sich Rowans Augen an die plötzliche Helligkeit gewöhnt hatten, dann lief sie weiter. Sie befanden sich in einem Innenhof, der an allen vier Seiten von Säulengängen umgeben war. In der Mitte befand sich ein hübscher Brunnen aus Stein.

»Dieser Ort hier ist das Herzstück der Villa. Im Schatten der Säulen kann man sich gut von der heißen Sonne erholen und einen kühlen Schluck aus dem Brunnen genießen. Ich komme in meiner freien Zeit gern hierher.«

Rowan kam aus dem Staunen nicht mehr heraus. »Freie Zeit? Du hast freie Zeit, die dir zur Verfügung steht?«

»Natürlich!« Nun war es an Lucrezia die junge Frau verwundert anzusehen. »Jeder braucht mal etwas Zeit für sich! Das ist doch normal.«

Rowan sah sie mit groß aufgerissenen Augen an.

»Sag bloß, das kanntest du bisher noch nicht? Bei was für einem Herrn bist du denn bloß gelandet, du armes Ding?«

Mitleidig ergriff Lucrezia Rowans Hand.

Rowan schüttelte nur den Kopf. Sie wollte auf keinen Fall mit Lucrezia über ihre Erlebnisse in Appius' Haushalt sprechen. Sie wollte überhaupt mit niemanden darüber reden! Sie würde diese Zeit am liebsten aus ihrem Gedächtnis verbannen!

Lucrezia schien zu spüren, dass ihre Patientin nicht über ihre Vergangenheit reden wollte. Aufgrund der Verletzungen, mit denen Rowan angekommen war, konnte sie bestimmt darauf schließen, dass es die junge Frau bis jetzt nicht leicht gehabt hatte.

»Lass uns weitergehen. Es gibt noch viel zu sehen!«

Lucrezia hakte sich bei Rowan unter und marschierte drauf los. Sie zeigte ihr als Nächstes den großen Speisesaal und erklärte ihr, dass sie nach ihrer Genesung hier den Herrschaften aufwarten würde. Rowan versteifte sich. Diese Arbeit hatte sie auch bei Appius verrichten müssen! Wenn sie etwas verschüttete oder nicht schnell genug war, hagelte es sofort Schläge! Nein! Rowan zwang sich, an etwas anderes zu denken. Sie wollte diesen Teil ihrer Vergangenheit hinter sich lassen! Lucrezia zog sie weiter und führte sie durch endlos lange Gänge.

»Hier befinden sich die Arbeitsräume unserer Herrn. Du musst wissen, unser Dominus leitet einen sehr erfolgreichen Weinhandel, und der junge Herr unterstützt ihn dabei.«

Stolz schwang in Lucrezias Stimme mit.

In diesem Moment öffnete sich linkerhand eine Tür. Tito und ein ihr unbekannter junger Mann traten heraus.

»Das trifft sich gut. Hier ist die junge Frau, von der ich

dir gerade berichtet habe.« Tito deutete mit einer Hand auf Rowan. Ein paar haselnussbraune Augen musterten sie neugierig. Rowan senkte schüchtern den Blick.

»Hervorragende Hauskraft, hast du gesagt?« Der junge Herr sah etwas zweifelnd zu Tito.

Dieser nickte bekräftigend. »Die Beste, die es auf dem Markt gab. Jede Münze wert, das kannst du mir glauben, Caius«, erwiderte er eifrig.

Wieder glitten die braunen Augen prüfend über Rowans zerschundenes Gesicht und musterten sie. Ihr wurde unbehaglich zumute. Sie wusste, dass Tito weit mehr als den üblichen Preis für sie bezahlt hatte. Was, wenn der junge Herr wütend wurde?

»Willkommen in deinem neuen Zuhause.«

Der junge Dominus hatte diese freundlichen Worte direkt an sie gerichtet. Rowan sah auf und bemerkte den Blickwechsel zwischen Tito und dem jungen Herrn, der, wie sie nun wusste, Caius hieß. Offensichtlich kannten sich die beiden Männer schon lange. Anders war es kaum zu erklären, dass sich die zwei derart vertraulich ansprachen. Sie schienen sich ohne Worte zu verständigen. Vielleicht waren sie Brüder?

»Ich hoffe, dass es dir bei uns gefällt. Wenn du etwas benötigst, lass es Tito wissen. Er wird dir weiterhelfen. Er ist der Vorarbeiter unserer Arbeitskräfte.«

Rowan bemerkte, dass der junge Dominus das Wort Sklaven vermied. Weit mehr erstaunte es sie aber, dass Tito offensichtlich selbst ein Sklave war und von dem jungen Herrn trotzdem wie ein Gleichgestellter behandelt wurde.

Sie nickte Caius flüchtig zu, der ihren Gruß erwiderte. Dann verließen die beiden Männer den Gang durch die Tür, durch die sie und Lucrezia gekommen waren.

»Komm, lass uns weitergehen!«

Sanft schob Lucrezia sie weiter den Gang entlang. Willig ließ Rowan sich mitziehen. Sie musste ihre neuen Eindrücke erst verarbeiten.

Nach einer ganzen Weile kamen die beiden Frauen wieder in Rowans Kammer an. Ihr schwirrte der Kopf vor lauter Eindrücken. Die Villa war viel größer, als die von Appius. Jetzt verstand sie auch die beiden Feuerstellen in der Küche! Hier mussten viele Leute versorgt werden!

Lucrezia musterte ihre Patientin besorgt. »Du legst dich jetzt wieder hin. Für heute bis du genug herumgelaufen!«

Energisch schob sie Rowan auf ihr Bett zu. Dankbar ließ diese sich die Behandlung gefallen und sank erschöpft auf ihr weiches Lager. Sofort fielen ihr die Augen zu, und sie sank in einen tiefen Schlummer.

Die nächsten Tage verliefen immer gleich. Rowan nahm mit Lucrezia sämtliche Mahlzeiten in der Küche ein. Gundula kochte wirklich ausgezeichnet, und Rowan fühlte, wie ihre Kräfte zurückkehrten. Nach dem Frühstück unternahm sie zusammen mit Lucrezia lange Spaziergänge um die Villa, sodass sie langsam das Gefühl hatte, sich auszukennen. Ihr war aufgefallen, dass sämtliche Arbeiter wohlgenährt waren und zufrieden wirkten. Keiner wurde geschlagen oder sonst irgendwie misshandelt. Die Menschen begegneten sich mit Respekt.

Rowans Misstrauen ließ nur langsam nach. Bei lauten Geräuschen fuhr sie nach wie vor erschrocken zusammen und sah sich ängstlich um. Nach und nach beruhigte sie sich. Als sie sich körperlich wieder besser fühlte, begann sie, der Köchin bei leichten Arbeiten in der Küche zu helfen. Sowohl Lucrezia als auch Gundula wachten mit Argusaugen über sie und achteten darauf, dass sie sich nicht überanstrengte. Rowan war ihre übertriebene Fürsorge beinahe etwas peinlich, heimlich genoss sie es aber, so umsorgt zu werden. Ihre blauen Flecken waren längst abgeheilt, und durch das gute und reichhaltige Essen wirkten ihre Wangen nicht mehr so eingefallen wie am Anfang. Wenn sie jemanden von den Herrschaften begegnete, grüßten sie diese stets freundlich. Nie fiel ein böses Wort, nie wurde die Hand gegen sie erhoben. Sie hatte nicht das Gefühl, wie eine Gefangene gehalten zu werden. Sie fühlte sich zum ersten Mal seit langer Zeit gut umsorgt. Das hieß nicht, dass sie nicht mehr an Flucht dachte. Nach wie vor behielt sie diesen Gedanken bei sich, verschob ihn aber erst einmal auf unbestimmte Zeit. Sie musste erst genauer wissen, wo sie war, um ihre Flucht zu planen.

Nach zwei weiteren Nächten in der Krankenkammer wurde es für sie Zeit, diese zu verlassen. Ihre Wunden waren abgeheilt.

Ängstlich folgte Rowan Lucrezia, die ihr half, ihre Kleidung in ihre neue Unterkunft zu bringen. Nachdem sie den Hof vor der Villa überquert hatten, kamen sie an einem schmucken Häuschen vorbei.

»Hier wohnt Tito. Wenn du ihn brauchst, kannst du ihn hier finden«, erklärte ihr Lucrezia.

Rowan wunderte inzwischen gar nichts mehr. Ein Sklave, der ein eigenes Haus bewohnte, schien hier völlig normal zu sein. Lucrezia führte Rowan in das danebenliegende Gesindehaus und öffnete eine Tür auf der rechten Seite.

»Dies ist deine Kammer.« Sie wies einladend in den Raum.

Rowan trat sprachlos ein. Sie bekam eine eigene Kammer! Sie glich in der Größe der Krankenkammer, die sie bisher bewohnt hatte. In der Mitte der Wand war ein großes Fenster angebracht. Auf der linken Seite befand sich ein einfaches, aber bequemes Bett. Am Fußende des Bettes stand eine hölzerne Truhe, in die sie ihre Sachen legen konnte. Des Weiteren entdeckte sie einen Tisch und einen Schemel. Auf dem Tisch stand eine einfache Vase mit einer hübschen Blume darin, die einen süßen Duft verströmte.

»Die habe ich dir als Willkommensgruß hingestellt!«

Lucrezia nahm Rowan kurz in die Arme. Die hatte sich an diese Liebkosungen längst gewöhnt und kuschelte sich dankbar an die kleine, rundliche Römerin.

»Ich danke dir vielmals für alles!«

»Das habe ich doch gern gemacht, meine Kleine!«

Ein letzter Drücker und Lucrezia ließ Rowan allein.

An diesem Abend sollte sie der Herrschaft zum ersten Mal aufwarten. Sie war nervös und besorgt. Hoffentlich würde sie alles richtig machen. Überpünktlich begab sie sich zu Gundula in die Küche. Die Köchin erklärte ihr geduldig zum gefühlt Hundertsten Mal das Vorgehen. Sie würde Rowan die Speisen in der richtigen Reihenfolge aushändigen, und diese würde die Schüsseln dann auf schnellstem Wege in den Speisesaal bringen und den Herrschaften auftischen.

Schneller als ihr lieb war, war es so weit. Gundula reichte Rowan eine gut gefüllte Suppenschüssel, die diese vorsichtig in den Speisesaal balancierte. Der alte Dominus sah von seinem Gespräch mit dem jungen Herrn Caius auf und lächelte ihr wohlwollend zu. Rowan achtete darauf, die Suppenschüssel vorsichtig abzustellen, damit ja kein Tropfen verschüttet wurde. Dann füllte sie die Teller der Herrschaften. Sie bemerkte, dass Tito an diesem Abend auch mit den Herrschaften speiste. Das erklärte, warum er nur ab und an bei den gemeinsamen Mahlzeiten in der Küche erschienen war.

Nachdem die Suppenteller geleert worden waren, nickte der junge Herr Caius Rowan freundlich zu, woraufhin diese das Geschirr aufeinanderstapelte und abtrug. Auch die nächsten Gänge verliefen ereignislos, sodass Rowan sich nach und nach entspannte. Nach Beendigung der Mahlzeit dankten ihr die Herrschaften sogar und entließen sie in den Feierabend.

Caius blickte der jungen Frau hinterher. Er freute sich für Tito, dass seine Einschätzung bezüglich des Mädchens sich offensichtlich als richtig erwies. Er war erschrocken gewesen, als er das misshandelte Gesicht der neuen Sklavin zum ersten Mal sah. Als er Tito forschend anblickt hatte, war ihm aber sofort klar geworden, was diesen zu dem Kauf bewegt hatte. Er konnte seinem Freund nicht böse sein, hatte der doch aus ehrenvollen Motiven heraus gehandelt. So hatte er gleich beschlossen, Tito zu decken und den Neukauf Quintus gegenüber zu rechtfertigen. Dieser winkte aber nur ab, als Caius die Sprache darauf bringen wollte.

»Ihr tut, was ihr für richtig haltet!«

Das Vertrauen, das Quintus in ihn setzte, erfüllte ihn mit großem Stolz.

Nach einiger Zeit war Caius aufgefallen, dass die junge Keltin hübsche Gesichtszüge vorzuweisen hatte. Ihre Nase war wieder auf Normalmaß zusammengeschrumpft und stand vorwitzig im Gesicht des Mädchens. Ihre Haare waren immer von einem Kopftuch bedeckt. Dennoch gelang es Caius, die leuchtend roten Haare darunter zu entdecken, als ihr einmal eine kurze Locke frech aus dem Tuch gerutscht war.

Aurelia bemerkte die Blicke, die Caius der neuen Sklavin zuwarf. Sie runzelte die Stirn und beschloss, die Sache im

Auge zu behalten. Was reizte ihn nur an dem dürren Ding? Sie hatte die Sklavin genau beobachtet. Die junge Frau sah kaum jemals hoch, sondern hielt stets züchtig die Augen gesenkt. Sie konnte ihr keinen Vorwurf machen, was ihr Verhalten anging. Sie würde dennoch wachsam bleiben.

17. Bergkamm

Quintus' Weingut bei Borbetomagus, 95 v. Chr.

Rowans Arbeitstag verlief, wie inzwischen gewohnt, ohne Zwischenfälle. Sie erledigte ihre Aufgaben mit neu gewonnener Routine. Gerade brachte sie das Abendessen zu der gewünschten Zeit in den Speisesaal und servierte der Herrschaft. Quintus und Aurelia saßen sich an dem großen Holztisch gegenüber und plauderten angeregt über ihren Tag. Rowan bemerkte, dass Aurelias Augen immer wieder zu dem verwaisten Platz huschten, an dem der junge Herr Caius gewöhnlicherweise saß. Rowan stellte die dampfende Suppenschüssel auf den Tisch und füllte die beiden Teller. Als sie bemerkte, dass Quintus' Weinkelch leer war, griff sie danach, um ihn aufzufüllen. Der Dominus bedachte sie mit einem dankbaren Lächeln und löffelte anschließend seine Suppe. Sein Schlürfen verriet, dass ihm das Essen mundete.

»Vater, weißt du, wo Caius heute Abend ist?«, fragte Aurelia.

»Er wollte mit Tito auf den Weinberg gehen, um zu überprüfen, ob die neuen Reben richtig angewachsen sind.«

»Neue Reben?« Aurelia blickt sichtlich interessiert von ihrem Teller auf.

»Caius hatte die Idee, eine neue Rebsorte auszuprobieren. Angeblich ist sie resistenter gegen die Fäule als die, die wir bislang angepflanzt haben. Wir machen jedes Jahr Verluste, da gesunde Reben plötzlich befallen werden und absterben.«

Quintus' Blick wurde nachdenklich.

»Vielleicht findet Caius ja tatsächlich einen Weg, dies zu verhindern. Es wäre unserem Geschäft sehr zuträglich.«

Aurelia nickte und lächelte. Quintus bemerkte nicht, dass sie nicht weiter aß und stattdessen verträumt vor sich hinstarrte. Rowan wartete einen kurzen Moment, dann begab sie sich zu der jungen Frau und fragte sie, ob sie die inzwischen lauwarme Suppe noch essen wolle. Aurelia blickte erstaunt auf. Als sie Rowans fragenden Blick bemerkte, errötete sie leicht und wies sie dann mit forscher Stimme an, den Hauptgang zu servieren.

Rowan nickte und ging zur Tür. In dem Moment flog diese schwungvoll auf, und der Suppenteller in ihrer Hand sauste in hohem Bogen durch die Luft. Mit einem lauten Krachen landete der Teller auf dem Steinboden und zerbrach. Rowan wurde gleichzeitig heiß und kalt. Sie wusste, dass sie nun Ärger bekommen würde. In Appius' Haus hätte sie jetzt die Peitsche zu spüren bekommen. Zitternd kniete sie sich auf den Boden und sammelte die Scherben in ihre Schürze. Sie wagte es nicht aufzublicken. Eine warme Hand fasste sie am Handgelenk, und Rowan war bereit, sich zu wehren. Niemals würde sie zulassen, dass sie ohne Gegenwehr gedemütigt wurde.

»Lass gut sein, Mädchen«, hörte sie plötzlich eine warme Stimme.

Sie blickte auf und sah, dass der junge Herr neben ihr kniete.

»Es war meine Schuld, dass der Teller zu Bruch gegangen ist. Ich hätte nicht so hereinstürmen sollen.«

Rowan blickte ihn verwundert an. In seinen braunen Augen stand Besorgnis.

»Pass auf, dass du dich nicht an den Scherben schneidest.«
Caius sammelte selbst die restlichen Bruchstücke ein, und Rowan erhob sich zögerlich. Der junge Herr hatte sie bis jetzt zwar immer ausgesprochen freundlich behandelt, aber sie hatte sich daran bislang noch nicht gewöhnt. Sie traute dem neuen Frieden in ihrem Leben nicht. Gewiss würde er sie züchtigen, sobald die junge Herrin nicht mehr im Zimmer weilte.

Rowan verließ eilig den Speisesaal. Sie wollte es lieber nicht riskieren, seinen Zorn doch noch auf sich zu ziehen. Nachdenklich verließ sie das Herrenhaus, um die Scherben, die sie in ihrer Schürze gesammelt hatte, zu entsorgen. Eigentlich ging es ihr hier auf Quintus' Weingut so gut wie schon lange nicht mehr. Sie hatte ein ordentliches Dach über dem Kopf, die Arbeit war nicht mühsam, und was am wichtigsten war, sie wurde freundlich behandelt. Die Erfahrung der letzten Jahre hatte sie allerdings gelehrt, immer vorsichtig zu sein. Sie war eine Sklavin, das durfte sie niemals vergessen.

In dem halben Jahr, bevor sie an Appius verkauft worden war, hatte man versucht, ihr beizubringen, dass sie nicht mehr Herrin über sich selbst war. Die neuen Sklaven mussten eine Art Erziehungslager durchlaufen, bevor sie verkauft werden konnten. Sie lernten bestimmte Tätigkeiten auszuführen und mussten erste latcinische Worte lernen, um den Befehlen ihrer zukünftigen Herrschaft Folge leisten zu können. Das Schlimmste aber war, dass die Sklavenhändler versuchten, den Willen der Sklaven zu brechen, um ihnen ein für alle Mal klarzumachen, dass sie nicht mehr selbst über ihr Leben entscheiden konnten. So wurden die Sklaven manchmal bis zu drei Tage lang wachgehalten und durften erst schlafen gehen, wenn sie laut »Ich bin niemand.« gesagt hatten. Rowan kamen diese Worte nie über die Lippen, weshalb sie jene Tortur mehrfach über sich ergehen lassen musste. Da sie sich immer noch nicht beugte, wurde sie geschlagen und von den anderen Sklaven isoliert und ohne Nahrung festgehalten. Nur die Sorge um den Wert ihrer neuen Ware ließ die Sklavenhändler letztendlich einhalten. Was nützte ihnen eine halb verhungerte, verletzte Sklavin? Die würde niemand kaufen. So begnügten sie sich damit, sie im Auge zu behalten, damit sie die anderen Sklaven nicht mit ihrer Widerspenstigkeit ansteckte, und schickten sich schnell an, einen Käufer für sie zu finden.

Rowan war es leichtgefallen, die Tätigkeiten einer Haussklavin zu erlernen, hatte sie doch von Kindesbeinen an ihrer Mutter im Haushalt helfen müssen. Auch die lateinische Sprache kam ihr erstaunlicherweise leicht von den Lippen, obwohl sie den Klang der fremdartigen Worte bis heute nicht mochte. Sie vermisste es, sich mit anderen in ihrer Heimatsprache zu unterhalten. Nur ein einziges Mal war sie einem anderen Kelten begegnet, der einen ähnlichen Dialekt sprach wie sie selbst. Die Begegnung war aber nur kurz gewesen, da sie auf dem Markt war, um für Appius' Köchin die gewünschten Zutaten zu kaufen, und er Mitglied der Leibwache einer betuchten Römerin war. Es hatte ihr so gut getan, die vertrauten Worte zu hören. Manchmal erwischte sie sich deshalb dabei, wie sie mit sich selbst sprach.

Rowan eilte zurück zum Herrenhaus, da sie mit dem Auftragen des Abendessens noch nicht fertig war. Als sie den Speisesaal betrat, bemerkte sie, dass dieser bereits verwaist war. Barbara, eine schüchterne, dünne Sklavin, die Rowan im Haushalt unterstützte, hatte die restlichen Speisen aufgetragen. Sie teilte ihr außerdem mit, dass die Herrschaft sich zurückgezogen hatte. Rowan sollte es recht sein, bedeutete dies doch, dass sie einen freien Abend hatte.

Sie entschloss sich, ein wenig über die Weinberge zu wandern. Sie liebte es, zwischen den Reben entlangzulaufen und den süßlichen Geruch der reifenden Früchte tief einzuatmen. Es dämmerte, und die Reben waren in das goldene Licht der untergehenden Sonne getaucht. Rowan lief auf dem Pfad entlang, der zu dem großen Weinberg führte. Der Berg markierte an seinem obersten Ende die Grenze zum benachbarten Weingut. Der Aufstieg war zwar beschwerlich, aber sie wollte unbedingt den Sonnenuntergang von oben sehen. Beim Anstieg merkte sie jedoch, dass sie ihn verpassen würde. Gerade verschwand der glutrote Feuerball hinter den Weinbergen. Sie entschloss sich, dennoch weiterzugehen und stapfte munter voran. Die Bewegung im Freien tat ihr gut.

Als sie etwas über die Hälfte des Weinberges erklommen hatte, meinte sie, einen leicht beißenden Geruch zu vernehmen. Sie hielt inne und schnupperte. Ja, eindeutig. Es roch nach brennendem Holz. Rowan schaute zurück zum Weingut, aber da dieses bereits im Dunkeln lag, konnte sie nichts ausmachen. Neugierig ging sie weiter den Pfad hinauf. Je höher sie kam, desto durchdringender wurde der Geruch. Es würden doch hoffentlich keine Weinstöcke in Flammen stehen? Ihre Augen folgten dem Weg aufwärts. Was war das für ein Leuchten, das sie hinter der Bergkuppe ausmachen konnte?

Entschlossen beschleunigte sie ihren Schritt und eilte den restlichen Weg nach oben. Entsetzt schlug sie die Hände vors Gesicht, als sie ins Tal hinabblickte. Das Herrenhaus des benachbarten Weinguts stand lichterloh in Flammen. Im Schein des Feuers konnte sie kleine Gestalten ausmachen, die panisch versuchten, das Feuer einzudämmen. Nein, sie rannten weg vom Haus. Rowan versuchte zu verstehen, was sie da sah. Auf einmal wurde es ihr klar. Die Menschen wollten fliehen. Eine Horde Krieger stob auf Pferden hinter den Leuten her, und sie sah, wie viele der Flüchtenden zu Boden gingen. Sie konnte nur erahnen, dass sie von Speeren oder anderen Waffen erschlagen worden waren.

Rowan dachte fieberhaft nach. Waren diese Krieger Kelten? Und wenn ja, konnten sie sie vielleicht aus dem Joch der Sklaverei befreien? Unschlüssig verharrte sie kurz auf dem Bergkamm. Die Stämme waren untereinander nicht befreundet, und sie konnte sich ihr Schicksal lebhaft vorstellen, wenn sie auf Krieger eines feindlichen Stammes treffen würde. Nein, das war keine Lösung.

Entschlossen rannte Rowan den Weg zurück zu Quintus' Weingut. Sie wunderte sich, dass die Glocke noch nicht geläutet worden war, die auf die Gefahr hinwies und die Männer zu den Waffen rief. Jedes Weingut in den Rheinlanden verfügte über ein ähnliches Frühwarnsystem. Die Überfälle der Barbaren, wie die Römer die Kelten abfällig nannten, waren immer mehr geworden, und kein Weinbauer konnte es sich leisten, sein Weingut unbewacht zu lassen. Auch Quintus beschäftigte eine kleine, aber gut ausgebildete und bis an die Zähne bewaffnete Schar Söldner, deren Aufgabe es war, das Weingut zu schützen. Warum bemerkten sie denn nicht, was vor sich ging?

Je weiter Rowan den Berg hinabrannte, desto mehr verflüchtigte sich der Brandgeruch, und sie verstand, dass der Überfall von hier unten nicht wahrgenommen werden konnte. Kaum war sie am Fuße des Berges angekommen, hastete sie zu der großen Glocke, die an einem Holzgestell direkt neben dem Brunnen hing. Sie ergriff das grobe Seil und hängte sich mit ihrem ganzen Gewicht daran. Langsam begann die Glocke hin und her zu schwingen, und nach einer gefühlten Ewigkeit erklang das laute, metallische

Glockengeräusch. Keuchend vor Anstrengung zog Rowan immer und immer wieder an dem schweren Glockenseil, und ihre Füße verließen jedes Mal den Boden, wenn das Seil sie hochzog. Plötzlich wurde sie an der Taille gepackt und grob auf den Boden gestellt. Das raue Glockenseil verbrannte ihre Handflächen, und sie blickte sich wild nach ihrem Angreifer um. Vor ihr stand Tito, der mit weit aufgerissenen Augen auf sie einschrie. Sie konnte unter dem Lärm der Glocke nichts verstehen und sah ihn fragend an. Tito zog sie in Richtung des Herrenhauses.

»Was hast du dir dabei gedacht, die Alarmglocke zu läuten?«

Diesmal konnte sie seine wütenden Worte gut verstehen.

»Du bist wohl von allen guten Geistern verlassen, hier so einen Radau zu veranstalten. Weißt du denn nicht, dass die Glocke nur im Ernstfall geläutet werden darf?«

Wütend blickte er ihr ins Gesicht. Seine Hände waren zu Fäusten geballt, und sein Körper bebte vor Erregung.

Rowan begegnete seinem Blick ruhig. »Aus diesem Grund habe ich die Glocke auch geläutet. Ich war oben auf dem Bergkamm spazieren«, sie zeigte grob in die Richtung, aus der sie gekommen war, »und habe gesehen, dass das Weingut des Nachbarn in Flammen steht. Es sind Krieger dort, die alle Menschen niedermetzeln.«

Titos Gesicht, das vorher vor Wut rot gewesen war, wurde nun schneeweiß. »Was sagst du da? Lucius' Weingut steht in Flammen?« Fassungslos sah er Rowan an.

Lucius war ein gern gesehener Gast auf Quintus' Weingut. Er lebte mit seiner Frau Julia und ihrer gemeinsamen Tochter Livia in einer etwas kleineren Villa in der Nachbarschaft, weshalb sich Quintus, Caius und Tito häufig mit ihm trafen, um Arbeitsvorgänge zu besprechen. Erst vor zehn Tagen war Lucius wieder hier gewesen, um sich nach dem Namen des Böttchers zu erkundigen, der laut Quintus hervorragende Arbeit leistete.

Tito ließ Rowans Arme los, die er die ganze Zeit umklammert hatte, und rannte ins Herrenhaus. Kurze Zeit später tauchte er mit Caius wieder auf, dessen Haare wild in alle Richtungen standen. Er musste schon geschlafen haben, denn er trug nur eine hastig übergeworfene Tunika und war barfuß.

»Tito, sammle die Söldner am Brunnen. Sie sollen sich bereithalten. Wir werden Lucius zu Hilfe eilen.«

Mit diesen Worten hastete Caius zurück ins Haus, um seine eigenen Waffen zu holen. Als er bewaffnet und diesmal mit seinen Sandalen bekleidet wieder aus dem Haus kam, erwartete ihn bereits Quintus.

»Was geht hier vor?«

Caius erwiderte hastig: »Die Barbaren greifen Lucius' Weingut an. Das Herrenhaus steht bereits in Flammen, und die Menschen werden abgeschlachtet wie Vieh.«

Quintus zog erschrocken die Augenbrauen hoch. »Woher hast du diese Information?«

Caius deutete mit einem Arm auf Rowan, die immer noch neben dem Eingang des Herrenhauses stand. »Das Mädchen hat Tito erzählt, dass sie oben am Bergkamm war und alles mit eigenen Augen gesehen hat.«

Erstaunt sah Quintus nun Rowan direkt an. »Ist das auch wahr, mein Kind?«

Rowan nickte und sagte mit fester Stimme: »Ja, Herr, es ist wahr.«

Quintus griff Caius am Arm, der sich bereits auf den Weg zum Brunnen machen wollte. Unwillig hielt er inne.

»Caius, was hast du vor?«

»Wir müssen Lucius zu Hilfe eilen. Tito hat die Männer bereits am Brunnen versammelt, und wir werden zu Lucius reiten, um ihm gegen die Barbaren beizustehen.«

Quintus schüttelte traurig den Kopf und legte Caius die Hand auf die Schulter. »Sohn, dein Vorhaben ehrt dich sehr. Aber es ist sinnlos. Bis du und die Männer über den Bergkamm kommt, wird es zu spät sein.«

Seine Stimme wurde leise.

»Lucius und die Seinen sind verloren.«

Caius schüttelte Quintus' Hand ab und sah ihm eindringlich in die Augen. »Ich muss hinreiten! Ich muss es einfach versuchen!«

Der Weinhändler sah offenbar ein, dass er Caius nicht würde umstimmen können und nickte resigniert. »Pass auf dich auf, mein Junge! Möge Victoria mit dir sein!«

Caius rannte zum Brunnen und bat Tito, die Söldner in kleine Gruppen aufzuteilen, die den Bergkamm an verschiedenen Stellen sichern sollten. Er wollte kein Risiko eingehen und die Grenzen zu Quintus' Weingut absichern. Er wusste, dass er seinem Freund voll vertrauen konnte. Er selbst eilte mit acht Männern zu den Ställen. Kurze Zeit später galoppierte die Gruppe in einer Staubwolke davon.

Rowan spürte Quintus' Hand auf ihrem Arm und wandte sich ihm fragend zu.

»Ich muss dir danken. Ohne deine Warnung hätte es heute Nacht schlimm für uns ausgehen können.« Seine Stimme zitterte.

Rowan verbeugte sich leicht, wie sie es bei ihrem Vater immer getan hatte. Der alte Quintus war ihr ein wenig ans Herz gewachsen. Er ließ sie nie spüren, dass sie sein Eigentum war, sondern behandelte sie stets freundlich.

Sie ging zurück ins Herrenhaus, um dort nach dem Rechten zu sehen. In der Tür stand Aurelia und schaute in die Richtung, in die die Gruppe um Caius davongaloppiert war. Ihr verzweifelter Gesichtsausdruck ließ Rowan nicht ungerührt.

»Domina, geht es Euch nicht gut?«

Erst jetzt bemerkte Aurelia, dass jemand neben ihr stand. Sie drehte sich um und rauschte davon. Rowan zuckte mit den Schultern und ging ins Haus. Offensichtlich wurde ihre Hilfe nicht gebraucht.

Caius und seine Söldner trieben ihre Pferde bis zum Äußersten. Schweißnass glänzte das Fell der Tiere im Mondlicht, und Schaum tropfte von ihren Mäulern. Trotzdem trieben die Männer die Pferde immer weiter an. Der Rauchgeruch wurde schnell intensiver. Längst hatten sie die Rauchsäulen hinter den Bäumen erspäht. Nicht mehr lang und sie würden Lucius' Villa erreicht haben. Noch ein scharfer Ritt durch den Wald, und schon waren sie auf dem langen, kerzengeraden Weg, der direkt auf die Villa zu führte. Dichter Rauch quoll ihnen entgegen. Die einstmals so prächtige Villa stand lichterloh in Flammen. Auf einmal befand sich Caius wieder als fünfzehnjähriger Junge vor der brennenden Scheune bei sich zu Hause. Seine Erinnerung spielte ihm einen Streich. Entschlossen schüttelte er den Kopf. Er musste sich konzentrieren.

Kurz vor der Villa zügelten die Männer ihre Pferde. Die Tiere tänzelten unruhig und scheuten vor den Flammen. Caius befahl den Söldnern, die Pferde vom Feuer wegzuführen und etwas entfernt an einen Baum zu binden. Er tat es ihnen gleich, und nachdem er abgestiegen war, vergewisserte er sich, dass sein Schwert an seinem Gürtel befestigt war. Wohlweislich hatte er es bei dem hastigen Aufbruch umgebunden.

Anschließend befahl er seinen Leuten, auszuschwärmen und die Gegend nach Überlebenden abzusuchen. Bis jetzt waren sie keiner Menschenseele begegnet. Er ging langsam auf die Villa zu und suchte systematisch die Umgebung ab. Da, hinter einer Säule, lag etwas auf der Erde. Er rannte hin, und als er die zusammengekrümmte Gestalt auf dem Boden sah, wusste er, dass er nichts mehr für sie tun konnte. Dem Mann war der Schädel eingeschlagen worden. Seine Augen starrten anklagend zum Himmel.

Caius eilte weiter und ging um die Villa herum, als er plötzlich wie angewurzelt stehen blieb. Sein Herzschlag beschleunigte sich. Ein großer Krieger, dessen Gesicht und Brust mit seltsamen Zeichen bemalt waren, verging sich gerade an einer Frau, die er unter sich auf den Boden presste. Ihre blutverschmierte Tunika war ihr über die Schenkel geschoben worden, und sie leistete keine Gegenwehr. Der Mann bewegte sich rhythmisch grunzend auf ihr. Caius zögerte nicht. Er zog sein Schwert und rannte brüllend auf den Krieger zu. Als der ihn bemerkte, war es schon zu spät. Caius' Waffe bohrte sich tief in den Brustkorb des Mannes. Ungläubig schaute der Krieger auf die blutige Schwertspitze, die aus ihm ragte, dann brach er röchelnd auf der Frau zusammen. Kurz zuckte er noch einmal, bevor seine Augen brachen. Caius packte den Mann und zog ihn mit aller Kraft von der Frau herunter. Keuchend ließ er den Leichnam fallen und wandte sich dessen Opfer zu. Jetzt, wo der Mann weg war, wurde offensichtlich, warum sie sich nicht gewehrt hatte. Ihr Peiniger hatte der Frau die Kehle durchgeschnitten und sich an ihrem Leichnam vergangen. Der Boden unter der Toten war blutgetränkt. Caius erkannte auf einmal das wächserne Gesicht von Lucius' Frau Julia.

Das war zu viel für ihn. Würgend fiel er neben der toten Frau auf die Knie und übergab sich. Wer tat nur so etwas Abscheuliches? Er musterte noch einmal den fremden Krieger. Er trug seine langen braunen Haare offen. Gesicht und Oberkörper waren weiß gekalkt, und seltsame Muster waren auf seine Haut gezeichnet worden. Er hatte nur eine Lederhose und leichte Lederschuhe an. Sein blutverkrusteter Dolch, kein Zweifel sein Mordinstrument, lag neben ihm auf dem Boden.

Caius zwang sich, aufzustehen und weiterzulaufen. Wie es aussah, hatte Quintus recht gehabt. Sie waren zu spät gekommen! Tränen des Zorns liefen ihm übers Gesicht. Er wischte sie ungeduldig weg. Bei dem bloßen Gedanken daran, dass Aurelia das gleiche Schicksal beschieden sein könnte, wie der ermordeten und geschändeten Frau, wurde ihm übel. Er lief schneller. Er musste doch irgendetwas tun können!

Auf einmal hörte er aufgeregte Rufe. Er sah zwei seiner Söldner winken und rannte schnell zu ihnen. Sie standen über einem auf dem Boden liegenden Mann, der stark aus einer Wunde an der Schulter blutete.

»Dominus, diesen Mann haben wir lebend gefunden. Wie es aussieht, macht er es nicht mehr lange. Vielleicht bekommen wir etwas aus ihm heraus!«

Caius beugte sich zu dem Verletzten hinunter. Dessen rasselnde Atemzüge verrieten ihm, dass seine Lunge verwundet sein musste. Er riss einen Streifen seiner Tunika ab und presste ihn auf die Wunde. Der Mann riss die Augen auf und stöhnte laut.

»Beweg dich nicht. Ich versuche, die Blutung zu stoppen!«

Der Mann nickte leicht, zum Zeichen, dass er die Anweisung verstanden hatte. Er trug eine knielange Tunika, nicht anders als die, die Caius jeden Tag zur Arbeit anhatte. Der raue Stoff des Kleidungsstückes wies ihn jedoch als Sklaven aus.

»Kannst du reden?«

Prüfend sah Caius in die grau umwölkten Augen des Mannes. Dann nickte dieser mit zusammengebissenen Zähnen.

»Sag uns, was passiert ist! Wo sind denn alle? Lucius und die Kleine?«

Der Sklave schloss kurz die Augen. Als er sie wieder öffnete, konnte Caius Tränen darin erblicken.

»Tot!«, flüsterte er. »Alle tot.«

Verzweifelt ließ er den Kopf sinken.

»Wie meinst du das? Erkläre dich!«

Zornig rüttelte Caius den Mann an der Schulter. Der schrie auf und verlor vor Schmerz das Bewusstsein.

»Sucht weiter! Irgendwo muss doch noch jemand sein, dem wir helfen können!«

Die Söldner eilten davon, aber als sich alle nach geraumer Zeit wieder bei den Pferden trafen, schaute Caius in lauter betretene Gesichter.

»Hinter dem Haus haben wir die Leichen eines Mannes und eines Kindes gefunden. Beiden sind die Köpfe abgeschlagen worden.«

Die Söldner blickten zu Boden.

»Ansonsten haben wir fünfzehn tote Sklaven gefunden. Die Frauen sind allesamt geschändet worden.«

Caius war fassungslos! Eine solch sinnlose Brutalität war ihm noch nie untergekommen!

Er wandte sich an die Söldner. »Ich möchte, dass ihr fünf so viel Holz wie nötig schlagt und einen großen Scheiterhaufen errichtet. Darauf verbrennt ihr die Leichen. Für die

Asche hebt ihr neben der ehemaligen Villa eine Grube aus und verscharrt sie dort. Lucius und seine Familie waren hier sehr glücklich. Auf diese Weise können sie wenigstens für immer hierbleiben.«

Die Männer nickten und machten sich, ohne zu murren, an die Arbeit. Obwohl sie allesamt kampferfahren waren, ging auch an ihnen die sinnlose Ermordung Unschuldiger nicht spurlos vorüber.

»Ihr drei«, Caius deutete auf die verbliebenen drei Männer, »baut eine Bahre für den verletzten Sklaven. Er wird nicht reiten können und braucht schnellstmöglich Hilfe. Vielleicht können wir wenigstens ihn retten.«

Die Männer sahen sich zweifelnd an. Ihren Gesichtern war deutlich anzusehen, dass sie sich sicher waren, dass der Sklave seine schwere Wunde sowieso nicht überleben würde und sie sich die Plackerei eigentlich sparen konnten. Nach einem Blick in die strenge Miene ihres Herrn, machten sie sich aber schleunigst an die Arbeit.

Nachdem die Männer vier ungefähr gleich lange Holzstämme geschlagen hatten, banden sie diese mithilfe eines Seils notdürftig zusammen. Anschließend befestigten sie Tannenzweige auf dem Gestell, um ein möglichst bequemes Lager für den Verletzten zu machen. Danach betteten sie den immer noch besinnungslosen Sklaven vorsichtig auf die Bahre. Caius sah, dass der notdürftige Verband, den er dem Mann angelegt hatte, schon wieder dunkelrot glänzte. Er musste verhindern, dass der Mann verblutete. Plötzlich fiel ihm ein, wie Mara eine seiner vielen Wunden, die er sich als abenteuerlustiger Junge zugezogen hatte, behandelt hatte. Er war beim Klettern von einem Baum gefallen und hatte sich das Knie an einem Stein aufgestoßen. Die Wunde war tief gewesen und hatte stark geblutet. Nachdem Mara sich die Verletzung besorgt angesehen hatte, meinte sie, dass sie genäht werden müsse. Danach presste sie getrocknetes Moos auf die Wunde und legte einen Druckverband an. Auf diese Weise hatte sie den Blutfluss gestoppt und die Zeit bis zum Eintreffen des Medicus' überbrückt.

Caius sah sich um. Er hatte Glück, denn gleich in der Nähe sah er unter einer alten Tanne moosbewachsene Wurzeln. Er bückte sich, löste mit seinem Dolch vorsichtig ein paar Moosklumpen ab und schüttelte sorgfältig Dreck und alte Tannennadeln heraus. Anschließend presste er sie auf die Wunde und fixierte das Ganze mit einem neuen Streifen Stoff. Maras Moosklumpen waren zwar getrocknet und sauber gewesen, aber etwas anderes fiel Caius auf die Schnelle nicht ein. Anschließend wies er die Söldner an, den Mann mit Stricken an der Bahre zu festzubinden, um zu verhindern, dass er während des Heimwegs herunterrollte. Die Männer befestigten die längeren Seiten des Gestells links und rechts von einem Sattel, sodass der Reiter die Bahre halb aufrecht hinter sich herziehen konnte.

Der Heimweg dauerte wesentlich länger als der Hinweg. Die Männer kamen aufgrund des Gestells nur langsam voran. Caius ritt hinter dem Söldner mit der Bahre, um den verletzten Sklaven im Blick zu behalten. Dieser lag mit geschlossenen Augen da, und sein Kopf wippte bei jedem Schritt auf und ab. Die Tannenzweige federten zum Glück die meisten Unebenheiten des Weges ab. Die wächsern bleiche Hautfarbe des Mannes verriet, dass er schon erhebliche Mengen an Blut verloren hatte. Bei einem prüfenden Blick auf den Verband stellte Caius zufrieden fest, dass sich der Stoff nicht wieder rot verfärbte. Vielleicht half das Moos ja wirklich! Allerdings war er sich nicht sicher, ob der Mann überhaupt noch atmete. In der Dunkelheit konnte er nicht erkennen, ob sich dessen Brustkorb hob und senkte.

Nach einer gefühlten Ewigkeit kamen Caius und die völlig erschöpften Männer an der heimischen Villa an. Offensichtlich hatten deren Bewohner auf sie gewartet, denn die Tür wurde sofort aufgerissen, und eine aufgeregte Aurelia kam herausgerannt. Als sie den müden, aber unverletzten Caius entdeckte, verlangsamten sich ihre Schritte. Trotzdem flog sie ihm in die Arme, nachdem er von seinem Pferd abgestiegen war. Schluchzend klammerte sie sich an ihm fest.

»Ich hatte solche Angst, dass dir etwas passiert!«

Unbeholfen strich Caius über ihr offenes Haar. »Es geht mir gut, Kleines.«

Quintus, der inzwischen hinzugekommen war, nahm dem erschöpften Caius seine weinende Tochter ab. Nach einem Blick in seine ernsten Augen erkannte er, dass er ihm keine erfreulichen Neuigkeiten von Lucius' Weingut bringen würde. Er übergab Aurelia ihrer Sklavin Aelia, die ihrer Herrin aus dem Haus gefolgt war, und gab ihr zu verstehen, dass sie das Mädchen in ihr Zimmer bringen sollte.

Nachdem Caius überprüft hatte, ob der Mann auf der Bahre noch atmete, fing er an zu erzählen. Quintus hörte sich schweigend seinen knappen Bericht an und wurde blass, als er von der Ermordung Lucius' und seiner Familie hörte.

Die Männer lösten in der Zwischenzeit die Bahre und legten sie auf den Boden. Dann zogen sie mit den erschöpften Pferden in Richtung Stall ab. Sie würden die Tiere tüchtig mit Stroh abreiben, sie ausgiebig tränken und ihnen eine Extraportion Heu gönnen. Auch Caius' Pferd nahmen sie mit.

Auf einmal hörten Caius und Quintus einen erstickten Laut hinter sich. Sie fuhren herum und bemerkten Rowan, die in der Zwischenzeit aus dem Haus gekommen war und die Bahre entdeckt hatte. Die junge Frau starrte mit schreckgeweiteten Augen auf den festgezurrten Sklaven. Sie ließ sich neben der Bahre nieder und ergriff die schlaffe Hand des Mannes.

»Johs!«, murmelte sie immer wieder. Tränen liefen über ihr Gesicht. »Johs!«

Sie fing an, die Seile, die den Körper des Mannes fixierten, mit zitternden Fingern zu lösen. Caius half ihr dabei und schnitt kurzerhand die Stricke mit seinem Dolch durch. Die ganze Zeit über murmelte Rowan Worte in einer fremden Sprache. Ihr feuerrotes Haar leuchtete im Schein der Fackeln und verlieh der Szene etwas Gespenstisches.

Als der Mann befreit war, wies Caius Sklaven an, den Verletzten in die Krankenkammer der Villa zu bringen.

Rowan wich die ganze Zeit nicht von der Seite des Verletzten. Sie konnte es nicht fassen, dass ihr Freund Johs hier war. Sie hatte ihn tot geglaubt, und doch hatte er die schwere Verletzung, die die römischen Soldaten ihm damals zugefügt hatten, überlebt! Sie schöpfte Hoffnung. Wenn er das überstanden hatte, würde er auch diesmal nicht sterben! Sie beschloss, alles dafür zu tun, dass ihr Freund wieder gesund wurde. Rigani würde ihr solch ein Geschenk nicht machen, nur um es ihr gleich darauf wieder wegzunehmen!

Caius folgte den Sklaven in das Krankenzimmer und vergewisserte sich, dass der Verletzte vorsichtig niedergelegt wurde. Lucrezia stand schon bereit, um sich um ihren neuen Schützling zu kümmern.

Rowan trat zu Caius und blickte ihn eindringlich an. »Patronus, lasst mich bei diesem Mann wachen. Ich will ihn pflegen und für ihn da sein!«

»Du kennst ihn, nicht wahr?«

Rowan zögerte kurz, dann nickte sie heftig. Sie beschloss, Caius die Wahrheit zu sagen. »Johs ist wie ein Bruder für mich. Wir kommen vom gleichen Stamm. Ich dachte, er wäre tot.«

Sie wandte sich an Lucrezia. »Ich weiß, dass du eine hervorragende Heilerin bist, Lucrezia. Und ich danke dir immer noch von Herzen, für das, was du für mich getan hast. Aber ich bitte dich inständig darum, zu verstehen, dass ich mich selbst um Johs kümmern muss.«

Mit Nachdruck fügte sie hinzu: »Ich muss das einfach tun.«

Lucrezia nickte bedächtig und wandte sich dann an Caius. »Was meint Ihr, Herr?«

Caius sah Rowan an, die immer wieder zu der reglosen Gestalt des verletzten Mannes sah. Er bemerkte offenbar die Sorge in ihrem Blick. »Du darfst bei ihm bleiben und ihn bis auf weiteres pflegen. Barbara wird deine Pflichten im Haushalt übernehmen. Ich habe schon einen Mann ausgesandt, um den Medicus zu holen. Er sollte in Kürze eintreffen.«

»Ich danke Euch, Patronus.«

Rowan blickte Caius fest in die Augen, dann wandte sie sich ab und beugte sich wieder über den ohnmächtigen Mann.

Zärtlich berührte sie Johs' Wange und betete: »Rigani, halte deine schützenden Hände über meinen Milchbruder Johs. Mach, dass er wieder ganz gesund wird!«

Immer wieder sprach sie die gleichen Worte, wiederholte sie wie ein Mantra, während sie mit geschickten Händen sein Gesicht mit einem weichen, in Wasser getränkten Lappen wusch. Die Worte füllten sie mit Hoffnung und Zuversicht. Ein Lächeln stahl sich auf ihre Lippen.

Ein leises Geräusch am Eingang zur Krankenkammer verriet ihr, dass sie nicht allein waren. Sie sah auf und bemerkte Caius, der immer noch im Türrahmen verharrte. Sein Blick verriet Neugier. Da wurde ihr bewusst, dass sie unwillkürlich in die keltische Sprache verfallen war. Unsicher blickte sie ihn an. Da er sie gewähren ließ, sah sie keinen Grund innezuhalten und fuhr mit ihrem Gebet fort. Rowan ließ sich vorsichtig an Johs Seite nieder und nahm seine Hand fest in ihre. Er war wieder da! Johs war zurückgekommen!

Caius blieb einen Augenblick stehen und beobachtete, wie Rowan liebevoll über das zerzauste und verschmutzte blonde Haar des Sklaven fuhr und wieder in den seltsamen Singsang ihrer fremdartigen Sprache verfiel. Zu gerne hätte er gewusst, was die rothaarige Sklavin sagte. Auch wenn er die Worte nicht verstand, so nahm er deren seltsam beruhigende Wirkung wahr.

Vielleicht ist dieser Johs mehr als ein Bruder für das Mädchen, dachte er. *Wer sich so liebevoll um einen anderen kümmert, der muss ihn doch von Herzen lieben.*

Caius beschloss, ein Auge auf die beiden zu haben. Er hatte dem Mädchen versprochen, dass sie ihren Freund pflegen durfte, und er würde sein Wort halten. Aber es schadete gewiss nicht, sie ein wenig im Auge zu behalten.

Er wandte sich um und verließ das Krankenzimmer. Auf einmal spürte er die ganzen Strapazen des Tages in seinen Knochen. Er war hundemüde und musste sich dringend ausruhen. Der Tag dämmerte, und er wollte sich wenigstens eine Stunde hinlegen, bevor er wieder seinen Aufgaben nachgehen musste.

18. Neuland

Quintus' Weingut bei Borbetomagus, 95 v. Chr.

Im Laufe der nächsten Tage wurde das Ausmaß des Überfalls auf Lucius und dessen Familie jedem bewusst, der auf Quintus' Weingut lebte. Die Männer ritten tagein, tagaus über den Bergkamm, um Leichen zu begraben und immer wieder aufglimmende Feuerstellen zu bekämpfen. Caius blickte zum Himmel. Wie sehr er sich Regen wünschte! Das würde wenigstens die Gefahr eindämmen, dass das Feuer auf die umliegenden Weinberge übergriff. Der wolkenfreie Himmel kündigte aber einen weiteren heißen Tag ohne das gewünschte Nass an.

Er seufzte und wandte sich an Tito: »Seht zu, dass ihr alle Glutnester findet und löscht. Wenn das Feuer neu auflodert, könnte es auf die Reben übergreifen, und ich muss dir nicht sagen, was das auch für unsere Reben bedeuten könnte.«

Tito nickte ernst, drehte sich um und stapfte zu seinen Männern, die auf ihren Pferden saßen und auf Befehle warteten.

Quintus trat neben Caius und legte ihm die Hand auf die Schulter. »Ich weiß, dass du dich grämst. Aber du hast alles getan, was in deiner Macht steht. Alles andere lag nicht in deinen Händen.«

Caius' Blick war weiterhin auf den Bergkamm gerichtet,

als er erwiderte: »Ich weiß, Quintus. Aber die Bilder wollen mir einfach nicht aus dem Kopf gehen. Wer tut nur so etwas Barbarisches?«

Sein väterlicher Freund schwieg. Für einen Römer schien die Grausamkeit, mit der die Barbaren verfuhren, unvorstellbar. Auch deren Motive waren ihnen völlig unklar. Was suchten die Barbaren auf den Weingütern? Waren sie auf Wertsachen aus? Hatten sie gefunden, was sie wollten, oder kamen sie das nächste Mal gar zu ihrem Weingut?

»Wir müssen unsere Truppen verstärken«, sagte Caius. »Wir haben gute Männer, aber es sind nicht genug. Wir müssen mindestens noch zehn weitere anheuern, um uns gut schützen zu können.«

Quintus nickte nachdenklich. »Du hast Recht, mein Junge. Ich gebe dir freie Hand. Heuere so viele Männer an, wie du für notwendig hältst. Hauptsache, wir sind hier sicher. Wenn ich an mein armes Kind denke...«.

In diesem Moment vernahmen die Männer Aurelias glockenhelle Stimme, die eine bekannte Volksweise sang. Sie blickten zu ihrem Fenster hoch, konnten sie aber nicht sehen. Wahrscheinlich saß sie gerade vor ihrem Spiegel und ließ sich von Aelia das lange Haar bürsten. Aurelia liebte es, vor sich hin zu singen, und selbst die Traurigkeit über die zurückliegenden Ereignisse konnte sie offensichtlich nicht davon abhalten. Der bekümmerte Gesichtsausdruck des alten Weinhändlers verstärkte sich, als er den Gesang seiner Tochter hörte.

Caius, der dies bemerkte, drehte sich zu Quintus um, blickte ihm fest in die Augen und legte nun seinerseits seine Hände auf die Schultern des Älteren. »Ich verspreche dir bei allen Göttern, dass ich deine Tochter beschützen werde.«

Er sprach diese Worte feierlich aus und betonte jede Silbe. Es war ihm ernst mit seinem Versprechen.

Quintus erwiderte den Blick des Jüngeren. »Ich danke dir, Caius. Ich weiß, dass du meine kleine Aurelia mit deinem Leben beschützen würdest.«

Ein strahlendes Lächeln erhellte sein Gesicht.

»Das hast du ja bereits einmal bewiesen.«

Der Dominus holte tief Luft. »Wir werden auch das überstehen.«.

Caius nickte, klopfte Quintus noch einmal fest auf die Schulter und ging dann in Richtung Stall. Er wollte nach Borbetomagus reiten, um Söldner anzuheuern. Leises Pferdeschnauben erwartete ihn, als er den Stall betrat, und er atmete tief den vertrauten Geruch nach frischem Heu ein. Er spürte, wie er gelassener wurde. Mit geübten Griffen sattelte er den großen Hengst, den er auch sonst immer ritt, warf sich eine Tasche mit einem Wasserschlauch über die Schulter und stieg auf.

Langsam lenkte er das Pferd mit geübtem Schenkeldruck durch den Hof in Richtung Tor. Eine plötzliche Idee drängte sich ihm auf, und er gab seinem Pferd die Sporen. Der Hengst stieg kurz auf und preschte dann los. Caius, der ein geübter Reiter war, hielt die Zügel fest in den Händen. Kurz vor dem Tor gab er dem Tier ein Kommando, und es stieg hoch in die Luft. Mit einem gewaltigen Satz überflog es das Tor und galoppierte weiter den Weg entlang. Caius lachte laut auf. Es tat so gut, einfach drauflos zu reiten und an nichts anderes als an das gewaltige Tier zu denken, dessen Kraft er unter sich spürte.

Aurelia, die das Ganze von ihrem Fenster aus beobachtet hatte, hielt sich die Hand vor den Mund. Ihr Herz klopfte wild in ihrer Brust, und ein Schrei steckte in ihrer Kehle fest. Sie spürte eine seltsame Mischung aus Angst und Aufregung in sich. Langsam ließ sie die Hände sinken. Ihr Blick folgte Caius, den sie nur noch als Staubwolke am Ende der Zufahrtsstraße zum Weingut ausmachen konnte. Vor ihrem inneren Auge ließ sie die Szene noch einmal ablaufen. Sie sah Caius' entschlossenen Gesichtsausdruck deutlich vor sich. Sie mochte die Art, wie er sein Kinn energisch vorschob, wenn er sich etwas vornahm.

Aurelia verließ ihren Platz am Fenster, da sie ihn nicht länger sehen konnte. Langsam schlenderte sie in Richtung Tür. Ihr war bewusst, dass sie in letzter Zeit immer öfter an Caius denken musste. Sie war sich nicht sicher, ob sich das für ein junges Mädchen gehörte, aber sie konnte nicht anders. Wieder stellte sie sich seine hochgewachsene Gestalt vor, die Art, wie er seine meist unordentlichen Haare mit einer Hand zu bändigen versuchte, oder seinen festen Gang. Sie lächelte.

»Kind«, hörte sie plötzlich die Stimme ihres Vaters. »Was ist denn nur so komisch?«

Aurelia blickte zu Quintus, der eben an ihrem Zimmer vorbeigegangen war und an der geöffneten Tür stehen blieb.

»Es ist nichts, Vater. Ich freue mich nur über den wunderschönen Sommertag.«

Aurelia errötete leicht wegen ihrer harmlosen Schwindelei, ihr Vater schien dies aber nicht zu bemerken. Sie sah, dass er nun ebenfalls lächelte.

»Das ist fein, mein Mädchen. Mach dir einen schönen Tag.«

Mit diesen Worten verschwand er um die Ecke und ließ sie alleine.

Aurelia raffte ihren langen Rock und ging zur Tür hinaus.

Sie verspürte ein leichtes Hungergefühl und entschloss sich, in der Küche nachzusehen, ob ein wenig Kuchen vom Vortag übrig geblieben war. Auf dem Weg zum hinteren Gebäudeteil, in dem die Küche lag, hörte sie plötzlich fremdartige Worte. Sie hielt inne und trat zu der Kammer, aus der die Stimme kam. Da die Tür nur angelehnt war, konnte sie durch einen kleinen Spalt hineinsehen. Sie erkannte die Krankenkammer, in der sie selbst einmal als Mädchen gelegen hatte, als sie ein längeres Fieber plagte.

Durch den Spalt war ihr Sichtfeld zwar eingeengt, aber sie konnte eine schlanke Gestalt ausmachen, die sich über ein Bett beugte. Feuerrote Locken hingen wie ein Wasserfall über der auf dem Bett liegenden Gestalt. Sie wusste, dass Caius einen Sklaven von Lucius gerettet hatte, und vermeinte, Rowan zu erkennen, auch wenn ihr noch nie aufgefallen war, dass die Sklavin so leuchtend rote Haare hatte.

Kein Wunder, dachte Aurelia, *sie trägt ja auch immer dieses alte Kopftuch.*

Die Stimme wiederholte die sanften Worte, die sie vorher bereits gehört hatte. Da sie sie immer noch nicht verstehen konnte, vermutete Aurelia, dass die Sklavin in ihrer Muttersprache redete. Fasziniert lauschte das Mädchen. Ihr gefiel der Klang der fremden Sprache, irgendwie war sie geheimnisvoll. Aurelia versuchte, einen besseren Blick durch den Türspalt zu erhaschen. Sie war neugierig auf den schwer verletzten Sklaven, der in dem Bett lag. Sie hatte die Männer reden hören. Keiner glaubte, dass er überleben würde.

Plötzlich gab die Tür ein knarrendes Geräusch von sich. Sie hatte sie mit ihrem Fuß berührt. Aurelia machte hastig einen Schritt nach hinten und schickte sich an, den Gang entlangzueilen, als sich die Tür ganz öffnete. Die große Sklavin, die Aurelia richtig als Rowan erkannt hatte, blickte sie an.

»Braucht Ihr etwas, Domina?«, sagte die junge Frau mit weicher Stimme.

Hastig schüttelte Aurelia den Kopf. »Oh nein. Ich war nur auf dem Weg zur Küche, da bin ich wohl gegen die Tür gestolpert.«

Eine leichte Röte überzog ihre Wangen.

Rowan nickte. Ein wissender Ausdruck lag auf ihrem Gesicht, und sie lächelte. »Domina, Ihr könnt gerne hereinkommen. Dann stelle ich Euch Johs vor.«

Sie trat einen Schritt zur Seite und hielt die Tür für Aurelia auf. Diese konnte nicht anders und betrat die kleine Kammer. Rowan ging auf das Bett zu, und Aurelia bemerkte wieder einmal, mit welcher Anmut sich die junge Frau bewegte. Es war ihr früher schon aufgefallen, und irgendwie missfiel ihr das.

Rowan setzte sich auf einen hölzernen Hocker neben der Bettstatt und deutete auf einen weiteren. »Setzt Euch, Domina. Ich würde mich über Eure Gesellschaft freuen.«

Sie lächelte die junge Römerin warm an. Sie schien bemerkt zu haben, dass Aurelia sie immer wieder beobachtet hatte, und deutete dies wohl als Neugier.

Aurelia ließ sich auf dem Hocker nieder und betrachtete den Mann auf der Bettstatt. Er sah übel zugerichtet aus, auch wenn er ordentlich gewaschen war und seine blonden, schulterlangen Haare gekämmt auf dem Strohkissen lagen. Sein Gesicht war geschwollen, die Nase stand schief, und überall schimmerten blaue und rote Flecken auf seiner Haut. Zunächst konnte sie seinen Atem nicht ausmachen, dann bemerkte sie, dass sich sein Brustkorb langsam hob und senkte. Dann hörte sie deutlich seinen rasselnden Atem. Auch ohne medizinische Kenntnis wusste sie, dass es bedenklich um den jungen Mann stand.

Rowan ergriff seine Hand und begann, leise zu erzählen: »Sein Name ist Johs. Er wohnte im Nachbarhaus, und wir sind zusammen aufgewachsen.«

Aurelia bemerkte den zärtlichen Unterton in ihrer Stimme.

»Er hat mich aus großer Gefahr gerettet, aber wir mussten unseren Stamm verlassen. Dann sind wir den Römern in die Hände gefallen, und ich dachte, er wäre getötet worden.«

Rowans Stimme brach ab. Immer wieder streichelte sie die Hand des Mannes.

Aurelias Herz zog sich zusammen. Sie wusste zwar, dass ihr Vater Sklaven beschäftigte, allerdings hatte sie sich nie Gedanken darüber gemacht, wo diese herkamen und welche Schicksale hinter ihnen lagen.

»Du hast Schlimmes durchgemacht«, sagte sie leise zu der Sklavin.

Rowans Blick hob sich. Sie sah die junge Frau erstaunt an. Sie wunderte sich über Aurelias Mitgefühl. Schließlich galten Sklaven nichts, selbst das Vieh war wertvoller als diese.

»Ich danke Euch für Euer Verständnis«, sagte sie mit ernster Stimme zu der jungen Herrin.

»Erzähl mir von ihm«, forderte Aurelia sie auf und deutete auf Johs.

Mit einer Hand schob Rowan sich die Locken hinters Ohr und lächelte. »Johs ist der beste Freund, den man sich nur wünschen kann. Als wir Kinder waren, haben wir gemeinsam unsere Siedlung unsicher gemacht. Wir sind auf Bäume geklettert und haben im Bach gespielt.«

Ein verträumter Blick lag auf ihrem Gesicht.

»Wie muss man sich das Leben in deinem Volk vorstellen?«, fragte Aurelia neugierig.

Rowan überlegte. »Es ist anders, als Ihr es gewohnt seid, Domina. Wir wohnen in einfachen Hütten, die meist aus einem einzigen großen Raum bestehen. Ein Feuer in der Ecke spendet Wärme und dient als Kochstelle. Die Männer arbeiten entweder als Bauern oder ziehen als Krieger durch die Lande.«

Aurelia zog scharf die Luft ein. Rowan, die dies bemerkte, brach in ihrer Erzählung ab. Sie konnte sich vorstellen, was in der Römerin vorging. Gerade erst war die gesamte Nachbarsfamilie von einem keltischen Stamm ermordet worden.

Deutlich konnte man die veränderte Atmosphäre im Raum spüren. Aurelia stand steif auf und ging zur Tür.

»Ich danke dir für den Einblick in dein altes Leben.«

Mit diesen Worten verließ sie den Raum.

Rowan blickte ihr nachdenklich nach. Auch sie berührte der Mord an der Nachbarsfamilie. Dennoch kannte sie es nicht anders, als dass Krieger durch Überfälle versuchten, ihre Familien zu Hause zu ernähren. Oft hatte sie Cadan und seine Truppe losziehen oder von Überfallen heimkehren sehen. Das ganze Dorf feierte sie als Helden. Auch Rowan hatte schöne Erinnerungen an diese Feste. Es waren Augenblicke des Stolzes und der Abkehr von der Mühsal des Lebens. Das ganze Dorf war zusammengekommen. Jeder trug etwas zu der großen Tafel bei, die auf dem Dorfplatz aufgebaut wurde.

Rowan streichelte nachdenklich Johs' Hand. Das Leben hier war so anders als ihr altes Leben. Aurelia konnte dies unmöglich verstehen. Sie war in behüteten Verhältnissen aufgewachsen. Ihr Vater verdiente genug Geld, sodass sie ohne Sorgen leben konnte. Wahrscheinlich war sie einfach noch zu jung, um das wirkliche Leben zu begreifen.

Da stahl sich plötzlich ein Gedanke in Rowans Kopf. War

sie nicht selbst sogar ein Jahr jünger gewesen als Aurelia jetzt, als sie mit Morcant verheiratet worden war? Sie stellte sich vor, wie es wäre, wenn Aurelia in ihrem Stamm leben würde. Sie schüttelte den Kopf. Nein, die junge Winzertochter hatte wirklich keine Ahnung vom wahren Leben. Sie müsste die Pflichten einer Ehefrau verrichten und könnte nicht in ihrer schönen Kammer von einer Sklavin die Haare gebürstet bekommen.

Sie wandte sich wieder ihrem Freund zu, der immer noch ohne Bewusstsein auf der Liege lag. Sein Atem ging etwas pfeifend, und sie betrachtete ihn näher. Hatten die Frauen in ihrem Stamm nicht oft am Brunnen davon erzählt, wie sie ihren Männern die gebrochenen Knochen richten mussten, wenn das Heilhaus überfüllt war? Hatte Tito nicht etwas Ähnliches mit ihrer eigenen Nase gemacht? Nachdenklich strich sie mit einem Finger über Johs' gekrümmten Nasenrücken. Er hatte niemanden mehr auf dieser Welt außer ihr. Sie musste sich zusammennehmen und konzentrieren. Er hatte Schwierigkeiten beim Atmen, das konnte sie mit bloßem Auge erkennen. Seine Nase saß seltsam schief in seinem Gesicht, und Rowan konnte nur vermuten, dass dies der Grund dafür war.

Sie stand auf und beugte sich über ihren Freund. Vorsichtig legte sie eine Hand auf die linke Seite seiner Nase. Sie konnte genau spüren, wo der Bruch war. Sie ging zum Wasserbecken, das auf einem Tisch neben dem Bett stand, und tauchte ein Tuch hinein. Dieses legte sie vorsichtig auf seine Nase. Sie bemerkte ein leichtes Zittern in ihren Händen, als sie diese in Richtung seines Gesichts bewegte. Sie atmete tief durch, dann legte sie beide Hände direkt neben seine Nase. Die rechte Hand blieb an der Stelle, wo die Nase sein sollte. Sie betrachtete Johs noch einmal.

»Vergib mir, Johs, dass ich dir Schmerzen bereiten muss.«

Dann schob sie kraftvoll mit der linken Hand den Knochen in die Mitte. Ein leises Knacken und ein gerader Nasenrücken verrieten ihr, dass sie ihr Ziel erreicht hatte.

Johs stöhnte leise auf. Etwas Blut sickerte aus der lädierten Nase, und Rowan tauchte den Lappen abermals in das kühle Nass. Sie wusch das Blut ab und legte ein kaltes Tuch auf den Nasenrücken. Kühlen half bei Wunden immer. Das hatte ihr Lucrezia beigebracht.

Seufzend setzte sie sich neben die Bettstatt und ließ ihren Kopf aufs Bettlaken sinken. Wieder und wieder rief sie die große Mutter an, dass sie sich des jungen Mannes annehmen solle. Sie hatte ihn einmal verloren. Das könnte sie kein weiteres Mal ertragen. Leise murmelnd fiel sie wenig später in einen tiefen Schlaf.

19. Schutz

Borbetomagus, 95 v. Chr.

Caius schwitzte heftig in der heißen Sommerluft, aber er trieb den Hengst unermüdlich immer weiter mit seinen Schenkeln an. Er wollte so schnell wie möglich in Borbetomagus sein, um Söldner anzuheuern. Er war sich sicher, dass nur diese Maßnahme Quintus' Weingut und die Menschen, die darauf lebten, auf Dauer würde schützen können. Der Überfall auf das Nachbargut zeigte ihm, wie gefährlich das Leben in den Rheinlanden war. Bisher hatte er zwar immer wieder von marodierenden Räuberbanden gehört, doch nie waren sie ihm so nahegekommen wie diesmal.

Er galoppierte den Weg entlang. Da vorne musste er rechts abbiegen, dann erreichte er endlich die Stadt. In Gedanken schalt er sich einen Narren, nicht früher daran gedacht zu haben, Verstärkung anzuheuern. Er vermochte sich nicht auszumalen, was passiert wäre, wenn die Barbaren Quintus' Weingut angegriffen hätten, statt das von Lucius. Sofort verspürte er ein tiefes Schuldgefühl in sich aufsteigen. Er hatte den Nachbarn schätzen gelernt. Schließlich hatten sich Quintus und Lucius oft gegenseitig ausgeholfen, wenn Not am Mann war. Caius konnte sich noch gut erinnern, wie Lucius seine Männer geschickt hatte, um zu helfen, einige Reihen der Reben zu roden, die anfingen zu verkümmern. Hätten sie keine Bresche zwischen den kranken und gesunden Pflanzen geschlagen, wäre vielleicht der ganze Hang verloren gewesen.

Caius lenkte sein Pferd um eine enge Kurve und erblickte endlich Borbetomagus vor sich. Von der kleinen Anhöhe aus, auf der er sich befand, konnte er die große hölzerne Umzäunung der Stadt gut sehen. Wachtürme unterbrachen sie in regelmäßigen Abständen.

Die Städter wissen sich eben zu schützen, ging es ihm beim Anblick der Wehranlagen durch den Kopf.

Er hielt direkt auf das Tor zu, vor dem nur einzelne Händler mit ihren Fuhrwagen auf Einlass warteten. Kurz vor ihnen riss er am Zügel, und der gewaltige Hengst kam mit einem Wiehern und kurzen Aufbäumen zum Stehen. Ängstlich, aber auch neugierig blickten ihm die Wartenden entgegen. Caius stieg ab und reihte sich hinter dem letzten Fuhrwagen ein. Es würde nicht lange dauern, bis er durch das Tor kam, nahm er an. Er schnallte sein kompaktes Bündel vom Sattel und entnahm diesem den langen Wasserschlauch. Gierig trank er ein paar Schlucke und ließ sich dann das kühle Wasser über den Kopf laufen. Mit den Händen versuchte er, den Staub der Straße aus seinem Gesicht zu waschen. Die Sonne stach heiß vom Himmel und trocknete sein Gesicht und seine Haare in kürzester Zeit. Das Fell des Pferdes neben ihm glänzte nass. Er musste es dringend tränken und nahm sich vor, zunächst den Brunnen am Rande des Marktplatzes aufzusuchen.

Endlich war er an der Reihe. Die zwei Stadtwächter beachteten ihn kaum. Sie nahmen den Wegzoll entgegen und ließen ihn passieren. Die Hufe des Pferdes klapperten über das Steinpflaster. Die Häuser reihten sich dicht aneinander. Kinder spielten und rannten auf den Straßen, und Caius musste aufpassen, dass keines davon seinem gewaltigen Hengst unter die Hufe kam. Die enge Gasse weitete sich am Ende, und er ritt hinaus auf den großen Marktplatz. Er wandte sich nach rechts, da er wusste, dass dort die Wasserstelle lag. Am Brunnen angekommen, ließ er den Holzeimer an einer Seilwinde hinab und schöpfte Wasser. Das Pferd trank in gierigen Schlucken, kaum dass er ihm den Behälter vorsetzte. Noch zweimal musste er den Eimer auffüllen, bis der Durst des Tiers gestillt war.

Caius sah sich um. Um diese Zeit waren kaum Menschen unterwegs. Es war kein Markttag, deshalb lag das große Forum verwaist vor ihm. Die meisten Bewohner der Stadt schienen die Mittagshitze meiden zu wollen und es vorzuziehen, in ihren Häusern zu bleiben.

Er wusste, dass er vor dem Tempel Söldner antreffen würde. Sie waren zum Schutz des Heiligtums abgestellt worden. Also führte er sein Pferd über den großen Platz und steuerte direkt auf den Eingang des Tempels zu. Zuerst sah er niemanden, dann bemerkte er, dass es sich zwei Söldner im Schatten neben dem Eingang bequem gemacht hatten. Auf sie hielt er zu.

»Was willst du, Fremder?«

Die Söldner schienen es nicht zu schätzen, bei ihrer Pause gestört zu werden. Der Größere der beiden hielt sich die Hand vor die Augen, um sie vor der Sonne zu schützen. Der Kleinere biss weiter große Stücke von seinem Brot ab und sah kauend zu Caius auf.

»Seid gegrüßt.«

Caius war fest entschlossen, den Zweck seines Kommens zu erfüllen, und blieb trotz der ungehobelten Ansprache des Söldners höflich.

»Mein Name ist Caius. Ich bin der Verwalter eines großen Weingutes im Umland und auf der Suche nach Söldnern, die es schützen können.«

»Und was haben wir damit zu tun?«

Der Größere kratzte sich an seinem dicken Bauch.

»Ich hatte gehofft, dass Ihr mir sagen könnt, wo ich fähige Männer anwerben kann«, ließ Caius nicht locker.

»Falls du meinst, dass wir unseren leichten Dienst hier aufgeben, um auf dem Land anstrengenden Wachdienst zu schieben, hast du dich getäuscht. Verschwinde!«

»Aber ...«

»Ich sagte, verschwinde von hier! Bist du taub?«

Der Söldner legte drohend seine Hand auf den Griff des Gladius, das in einer ledernen Scheide griffbereit an seiner Seite hing.

Caius merkte, dass er hier nichts erreichen konnte, und hob beschwichtigend die Hände. Dann drehte er sich seufzend um. Er lief planlos zurück auf den Forumsplatz. Plötzlich hörte er hinter sich Schritte.

»Nehmt es ihm nicht übel. Die Sonne hat ihm das Gehirn geschmort. Normalerweise ist er gar nicht so übel. Mein Name ist Decimus.«

Der Kleinere der beiden Tempelwächter stand vor ihm und sah ihn offen an.

»An was für Dienste habt Ihr denn genau gedacht?«

Caius erläuterte ihm die Aufgaben, die er sich für die Söldner vorstellte, und ließ auch nicht den Vorfall auf dem Nachbargut aus. Er wollte schließlich zuverlässige Männer, auf die er sich hundertprozentig verlassen konnte!

»Hmmm ...« Mit nachdenklichem Blick musterte ihn der Mann. »Mein Schwager Flavius ist gerade von einem Auftrag zurückgekehrt. Er hat mit seinen Männern einen Handelszug rheinaufwärts begleitet und ist gestern wieder heimgekehrt. Vielleicht könnte er Euch weiterhelfen!«

Dankbar ließ sich Caius von Decimus den Weg zu dessen Schwager beschreiben. Gleich darauf tauchte er wieder in das Gassengewirr der Stadt ein. Seinen Hengst führte er hinter sich am Zügel, da die Gassen zu eng zum Reiten waren. Die Häuser waren zwar schmal, doch meist mehrstöckig. Caius fragte sich staunend, wie viele Menschen hier wohl lebten. Die Stadt schien jedes Mal, wenn er herkam, größer geworden zu sein!

Endlich erreichte er ein windschiefes Haus neben einem mächtigen Eichenbaum. Genauso hatte Decimus ihm das Haus seines Schwagers beschrieben. Er klopfte mit der Faust gegen die Tür.

»Was wollt Ihr?« Eine junge Frau hatte die Tür geöffnet und sah ihn misstrauisch an. »Wir brauchen nichts!«

Gerade wollte sie die Tür wieder schließen, da stellte Caius blitzschnell seinen Fuß in den Türspalt.

»Was fällt Euch ein?«

Wütend versuchte die junge Frau, Caius' Fuß wieder nach draußen zu schieben, indem sie die schwere Holztür dagegen fallen ließ. Caius zuckte vor Schmerz zusammen und zog seinen Fuß zurück. Krachend flog die Tür ins Schloss. Fluchend hielt er seinen schmerzenden Fuß. Was fiel der Frau ein? Wütend hämmerte er erneut mit der Faust gegen die Tür. Von innen hörte er laute Stimmen, und plötzlich wurde die Tür wieder aufgerissen.

»Was soll dieser Lärm?« Ein riesiger Mann mit bärtigem Gesicht starrte Caius wütend an.

»Ich bin auf der Suche nach dem Söldner Flavius. Eine Frau hat mir einfach die Tür vor der Nase zugeschlagen.«

»Ich bin Flavius. Was wollt Ihr von mir?«

Misstrauen lag auch in seinem Blick.

»Euer Schwager Decimus hat Euch empfohlen. Ich suche Söldner zum Schutz unseres Weingutes.«

Bei der Erwähnung seines Schwagers hellte sich die Miene des Mannes merklich auf. Einladend hielt er die Tür auf.

»Decimus schickt Euch? Na, dann kommt herein. Lasst uns die Angelegenheit im Kühlen besprechen. Euer Pferd könnt Ihr an dem Baum anbinden.«

Caius folgte der Aufforderung. Nachdem er sein Pferd versorgt hatte, trat er in Flavius' Haus.

»Setzt Euch. Ihr habt sicherlich Durst!«

Mit einer Hand deutete der Söldner auf einen Tisch mit zwei Stühlen.

»Veronica, bring Wein für unseren Gast und mich!«, brüllte er anschließend so laut, dass man es bestimmt noch im Nachbarhaus hören konnte. Dann ließ er sich neben Caius auf dem zweiten Stuhl nieder.

Eine Tür öffnete sich, und die missmutig dreinblickende Veronica trat ein. Sie balancierte ein Tablett mit einer Weinkaraffe und zwei Bechern vor sich her. Als sie es auf dem Tisch abgestellt hatte, griff Flavius mit einer schnellen Handbewegung nach ihr und zog sie auf seinen Schoss. Quietschend strampelte sie mit den Beinen.

»Ihr müsst meiner Veronica ihre schroffe Art schon verzeihen«, brummelte der große Söldner und vergrub seine Nase im Haar seiner Frau. Die hatte inzwischen aufgehört sich zu wehren und schmiegte sich mit einem Lächeln in die starken Arme ihres Mannes.

»Ich bin oft für längere Zeit unterwegs, da ist sie es gewohnt, sich zu wehren. In letzter Zeit kommt immer mehr Gesindel in unsere Stadt, deshalb ist sie so misstrauisch.«

Liebevoll drückte er seine zierliche Frau an sich und

stellte sie dann wieder auf den Boden. Mit einem Klaps auf den Hintern schickte er sie nach draußen. Dann wandte er sich Caius zu.

»Also, was kann ich für Euch tun?«

Er schenkte Wein aus der Karaffe in die beiden Becher und schob Caius einen davon zu. Der nahm einen tiefen Schluck, was er jedoch sofort bereute. Der Wein war so sauer, dass er ihm die Kehle zusammenzog und einen starken Hustenanfall verursachte.

»Hoppla, edler Herr! Ihr seid wohl nur die teuren Tropfen gewohnt.«

Lachend schlug ihm Flavius mit seiner großen Pranke auf den Rücken, bis der Hustenanfall nachließ.

»Den können sich normale Menschen wie wir leider nicht leisten.«

Caius hob entschuldigend beide Hände. Er hatte zum ersten Mal Wein von solch minderer Qualität getrunken und musste sich beschämt eingestehen, dass er noch nie darüber nachgedacht hatte, was die ärmeren Leute wohl tranken.

»Ich wollte Euch nicht beleidigen«, sagte er schnell. »Ich habe nur einen zu großen Schluck genommen und in die falsche Kehle bekommen.«

»Was wollt Ihr nun von mir? Ihr sagtet, Decimus hat Euch geschickt?«

Interessiert blickte Flavius seinen Gast an. Dieser berichtete ihm von seiner Begegnung mit Decimus auf dem Forum und erklärte ihm sein Anliegen genau.

»Ich weiß nicht, ob ich schon wieder so lange von zu Hause fort kann. Ich muss auch an meine Veronica denken.«

Nachdenklich blickte der Söldner in Richtung Tür, durch die seine Frau verschwunden war.

»Man kann es noch nicht sehen, aber sie erwartet ein Kind. Unser erstes Kind!«

Die Augen des Riesen strahlten beim Gedanken an sein familiäres Glück.

»Ich bin mir sicher, dass wir in der Villa auch einen Platz für Eure Frau finden! Wir haben eine heilkundige Frau, die ihr bei der Niederkunft zur Seite stehen kann.«

Caius versuchte sein Bestes, um den Mann zu überzeugen.

»Außerdem ist die Bezahlung sehr gut. Die Landluft würde Veronica und dem Kind sicher guttun!«

Lachend hob Flavius beide Hände. »Hört auf! Ihr habt mich überzeugt! Ich rede mit Veronica, aber ich denke schon, dass ich sie überreden kann. Sie hasst es, lange von mir getrennt zu sein.«

Er stand auf und verließ den Raum durch dieselbe Tür, durch die Veronica vorhin gegangen war. Schnell sah Caius sich um. Es war nicht dran zu denken, dieses Gesöff auszutrinken. Kurzentschlossen kippte er den verbliebenen Wein aus dem geöffneten Fenster. Kaum hatte er sich wieder hingesetzt, kam Flavius zurück.

»Sie ist einverstanden. Wir können in ein oder zwei Tagen nachkommen, sobald wir das Wichtigste gepackt haben. Ich verfüge über acht zuverlässige Männer.«

Caius schlug in Flavius' ausgestreckte Hand ein und besiegelte somit den Vertrag. Er hätte zwar gern mehr Söldner eingestellt, hatte aber das Gefühl, mit Flavius einen guten Griff getan zu haben. Nachdem sie die Bezahlung geklärt hatten und Caius ihm genau den Weg zu Quintus' Weingut erklärt hatte, verabschiedete er sich und verließ zufrieden das bescheidene Haus.

Der Heimritt verlief ereignislos. Caius ließ die Zügel

locker und schonte seinen Hengst, dem die Hitze genauso zusetzte wie seinem Reiter.

Als er auf dem Hof vor der Villa ankam, übergab er seinen Hengst einem Stallknecht und ging ins Haus. Er lechzte nach kühlem Wasser und begab sich schnurstracks in den quadratischen Innenhof der Villa. Gerade als er den Eimer nach unten lassen wollte, trat die große, schlanke Keltin aus dem Haus. Sie trug einen Krug bei sich und hatte wohl ebenfalls die Absicht, Wasser aus dem Brunnen zu schöpfen. Als sie ihn sah, zögerte sie.

»Es tut mir Leid, Herr. Ich wusste nicht, dass Ihr hier seid. Ich werde später zurückkommen.«

Sie wandte sich um und wollte wieder ins Haus gehen, doch er hielt sie zurück.

»Nein, bleib doch! Du störst mich nicht.«

Er deutete einladend zum Brunnen und trat einen Schritt zur Seite.

Rowan schien einen Moment zu überlegen, ob sie dieser Aufforderung nachkommen sollte. Kurz entschlossen ging sie zum Brunnen und ließ den Eimer hinab, um frisches, kühles Wasser für ihren Krug zu holen.

Caius beobachtete die junge Sklavin. Ihre Bewegungen waren kraftvoll, aber geschmeidig. Zum ersten Mal seit Längerem konnte er sie aus der Nähe betrachten. Ohne Wunden wirkte ihre Haut samtig weich. Sie hatte ihr Haar zwar wie immer unter einem Tuch versteckt, aber er konnte im Nacken ihren roten Haaransatz erkennen. Sie trug eine schmucklose braune Tunika und ging barfuß. Ihre Füße waren so zierlich wie ihre Hände. Ihre Arme und Beine wirkten dagegen kräftig.

Sie ist richtig hübsch!, schoss es ihm durch den Kopf.

Rowan war nicht entgangen, wie der junge Herr sie musterte. Ihr angelerntes Misstrauen regte sich, aber als sie sah, dass er keine Anstalten machte, zu ihr zu gehen, beruhigte sie sich wieder. Sie hatte keinen Grund, Böses von der neuen Herrschaft zu denken. Seit sie in der Villa arbeitete, war jeder freundlich zu ihr gewesen. Sie hatten ihr sogar erlaubt, sich um Johs zu kümmern, und keiner hatte geschimpft, weil dadurch ihre Arbeit liegen blieb. Eigentlich fand sie den jungen Herrn sogar sympathisch. Sie bekam nie mit, dass er Leibeigene unfreundlich behandelte, und er war mit dem Vorarbeiter der Sklaven, der ja selbst einer war, befreundet!

Nun war es an ihr, ihn zu mustern. Caius trug seine übliche knielange braune Arbeitstunika. Er war verschwitzt, und sie nahm seinen herben, männlichen Geruch nach Schweiß und Pferd wahr. Er musste geritten sein. Er war so anders als die römischen Männer, die sie bis jetzt kennengelernt hatte. Die Soldaten, die sie gefangen genommen hatten, waren brutale Männer gewesen. Sie hätten Johs fast getötet! Dann waren da natürlich Appius und sein Vorarbeiter Dominian. Grausame, tyrannische Gesellen! Wie gegensätzlich dazu Caius und Tito und der alte Herr der Villa Quintus waren. Wenn Rowan ehrlich war, musste sie zugeben, dass es in ihrem Volk ebensolche Typen von Menschen gab wie bei den Römern. Wenn sie nur an Morcant dachte… Er stand Appius in Sachen Grausamkeit gewiss um nichts nach! Caius hingegen erinnerte sie vom Wesen her mehr an Drystan.

Drystan… Auf einmal füllten sich ihre Augen mit Tränen. Sie senkte den Kopf, damit der junge Herr nichts bemerkte, und verabschiedete sich schnell. Dann eilte sie wieder in die Villa.

Wieso musste sie auf einmal an Drystan denken? Im

Haus stellte sie den Krug auf einem Fensterbrett ab. Dann lehnte sie sich an eine Säule und schlug die Hände vors Gesicht. Sie vermisste ihn so! Manchmal gelang es ihr, die Gedanken an ihn zu verdrängen, doch diesmal überfielen sie sie mit aller Macht. Rowan fasste mit der Hand in den Kragen ihrer Tunika und zog ihren Anhänger heraus. Das Metall war warm von ihrer Haut und schimmerte silbrig. Sie schloss die Augen und drückte die halbe Sonne an sich.

»Geht es dir nicht gut? Kann ich dir helfen?«, unterbrach Caius' warme Stimme ihre Gedanken.

Rowan fuhr erschrocken zusammen. Sie hatte nicht gemerkt, dass der junge Herr ihr gefolgt war! Schnell ließ sie den Anhänger wieder in ihrer Tunika verschwinden.

»Es ist nur die Hitze, Dominus. Es geht mir schon wieder besser.«

Schnell schnappte sie sich ihren Wasserkrug und huschte davon.

Caius schaute ihr nachdenklich hinterher. Er hatte am Brunnen bemerkt, wie aufgewühlt die junge Keltin auf einmal wirkte. Er meinte sogar, Tränen in ihren Augen glitzern gesehen zu haben. Als er ihr gefolgt war, um zu sehen, ob alles in Ordnung mit ihr war, fand er sie im Gang an die Säule gelehnt vor. Ihre Augen waren geschlossen und ihr Gesichtsausdruck so voller Sehnsucht gewesen, dass er sich unwillkürlich fragte, ob Rowan unglücklich war. Gleich darauf schalt er sich für diesen seltsamen Gedanken. Natürlich war sie nicht glücklich darüber, Sklavin zu sein! Aber so waren nun einmal die Verhältnisse. Es gab Leute, die herrschten, und andere, die dienten. Die Götter hatten es seit jeher so bestimmt.

Er hatte natürlich gesehen, dass die junge Frau eine Kette an ihr Herz presste. Als sie ihn bemerkte, ließ sie die Kette blitzschnell wieder unter ihre Tunika gleiten, dennoch hatte er den Anhänger kurz sehen können. Er sah aus, wie ein Halbkreis von dem Strahlen ausgingen. Er nahm an, dass der Schmuck keltischen Ursprungs war, da er noch nie zuvor etwas Vergleichbares gesehen hatte.

Caius nahm sich vor, mit Rowan über ihren Kummer zu reden. Vielleicht fühlte sie sich auf dem Weingut nicht gut behandelt. Dagegen konnte er etwas machen. Jetzt musste er aber endlich Quintus Bericht erstatten und ihm von seinem Ausflug nach Borbetomagus erzählen.

20. Traubenlese

Quintus' Weingut bei Borbetomagus, 95 v. Chr.

Der heiße, trockene Sommer war einem milden Herbst gewichen. Die Zeit der Traubenlese stand unmittelbar bevor. Auf Quintus' Weingut herrschte deswegen Hochbetrieb. Die Erntekörbe stapelten sich vor dem Lager, und jede Menge zusätzliche Helfer waren für die Zeit der Lese eingestellt worden. Viele einheimische Familien halfen bei der anstrengenden Traubenernte mit und verdienten sich so ein wichtiges Zubrot, um gut über den Winter zu kommen.

Die Dolia waren sorgsam auf Schäden überprüft worden und warteten auf Befüllung. Die Kelter- und Lagerräume waren peinlichst genau sauber gemacht worden, da eine mögliche Verschmutzung ganze Weinvorräte vernichten konnte. Den Kelterboden und die Kelterwannen hatte man mit einer Salzlauge ausgewaschen und anschließend sorgfältig getrocknet. Zuletzt hatte ein Priester die Räume mit duftenden Kräuterbüscheln ausgeräuchert und Bacchus, den Gott des Weines, um seinen Segen gebeten. Die kleinen Erntemesser lagen frisch geschärft und sauber in einer Kiste bereit. Wenn man die reifen Trauben mit der Hand pflückte, würden zu viele wertvolle Früchte auf den Boden fallen und somit unbrauchbar werden.

Caius, Quintus und Tito beobachteten seit Tagen genau

die Trauben und das Wetter, um den richtigen Zeitpunkt für die Ernte festlegen zu können. Jeden Tag gingen sie zeitig auf den Weinberg und untersuchten den Reifegrad der Früchte. Die dunkle Färbung der Kerne und die Farbe der Trauben gaben ihnen wichtige Hinweise. Wenn die Früchte fast durchsichtig wirkten und die Kerne deutlich sichtbar waren, war der richtige Zeitpunkt erreicht. Wurden die Trauben zu früh geerntet, litt die Qualität des Weines erheblich. Wartete man zu lange mit der Lese, riskierte man, dass die köstlichen Trauben von Vögeln geraubt oder vom Wind abgerissen wurden. Überreife Früchte gefährdeten darüber hinaus den Prozess der Gärung, da sie leicht aufplatzten und dadurch anfällig für Krankheiten waren, die sich dann auf die gesunden Trauben übertragen konnten.

Endlich war es so weit. Bei der letzten Traubenprobe waren sich die drei Weinexperten einig. Es war an der Zeit, mit der Lese zu beginnen. Die Erntehelfer hoben die großen Körbe auf den Rücken und holten sich ihre Erntemesser. Jedem wurde genau gesagt, für welchen Teil des Weinberges er zuständig war. Kinder begleiteten ihre Eltern und gingen ihnen zur Hand. Oft sah man sie mit Wasserschläuchen über den steilen Weinberg flitzen, da die Arbeiter durch die anstrengende Tätigkeit durstig wurden und ins Schwitzen gerieten.

Caius und Quintus beaufsichtigten das Geschehen auf dem Weinberg. Sie waren die ganze Zeit unterwegs, um sicherzustellen, dass die Arbeit zügig und sauber vonstattenging. Die Helfer waren genau in ihre Aufgaben eingewiesen worden. Sie wussten, dass nur reife und gesunde Trauben in ihren Körben landen durften. Tito beaufsichtigte die Vorgänge im Torcularium. Wenn die Erntekörbe der Arbeiter voll waren, wurden sie in den Kelterboden entleert. Dort standen schon Frauen und Männer bereit, die mit ihren nackten Füßen auf den Trauben herumstampften, um ihnen den süßen Saft zu entlocken. Die Frauen hatten die Röcke hochgebunden, und ihr Haar steckte unter einer Haube. Schließlich war auch hier Sauberkeit sehr wichtig. Tito hatte selbst überwacht, dass sich die Arbeiter die Füße und Beine mit einer Wurzelbürste sorgfältig abschrubbten, bevor sie in die Traubenmasse stiegen. Die Männer arbeiteten mit nacktem Oberkörper und waren nur mit einem Lendenschurz bekleidet.

Über dem Becken verliefen tief hängende Balken, an denen Seile befestigt waren. Daran konnten sich die Calcatores festhalten, um beim Stampfen nicht in die Trauben zu fallen. Um einen möglichst gleichmäßigen Rhythmus herzustellen, spielte ein Flötenspieler den ganzen Tag über fröhliche Lieder. Oft sangen die Calcatores mit. Die Arbeit war kraftraubend, dennoch machte sie auch Spaß. Die Männer stellten gerne ihre Muskeln zur Schau. Immer wieder zog sich einer von ihnen an einem der Seile hoch und ließ sich mit beiden Beinen in die Trauben fallen. Dies wurde von einem freudigen Kreischen der Frauen begleitet, die dann natürlich Saftspritzer abbekamen.

Der köstliche Saft lief aus dem leicht erhöhten Kelterboden durch Rinnen in den Lacus. Sklaven brachten die ausgetretenen Traubenreste mit Körben zu einer der beiden großen hölzernen Traubenpressen. Die dort gepressten Saftreste flossen durch eine Rinne ebenfalls in den Lacus. Anschließend gaben Arbeiter den Trester in eine Wanne mit Wasser. Er würde am nächsten Tag nochmals gepresst werden. Der daraus entstandene, dünnere Wein wurde traditionell für Lohnarbeiter und Sklaven verwendet.

Der Most, aus dem später der köstliche Wein werden würde, wurde durch Bleirohre aus dem Lacus direkt in die Dolia, die Gärfässer, geleitet. Diese waren unter dem Kelterraum in den Boden eingelassen worden, um eine kühle Temperatur für den Gärvorgang sicherzustellen. Da Quintus' Weingut groß war, hatte man neunzig solcher Tongefäße im Boden eingelassen. Sie konnten über neunzigtausend Liter Wein auffangen.

Caius achtete sehr darauf, dass die Dolia nie randvoll gefüllt wurden, da der Inhalt durch den Gärprozess zu schäumen begann. Die Deckel wurden darum nur locker aufgelegt und von Tito höchstpersönlich mit einer speziellen Mischung eingerieben, um Verunreinigungen zu vermeiden. An den Seiten angebrachte Lüftungsschlitze und durch den Ton gebohrte Löcher stellten sicher, dass die entstehenden Gärgase nach außen abgeleitet wurden. Der Schaum wurde zweimal täglich von zuverlässigen Sklaven aus den Dolia entfernt und die Ränder sorgfältig mit Bürsten abgeschrubbt. Danach wurden sie wieder von Tito mit der Spezialmischung bestrichen. Die Farbe des Schaums war entscheidend und musste von Caius genau beobachtet werden. War er weiß, war die Qualität des Weines in Ordnung. Stieg rötlicher Schaum auf, war das ein Hinweis auf schlechte Gärung und die entsprechende Dolia musste von den übrigen entfernt werden, um eine Ausbreitung auf die anderen Weingefäße zu verhindern.

Insgesamt dauerte der Gärungsvorgang dreißig Tage. War er beendet, verschlossen Caius und Tito die Deckel der Dolia fest mit Pech und dichteten die Lüftungsschlitze und Bohrlöcher sorgfältig ab. So konnte der Wein gelagert werden. Für den Verkauf und für den Eigengebrauch füllten die Weinhändler den Wein in Amphoren ab. Auch in Quintus' Villa gab es neben der Küche einen eigenen Raum, der zur

Aufbewahrung der Weinamphoren gedacht war. Durch den in der Küche entstandenen Rauch wurde die Haltbarkeit der gelagerten Amphoren verlängert.

Alle Gutsbewohner halfen bei der Weinherstellung mit. Aurelias Aufgabe war es, die Verpflegung zu überwachen und sicherzustellen. Die Erntehelfer mussten ja verköstigt und bei Kräften gehalten werden, um weiterhin gute Arbeit leisten zu können. Sie ließ körbeweise frisches Brot und Käse zu den Arbeitern bringen. Die setzten sich meist an Ort und Stelle auf den Boden und verschlangen gierig ihre Brotzeit. Dazu gab es kühlen Traubensaft, der in Krügen auf den Berg getragen wurde. Diese Arbeit übernahmen gern die Kinder der Arbeiterfamilien, so konnten sie schon auf dem Weg heimlich von dem süßen Getränk kosten.

Rowan half dabei mit, die Körbe mit dem Essen zu den Arbeitern zu bringen. Sie liebte den Geruch der reifen Trauben, die im hellgrünen Weinlaub leuchteten und schwer nach unten hingen. Die Arbeiter nahmen dankbar ihre Mahlzeit in Empfang. Sie stellten ächzend ihre schweren Körbe ab und ließen sich auf den Boden nieder. Manchmal setzte sie sich eine Weile dazu und unterhielt sich mit ihnen. Dadurch erfuhr sie allerlei über die Lebensumstände der Bauern in der Gegend. Die meisten Menschen begegneten ihr freundlich, nur manche behandelten sie wegen ihrer keltischen Herkunft mit Misstrauen.

Rowans Meinung über Quintus und seine Familie war inzwischen gefestigt. Jeder hatte ihr bestätigen können, dass die Herrschaften gerecht und großzügig waren. Wenn es zu Züchtigungen kam, dann war immer etwas Strafwürdiges vorgefallen. Von Willkür konnte keine Rede sein.

Als Rowan weiter den Berg hinaufstieg, sah sie auf einmal ein bekanntes Gesicht.

»Johs!«, rief sie lachend. »Ich bringe dir eine Stärkung.«

Johs hob den Kopf und sah lächelnd zu der herannahenden Rowan. Sie stellte ihren Korb neben ihm ab und half ihm dann, seinen fast gefüllten Erntekorb abzustellen. Dann setzten sie sich nebeneinander in den Schatten eines Weinstockes. Rowan nahm einen Brotlaib in die Hände und brach ihn in der Mitte durch. Dann reichte sie die eine Hälfte ihrem Freund und ließ sich die andere selbst schmecken. Dazu gab es duftenden Käse, und sogar ein Gefäß mit Oliven hatte sie mitgebracht. Johs aß gierig seine Mahlzeit und krümelte sich dabei voll. Belustigt sah Rowan ihrem Freund zu.

»Johs, iss langsam! Nimmt dir doch keiner was weg!«

Schuldbewusst sah er auf und bemerkte ihren belustigten Blick.

»Die Arbeit macht hungrig«, verteidigte er sich, während er sich noch eine eingelegte Olive aus dem Tongefäß angelte und genüsslich in den Mund steckte.

»Bist du überhaupt schon stark genug für diese harte Arbeit?« Besorgt blickte Rowan ihn an. Seine schwere Verletzung war zwar schon wochenlang her und gut verheilt, aber man konnte ja nie wissen.

»Zweifelst du etwa an meiner Kraft?«

Empört sah ihr Milchbruder sie an und hielt ihr seinen Arm vors Gesicht, wobei er seinen Bizeps anspannte.

Rowan musste lachen. Wie sie sich über Johs' Genesung freute! Als die Söldner ihn zur Villa gebracht hatten, war er mehr tot als lebendig gewesen, und eine Zeit lang hatte es so ausgesehen, als ob er es trotz ihrer aufopferungsvollen Pflege nicht schaffen würde. Aber dann war doch alles gut gegangen. Rowan war sich sicher, dass ihre vielen Gebete zu den Göttern geholfen hatten. Lucrezia, mit der sie sich seit ihrer Ankunft angefreundet hatte, hatte sicherheitshalber ein paar römische Gottheiten um Hilfe angerufen. Was der Grund für seine Genesung war, würde wohl nie geklärt werden. Aber immerhin war Johs wieder gesund geworden, und das war das Einzige, was zählte!

»Ich muss weitermachen, sonst schaffe ich meinen Abschnitt heute nicht mehr.«

Liebevoll drückte Johs Rowan einen Kuss auf die Wange und schulterte dann wieder seinen großen Korb. Da dieser schon fast voll war, schwankte er bedenklich. Rowan griff schnell zu und half Johs, das Ungetüm zu stabilisieren.

»Ich danke dir, meine Schwester.«

Schon wandte er sich wieder den Rebstöcken zu und schnitt flink die reifen Früchte ab. Rowan bewunderte die Geschwindigkeit, mit der er diese Tätigkeit verrichtete, dann besann sie sich auf ihre eigene Aufgabe und lief schnell weiter. Auf der Bergkuppe war die Begrenzung des Weinberges. Dort waren ein paar der Söldner postiert, die Caius vor einigen Wochen angeworben hatte. Auch sie wurden mit frischem Brot verpflegt. Als ihr Korb leer war, marschierte Rowan wieder bergab, um ihn neu zu füllen.

Auf dem Hof sah sie Tito, der gerade eine junge Frau, die mit roten Beinen im Kelterboden stand, zurechtwies, da deren lange Haare aus ihrem Kopftuch geschlüpft waren. Mit beschämtem Gesichtsausdruck stopfte sie ihr Haar wieder unter das Tuch, da sie genau wusste, wie wichtig Sauberkeit bei der Weinherstellung war. Neben der Sturmglocke stand ein riesenhafter Hüne, der sie mit gutmütigem Gesichtsausdruck ansah.

»Ich grüße dich, Rowan Keltentochter.«

»Ich grüße Euch, Flavius. Ich bringe Euch gleich frisches Brot, sobald ich meinen Korb wieder gefüllt habe«, versprach sie ihm. Sie hatte den großen Söldner und dessen Frau Veronica ins Herz geschlossen, seitdem sie auf das Gut gekommen waren. Veronica half im Haushalt mit, wo sie nur konnte. Dadurch waren sie sich nähergekommen. Seitdem die Söldnertruppe auf dem Weingut für Sicherheit sorgte, war es zu keinem Zwischenfall gekommen, und allmählich legte sich die Sorge der Bewohner. Sie fühlten sich beschützt und sicher und genossen die langersehnten Tage der Weinlese, die zwar arbeitsreich und mühsam waren, jedoch immer von einer ausgelassenen Stimmung begleitet wurden.

Rowan lief schnell in die Küche, wo sie sich von Gundula ihren Korb wieder füllen ließ. Aurelia war wie natürlich in der Küche, wo sie die Verpflegung überwachte. Die römische Winzertochter nickte ihr zu, als Rowan den schweren Korb wieder hochhob und nach draußen eilte. Veronica schnitt großzügige Stücke von dem Käse ab, der als großes Rad auf dem Küchentisch lag.

Nachdem sie Flavius mit einem extra dicken Stück Brot und Käse versorgt hatte, lief Rowan wieder auf den Weinberg. Ein großgewachsener, schlanker Mann kam ihr entgegen.

»Ah, Rowan. Schön, dass ich dich treffe. Ich bin am Verhungern!«

Caius schaute forschend in ihren großen Korb. Sie reichte ihm das übliche Brot und das Käsestück. Als sie seinen enttäuschten Gesichtsausdruck sah, musste sie lachen. Dann zog sie ein großes Stück Hartwurst aus ihrer Schürze und reichte es ihm.

»Wie hätte ich die vergessen können, Dominus, wo doch jeder weiß, wie gerne Ihr sie esst.«

Strahlend nahm Caius die Wurst entgegen und biss kräftig hinein. Sein Gesichtsausdruck wirkte, als würde er die beste Mahlzeit seines Lebens essen.

»Ich danke dir.«

Schmatzend lächelte er sie an. Rowan wurde rot. Sie freute sich über das Lob. Der Herr war immer so freundlich zu ihr. Nach ihrer Begegnung an der Säule hatte er sie beiseite genommen und gefragt, ob sie etwas bedrücken würde. Sie hatte seine Bedenken zerstreuen können und ihm versichert, dass jeder auf dem Weingut freundlich zu ihr war. Rowan hatte sich über seine Frage gewundert und dann beschlossen, dass sie sich einfach darüber freuen sollte, dass sich jemand Gedanken um sie machte. Lächelnd verabschiedete sie sich von Caius und marschierte weiter bergauf.

Caius schaute Rowan hinterher. Wieder konnte er nicht anders, als ihren anmutigen Gang zu bewundern. Wie sie scheinbar mühelos ihre schwere Last bergauf trug und dabei ihre Hüften wiegte. Die junge Keltin zog die Blicke der Männer nur so auf sich. Sie war sich ihrer Wirkung aber offensichtlich nicht bewusst und kokettierte nicht mit ihrem Aussehen. Caius war immer zu sehr mit seiner Arbeit beschäftigt gewesen, als dass er sich ernsthaft mit dem anderen Geschlecht hätte beschäftigen können, doch in letzter Zeit ertappte er sich immer häufiger dabei, wie er an die rothaarige Keltin denken musste und sich vorstellte, wie sie wohl ohne Kopftuch aussah. Ihr Haar musste inzwischen nachgewachsen sein.

Natürlich hatte er schon erste Erfahrungen mit Frauen gemacht, jedoch nichts, was über das rein Körperliche hinausging. Aber dass er immer wieder an dasselbe Mädchen denken musste, war neu für ihn. Er wusste nicht recht, wie er damit umgehen sollte.

Seufzend riss er sich von Rowans Anblick los und ging den Weg entlang. Er wollte sich mit Quintus und Tito treffen, um den weiteren Ablauf der Weinlese zu besprechen. Bis jetzt lief alles nach Plan, und sie konnten mit ihrer Arbeit durchaus zufrieden sein.

21. Schicksalsnacht

Quintus Weingut' bei Borbetomagus, 95 v. Chr.

Die Traubenlese war fast vorüber. Die Frauen und Männer hatten bis zur Erschöpfung gearbeitet, und das Ergebnis konnte sich durchaus sehen lassen. Caius und Quintus hatten mehr Wein ansetzen können als jemals zuvor. Sie würden einen satten Gewinn erwirtschaften, wenn sie den Wein verkauften.

Am Nachmittag des letzten Tages der Weinlese ließ Caius alle Arbeiter vor der Villa zusammenkommen. Als der Hof gut gefüllt war, stieg er auf eine umgedrehte Kiste. Erwartungsvolle Stille senkte sich über den Hof. Alle Blicke waren auf ihn gerichtet. Er räusperte sich kurz nervös, bevor er zu sprechen begann.

»Das Ergebnis der diesjährigen Weinernte übertrifft alle Erwartungen.«

Die Menschen fingen an zu jubeln. Caius ließ sie kurz gewähren und hob dann beschwichtigend beide Hände.

»Ohne eure Mithilfe wäre das nicht möglich gewesen, und dafür möchten sich unser Patronus Quintus«, Caius neigte kurz den Kopf in dessen Richtung, »und ich uns bei euch bedanken. Egal, ob freier Arbeiter oder Sklave, ihr alle habt zu diesem Erfolg beigetragen! Jeder von euch bekommt zum Dank eine Silbermünze geschenkt.«

Jetzt brandete der Jubel erneut auf, lauter als zuvor.

»Heute Abend wird gefeiert! Ihr habt es euch wahrlich verdient! Esst und trinkt, so viel ihr könnt!«

Mit diesen Worten beendete Caius seine kurze Rede. Von allen Seiten wurde ihm auf die Schulter geklopft und gedankt. Lächelnd wehrte er ab.

»Bedankt euch bei Quintus! Ich führe nur seine Befehle aus.«

Daraufhin scharte sich die Menge um den alten Winzer und ließ ihm dieselbe Aufmerksamkeit zukommen wie zuvor Caius.

Auf dem Hof vor der Villa wurden in der warmen Nachmittagssonne in Windeseile lange Tafeln aufgestellt. Die Männer entzündeten große Feuer, und im Nu drehten sich saftige Schweine auf Spießen. Auf die Tafeln wurden Krüge mit schäumendem Wein und klarem Wasser gestellt. Es folgten Körbe mit warmen, duftenden Brotlaiben und den üblichen Dinkelfladen. Als Nächstes wurden Kessel mit dampfender Suppe aufgetragen. Die Menschen brachen große Stücke aus den Brotlaiben und tunkten sie in die nahrhafte, sämige Erbsensuppe. Gundula hatte ein großes Stück Speck in der Suppe mitgekocht. Zur Hauptspeise wurde das gegrillte Schweinefleisch serviert. Ein Festmahl für die einfachen Arbeiterfamilien, bei denen Fleisch höchst selten auf den Tisch kam.

Quintus und seine Familie saßen am Ende der langen Tafel. Jeder genoss die fröhliche und ausgelassene Stimmung. Caius beobachtete, wie Aurelia kleine Stücke des vor ihr liegenden Schweinefleisches abschnitt und geziert zum Mund führte. Die Arbeiter am Ende der Tafel dagegen hielten ihr Fleisch fest in beiden Händen und rissen große Stücke mit ihren Zähnen heraus. Fett troff ihnen vom Kinn auf ihre Tuniken, doch das schien heute niemanden zu stören. Große

Mengen Wein wurden getrunken, und schon bald wurden die ersten Lieder angestimmt. Die Menschen grölten, und ein junger Mann ließ, von seinem ersten echten Rausch benebelt, seinen Kopf in die Suppe sinken. Lachend befreiten ihn seine Banknachbarn aus der misslichen Lage und legten ihn einfach neben der Tafel auf den Boden, wo er seinen Rausch ausschlafen konnte.

Zur Nachspeise wurden große Obstplatten mit Trauben, Feigen und Datteln serviert. Jeder konnte sich nach Herzenslust den Bauch vollschlagen.

Je später der Abend, desto zotiger wurden die Lieder. Junge Burschen und Mädchen drehten sich zu Flötenspiel und Gesang im Kreis.

Caius freute sich über die fröhliche Ausgelassenheit seiner Arbeiter. Sie hatten es wahrlich verdient! Lächelnd beobachtete er die tanzenden Menschen, und auf einmal erblickte er Rowan, die sich wild am Arm eines Mannes im Kreis drehte. Das Lächeln gefror auf seinem Gesicht. Ihr Kopftuch war auf ihre Schultern gerutscht, und ihre roten Locken flogen in einem leuchtenden Bogen um ihren Kopf. Sie sah berückend schön aus. Ihre Augen funkelten, und ihre Wangen waren von der Anstrengung gerötet. Gerade legte sie ihren Kopf in den Nacken und lachte laut über etwas, was der junge Mann, mit dem sie tanzte, ihr zuflüsterte.

Eifersucht wallte in Caius hoch, ein Gefühl, das ihm bisher völlig fremd war! Wer war dieser Mann, der die bezaubernde Sklavin so glücklich machte? Er stieß dem neben ihm sitzenden Tito mit dem Ellbogen heftig in die Seite.

»Tito, wer ist der Mann, mit dem die rothaarige Sklavin tanzt?«

»Aua, was soll denn das?! Das hat wehgetan!«, jammerte Tito und rieb sich die schmerzende Seite.

»Sag schon, ob du ihn kennst!« Ungeduldig sah Caius seinen Freund an.

»Wen meinst du?« Angestrengt sah Tito in die Richtung, die Caius ihm gewiesen hatte.

»Ach den. Das ist doch der junge Kelte, den wir auf Lucius' Weingut gefunden haben. Johs heißt er. Warum interessiert dich das?« Tito musterte seinen Freund interessiert.

»Nur so. Das geht dich nichts an!«, wies Caius ihn mürrisch zurecht.

Schulterzuckend wandte sich Tito wieder seinem Gespräch mit Quintus zu, das Caius so rüde unterbrochen hatte.

Johs also. Er erinnerte sich. Der junge Kelte sah völlig anders aus als damals auf Lucius' Weingut. Er hätte ihn niemals wiedererkannt. Jetzt fiel ihm wieder ein, dass Rowan und Johs sich aus ihrem früheren Leben kannten. Wieso nur machte es ihm so viel aus, dass die beiden so unbeschwert miteinander umgingen?

Aurelia konnte ihren Blick nicht von Caius abwenden. Er sah verärgert aus und starrte immer wieder zu den tanzenden Paaren. Zuerst konnte sie sich keinen Reim darauf machen, dann sah sie, wie er Tito in die Seite stieß und aufgeregt auf ein Paar deutete. Interessiert blickte Aurelia in dieselbe Richtung und konnte auf Anhieb niemanden erkennen. Da bemerkte sie auf einmal leuchtend rote Haare, die im Kreis um eine sich drehende junge Frau flatterten, und sie bekam ein flaues Gefühl im Magen. Es war Rowan, die keltische Sklavin. Sie war es, die Caius beobachtete! Aber warum war er nur so verärgert? Hatte sie etwas getan, was seinen Ärger beschworen hatte?

Da bemerkte sie auf einmal, dass es nicht Rowan war, die

von Caius mit blitzenden Augen beobachtet wurde, sondern ihr Begleiter. Aurelias Handflächen fingen an zu schwitzen. Ihr war plötzlich klar, was da vor sich ging. Caius war eifersüchtig! Ihr fielen die vielen Blicke wieder ein, die er Rowan beim Servieren des Abendessens zugeworfen hatte. Er schien sich tatsächlich in die rothaarige Sklavin verliebt zu haben! Aurelias Augen füllten sich mit Tränen. Abrupt stand sie auf und murmelte eine Entschuldigung, um sich zurückziehen zu können. Ihr Vater, der in sein Gespräch mit Tito vertieft war, nickte ihr freundlich zu und ließ sie gehen. Er nahm wohl an, dass die zotigen Sprüche seiner Tochter zu wild wurden.

Caius merkte von alldem nichts. Er hatte nur Augen für Rowan und deren Freund Johs. Wenn er es sich genauer überlegte, war an ihrem Verhalten nichts Anstößiges zu bemerken. Sie verhielten sich nicht wie ein Liebespaar. Caius wischte sich mit der Hand über die Augen. Er wusste nicht, was mit ihm los war. Hatte er einfach zu viel von dem süffigen Wein erwischt! Auch er hatte während des Festmahls den einen oder anderen Becher getrunken. Er beschloss, sich zu Bett zu begeben und gründlich auszuruhen. Am nächsten Tag würde gewiss alles anders aussehen!

Rowan lachte glücklich. Sie konnte sich gar nicht mehr daran erinnern, wann sie das letzte Mal so viel Spaß gehabt hatte. Sicherlich hatte es in ihrem Heimatdorf das eine oder andere Gelage gegeben, doch ihre Mutter sorgte stets dafür, dass sie direkt nach dem Essen wieder in ihre Kate heimkehrte. Sie konnte dort zwar die Musik der Feiernden und deren fröhliche Stimmen durch die dünnen Wände hören, aber selbst – außer bei ihrer eigenen Hochzeit, wo ihr verständlicherweise die Lust am Feiern vergangen war – nie an den Tänzen teilnehmen.

Sie war inzwischen völlig außer Atem. Sie fühlte sich, als hätte Johs sie schon stundenlang im Kreis gedreht, und ihr wurde langsam schwindelig.

»Johs, genug! Ich muss mich setzen!«, jammerte sie.

Doch der schwenkte sie noch einmal kräftig im Kreis herum, was von Rowan mit einem fröhlichen Kreischen beantwortet wurde.

»Siehst du, es macht dir Spaß!«, neckte er sie, setzte sie dann aber doch mit den Füßen auf dem Boden ab und führte sie zu einer Bank, auf die sie sich schwer atmend fallen ließ. Johs reichte ihr einen Becher voll Wein, den sie gierig in einem Zug hinunterstürzte. Sofort ging es ihr besser, und ihr Atem verlangsamte sich merklich. Als ihr Freund sie wieder auf die Beine ziehen wollte, wehrte sie dennoch lachend ab.

»Ich muss mich wirklich etwas ausruhen! Hab Erbarmen!«

»Na gut, ich habe da hinten Lucrezia gesehen. Die werde ich mir jetzt schnappen!«

Schon war Johs in der Menge untergetaucht, und Rowan erblickte seinen blonden Schopf kurz darauf wieder, als er mit einer lachenden Lucrezia im Arm Runde um Runde drehte. In Rowans Nähe tanzten Flavius und Veronica eng aneinandergeschmiegt. Veronica wirkte trotz ihres inzwischen deutlich gerundeten Leibes in Flavius' kräftigen Armen winzig und zierlich. Sie hatte ein seliges Lächeln auf dem Gesicht. Gundula lief geschäftig hin und her und sorgte dafür, dass die Krüge immer gefüllt waren.

Es war ein fröhlicher Abend auf dem Hof vor dem Weingut, der noch lange andauerte. Erst kurz vor der Morgendämmerung fielen die Letzten satt und zufrieden in ihre Betten.

Caius wälzte sich auf seinem Lager hin und her. Er hatte Schwierigkeiten einzuschlafen. Die Sache mit Rowan wollte ihm nicht aus dem Kopf gehen. Auf einmal zerriss ein Schrei die Stille. Sofort fuhr er hoch und lauschte angestrengt in die Nacht. Da, wieder ein Schrei! Schnell schwang er seine nackten Beine aus dem Bett und eilte zur Tür. Der Gang war menschenleer, aber die Tür zu Aurelias Kammer am Ende des Flurs stand weit offen, ebenso wie Quintus' Kammertür daneben. Beunruhigt ging Caius näher heran. Seine Nase nahm einen ausgeprägten metallischen Geruch wahr. Aus Aurelias Kammer kamen seltsame Geräusche. Caius trat in die Tür, und was er sah, ließ ihm das Blut in den Adern gefrieren. Der Vorraum war voller Blut. Mitten in der Kammer lag Aurelias Zofe Aelia mit dem Gesicht nach unten inmitten einer riesigen Blutlache. Caius sah sofort, dass hier jede Hilfe zu spät kam. Was war nur geschehen? Oh nein, Aurelia!

Schnell rannte er die paar Schritte bis zu ihrer Tür. Er riss sie auf, und das Erste, was er sah, war Aurelia, die sich mit weit aufgerissenen Augen an die Wand presste. Sie war kreidebleich, und ihre blutleeren Lippen formten ein ungläubiges O. Sie starrte auf die Szene vor sich, offensichtlich unfähig, sich zu bewegen. Der alte Weinhändler Quintus, der wesentlich schneller mitbekommen hatte, dass etwas nicht stimmte, wälzte sich mit einem riesigen, nur mit einer Hose bekleideten Krieger auf dem Boden und versuchte, diesem dessen Beil zu entwenden. Er keuchte angestrengt und hatte es fast geschafft. Er umklammerte das rechte Handgelenk seines Angreifers und versuchte, es nach unten zu biegen, um ihn dazu zu zwingen, die Waffe loszulassen. Bevor Caius eingreifen konnte, ließ sich der riesige Krieger mit seinem ganzen Gewicht auf den alten Mann fallen, sodass diesem alle Luft aus der Lunge entwich. Dann riss er sein Handgelenk aus Quintus' Umklammerung, holte weit aus und rammte ihm seine Axt in die Brust. Mit einem hässlichen Knacken brach Quintus' Brustbein. Der alte Mann erschlaffte augenblicklich und verdrehte die Augen, sodass nur noch das Weiße sichtbar war.

Aurelia schrie laut auf und sank zu Boden. Caius stürzte sich auf den viel größeren Krieger und umklammerte von hinten dessen Hals. Obwohl der Mann von dem vorangegangenen Kampf außer Atem war, gelang es ihm relativ mühelos, den leichteren Caius abzuschütteln. Der flog in hohem Bogen durch die Kammer und stieß sich den Kopf an Aurelias Bettpfosten. Benommen blieb er liegen.

Der Krieger lachte dröhnend. Ihm schien die Situation Spaß zu machen. Er wandte sein Gesicht Aurelia zu. Sie bemerkte eine lange, furchterregende Narbe auf seiner linken Gesichtshälfte. Bösartige, kleine Augen funkelten sie an. Aurelia fühlte sich wie gelähmt, als der widerwärtige Mann mit einem abscheulichen Grinsen auf sie zukam. Sein weiß gekalkter Oberkörper war blutbeschmiert, und er hielt immer noch die bluttriefende Axt in der Hand, die er mit einem schmatzenden Geräusch aus Quintus' Oberkörper gezogen hatte. Dazu musste er sich sogar mit einem Fuß auf die Leiche des Weinhändlers stemmen, da sich die Waffe nicht so leicht lösen wollte. Von draußen waren laute Schreie zu hören. Die Sturmglocke läutete, Menschen schrien panisch auf, und roter Feuerschein erhellte die Nacht.

Der Krieger durchquerte mit wenigen Schritten den Raum. Schon streckte er seine riesige Pranke nach Aurelia aus und zerriss ihr Nachthemd mit einem gewaltigen Ruck. Tränen liefen ihr über die Wangen, und sie war unfähig, sich zu bewegen. Plötzlich stöhnte der Mann auf und ließ von ihr ab. Eine beinerne Haarnadel steckte bis zum Ansatz in seiner Wade.

Caius stand schwer atmend hinter dem Krieger und starrte ihn hasserfüllt an. »Lass deine dreckigen Pfoten von Aurelia! Rühr sie nicht an!«

Der Krieger verzog keine Miene, als er die lange Haarnadel umfasste und sie mit einem Ruck aus seiner Wade zog. Verächtlich ließ er das blutbesudelte Schmuckstück fallen. Bedrohlich näherte er sich Caius. Dieser sah sich verzweifelt nach einer Waffe um. Es war reiner Zufall gewesen, dass er nach seinem Sturz die Haarnadel unter Aurelias Bett entdeckt hatte. Blindlings griff er nach dem Schemel, der neben ihm stand, und versuchte, ihn dem Angreifer über den Kopf zu ziehen. Der drehte sich jedoch blitzschnell zur Seite, sodass Caius nur dessen Schulter erwischte. Krachend zersplitterte der Schemel, und der Krieger stöhnte auf. Der Mann schwankte kurz, aber auf einmal bückte er sich schnell und zog mit einer geschmeidigen Handbewegung einen spitzen Dolch aus seinem Lederstiefel.

Caius versuchte, der Waffe auszuweichen, wurde jedoch direkt über dem Auge getroffen. Blut strömte aus der Wunde und erschwerte ihm die Sicht. Der Krieger lachte laut auf und setzte sofort nach. Er stieß den Dolch tief in Caius' rechte Schulter, woraufhin dieser stöhnend zusammensackte.

Aurelias gellender Schrei war markerschütternd. Mit anzusehen, wie ihr geliebter Vater brutal ermordet wurde, hatte sie komplett gelähmt, aber dass sich dessen Mörder jetzt an Caius zu schaffen machte, ließ sie plötzlich aus ihrer Starre erwachen. Sie stürmte auf den Riesen zu. Der fing sie jedoch mit einer Hand mühelos ab und warf sie auf ihr Bett. Dann stürzte er sich auf die schreiende Winzertochter und hielt sie mit einer Pranke fest, während die andere die Verschnürung an seiner Hose öffnete. Aurelia schloss die Augen. Sie wusste, dass es nichts gab, was sie jetzt noch retten konnte. Sie wollte wenigstens ihrem Peiniger nicht in die entstellte Fratze sehen müssen, während er sich an ihr verging. Speichel tropfte aus dem geöffneten Mund des Mannes auf ihr Gesicht, und ihr Magen rebellierte, als sie seinen fauligen Atem roch. Sie fühlte alle Kraft aus ihrem Körper weichen. Ihr Vater war ermordet worden, Caius lag wohl ebenfalls im Sterben. Ihr Leben war vorbei. Sie schloss mit ihrem irdischen Dasein ab. Sie würde ihren Eltern im Elysium wiederbegegnen.

Inzwischen hatte der Mann seine Hose heruntergeschoben. Keuchend rammte er seine Knie zwischen ihre geschlossenen Beine und drückte sie auseinander.

Plötzlich hörte Aurelia einen wütenden Ruf. Sie öffnete die Augen und drehte ihren Kopf zur Tür. Erstaunt erblickte sie die rothaarige Sklavin, die plötzlich in der Tür stand. Rowans Haltung schien angespannt, und ihre Muskeln traten sehnig hervor, während sie ihren Gegner taxierte.

»Lauf weg, Rowan!«, krächzte Aurelia heiser. »Bring dich in Sicherheit!«

Die keltische Sklavin ignorierte ihren Einwurf und starrte weiterhin den großen Krieger an. Sie sagte etwas zu dem Mann in einer fremden Sprache. Ihre Stimme klang leise und bedrohlich.

Der große Krieger wandte erstaunt den Kopf, als er die keltischen Worte vernahm. Dann verzog er sein Gesicht zu einer höllischen Fratze, die wohl ein Grinsen sein sollte.

»Sieh mal einer an, mein Eheweib gibt sich die Ehre!«

Langsam erhob er sich und beachtete die wimmernde Aurelia nicht mehr. Er machte sich nicht einmal die Mühe, seine Hose zu schließen, sondern stand mit halb heruntergelassener Hose in der Kammer. Offenbar genoss er es, sich Rowan derart zu präsentieren.

»Lange habe ich auf diesen Augenblick gewartet! Du kannst dir gar nicht vorstellen, wie sehr! Blutend habt ihr mich liegen lassen, du und dein sauberer Freund, der sich mein Sohn nennt! Wo ist diese nichtsnutzige Kreatur eigentlich abgeblieben?«

»Was tust du hier?«, zischte Rowan.

Sie ging absichtlich nicht auf seine Frage ein. Hoffentlich hatte sich Johs in Sicherheit bringen können!

»Nach was sieht es denn aus?«, lachte der Riese. »Wir machen das, was wir schon immer getan haben – Beute suchen. Und in diesem Fall ist mir ein besonders dicker Fisch an die Angel gegangen!«

Morcant ging langsam auf Rowan zu, die immer noch in der Tür stand.

»Verschwinde von hier! Lass diese Menschen zufrieden!«, zischte sie ihm feindselig zu.

»Aber Liebste, freust du dich denn gar nicht, deinen Ehemann wiederzusehen?« Lüstern musterte der Hüne Rowan. »Du bist ein ansehnliches Weib geworden. Ich werde noch viel Freude an dir haben!«

Bei diesen Worten griff er sich obszön an den Schritt.

»Natürlich werde ich dir noch Benehmen beibringen müssen, schließlich gehört es sich nicht, seinen Ehemann in der Hochzeitsnacht halb tot liegen zu lassen.«

Urplötzlich griff er mit seiner blutverschmierten Hand in Rowans Haare, die offen auf ihren Schultern lagen. Sie rührte sich nicht, ließ Morcant aber trotzdem keine Sekunde aus den Augen. Der große Kelte hob langsam eine Haarsträhne an seine Nase und sog genießerisch ihren Duft ein.

»Oh ja, ich werde viel Freude an dir haben.«

Plötzlich ließ Rowan ihren Kopf nach vorne schnellen. Sie traf Morcant mit ihrer Stirn mitten im Gesicht. Blut schoss aus seiner Nase, und er versuchte, nach ihr zu greifen. Sie entwand sich wieselflink seinem Griff und duckte sich weg. Dann rammte sie ihren Ellbogen in Morcants Gemächt, woraufhin dieser stöhnend zusammensackte.

»Das wirst du mir büßen, du Biest!«, stieß er zwischen zusammengebissenen Zähnen hervor.

»Dafür musst du mich erst mal kriegen, du alter Widerling.«

Rowan tänzelte leichtfüßig um den großen Kelten herum. Sie verspürte seltsamerweise keine Angst, obwohl sie wusste, dass dieser Kampf sehr wahrscheinlich zu ihren Ungunsten ausgehen würde. Sie musste Aurelia schützen, die wimmernd auf ihrer Bettkante saß und ein Laken vor ihren entblößten Körper hielt.

Als Morcant sich langsam wieder aufrichtete, schickte sie ihn mit einem gezielten Tritt in die Kniekehle wieder zu Boden. Der Kelte brüllte vor Schmerz auf. Schneller als seine massige Gestalt es vermuten ließ, drehte er sich plötzlich um die eigene Achse und ergriff Rowans Knöchel. Mit einem Ruck riss er sie von den Füßen, und sie fiel zu Boden. Bevor er sich auf sie stürzen konnte, wurde er unvermittelt von der Seite angegriffen.

Caius, der den Dolch ächzend aus seiner Wunde gezogen und dabei fast das Bewusstsein verloren hatte, war unbemerkt an Morcant herangeschlichen. Lieber wollte er sterben, als zuzusehen, wie dieser Wilde Rowan oder Aurelia verletzte oder sogar tötete. Er rammte dem Krieger den Dolch in die Seite und fügte ihm eine tiefe Wunde am Arm zu.

Morcant griff nach seiner Axt und zog Caius die stumpfe Seite über den Kopf. Er hatte nicht richtig ausholen können, doch der Schlag reichte trotzdem aus, um ihn ins Reich der Träume zu schicken.

Derweil versuchte Rowan, aus der Reichweite ihres Ehemannes zu kommen. Der nahm ihre hastigen Bewegungen aus den Augenwinkeln wahr, griff sofort wieder nach ihrem Knöchel und zog sie mit einem Ruck unter sich. Mit einer Hand hielt er Rowans Arme über ihrem Kopf fest, genauso wie er es zuvor bei Aurelia gemacht hatte.

»Jetzt holen wir unsere Hochzeitsnacht endlich nach, meine Liebe.«

Brutal griff er nach Rowans Brüsten und knetete sie genüsslich mit seiner freien Hand. Sie versuchte verzweifelt, sich zu befreien, doch der schwere Krieger lag mit seinem ganzen Gewicht auf ihr. Morcants kleine Augen glitzerten gierig. Ein bösartiges Lächeln umspielte seine Lippen. Rowan spuckte ihm ins Gesicht. Dies schien ihn aber nur noch weiter anzuspornen. Er lachte laut auf. Rowans Herz hämmerte in ihrer Brust. Ihr war bewusst, dass es diesmal keinen Ausweg für sie gab.

»Ich war niemals deine Frau und werde es auch nie sein!«, spie sie ihm entgegen.

Morcant grinste nur, als er diese Worte vernahm.

Rowan wurde schwindlig. Das Gewicht des Kriegers ließ es nicht zu, dass sich ihre Lungen ausreichend mit Luft füllten. Seine groben Züge verschwammen vor ihren Augen. Rowan wusste plötzlich, dass sie nun sterben würde. Ihre

Gedanken trugen sie zurück in eine schönere Zeit. Mit aller Klarheit sah sie plötzlich das Gesicht ihres geliebten Vaters vor sich, der sie liebevoll anblickte. Dann verschwand sein Antlitz wieder, und tiefblaue Augen erschienen in ihrer Erinnerung. Rowan versuchte verzweifelt, Luft zu holen. Sie zappelte bei dem hilflosen Versuch, sich zu befreien, was weitere Erheiterung bei Morcant hervorrief.

Urplötzlich gefror das Lächeln auf seinen Lippen, und er riss die Augen weit auf. Rötlicher Schaum trat aus seinem Mund und tropfte auf sie. Rowan, die die Situation zunächst nicht einordnen konnte, bemerkte erst jetzt die Schwertspitze, die aus Morcants Brust ragte. Der riesige Krieger versuchte, sich umzudrehen, brach dann aber über Rowan zusammen. Sie drehte ihren Oberkörper, so weit es ging, zur Seite, um nicht ebenfalls von der Schwertspitze getroffen zu werden.

Ich ersticke, dachte sie panisch, als ihr Morcants Gewicht auch noch die restliche Luft aus den Lungen presste.

Sie fühlte sich auf eigentümliche Weise an ihre Hochzeitsnacht erinnert. Es flimmerte vor ihren Augen, dann begann es schwarz um sie herum zu werden.

Urplötzlich ging das Atmen wieder leichter. Gierig sog sie die rettende Luft tief in ihre Lungen. Der Schleier vor ihren Augen begann sich zu heben. Rowan wusste nicht, wie ihr geschah. Das Erste, was sie sah, war Caius. Er lag noch immer ohnmächtig auf dem Boden. Ihr Blick glitt weiter durch das Zimmer. Sie erstarrte, als sie einen großen, schlanken Krieger bemerkte, dessen nackter Oberkörper und Gesicht ebenfalls weiß gekalkt waren und der über ihr und Morcant stand. Seine langen, hellen Haare wurden von einem Lederband im Nacken zusammengehalten. In der rechten Hand hielt er ein mächtiges, bluttriefendes Schwert, das er eben aus Morcants totem Körper gezogen hatte. Unter der Leiche von Rowans Ehemann breitete sich eine große rote Lache aus. Seine Augen schauten sogar im Tod noch finster.

Rowans Blick glitt wieder zu dem großen Mann über ihr.

Tiefblaue Augen sahen auf sie herab. Rowan konnte sich nicht rühren. Wie hypnotisiert starrte sie den keltischen Krieger an. War sie gestorben und in ihrem Traum angekommen? Wie in einer Art Nebel nahm sie wahr, wie sich Caius neben ihr stöhnend regte und sich an den Kopf fasste. Er bot einen fürchterlichen Anblick. Sein Gesicht und seine Tunika waren blutverschmiert. Er war aschfahl und hatte tiefe Schatten unter den Augen.

Als Caius zu sich kam und einen großen Kelten mit blutigem Schwert vor Rowans Füßen erblickte, packte ihn erneut das Grauen. Er sprang taumelnd auf, und obwohl er alles andere als sicher auf den Beinen war, trat er schützend vor Rowan. Der Kelte hob seine Waffe und stellte sich breitbeinig in Angriffsposition. Die Spitze des Schwertes war auf Caius' Herz gerichtet.

»Nein!«

Rowan sprach mit erstaunlich klarer Stimme.

»Er ist ein Freund.«

Caius verstand kein Wort von dem, was sie sagte, sah aber erstaunt, wie der Krieger sein Schwert senkte und auf den Boden legte. Dann lief er leichtfüßig um den schwankenden Caius herum. Dieser versuchte noch, nach dem Fremden zu greifen, schaffte es aber nicht. Hilflos musste er mit ansehen, wie der Mann auf Rowan zutrat.

Der Krieger sank auf die Knie und beugte sich über die junge Frau. Caius wusste, dass er den durchtrainierten

Mann nicht daran würde hindern können, sich an Rowan zu vergehen. Ihm war furchtbar schwindlig, und er fühlte sich wegen des Blutverlustes so elend, dass er sicher keine Hilfe sein würde. Trotzdem ging er verzweifelt einen weiteren wackligen Schritt auf Rowan zu. Er fragte sich, warum sich die junge Keltin nicht wehrte. Sie lag mucksmäuschenstill da und starrte den Krieger an. Als der sich weiter über sie beugte, nahm Caius plötzlich ein silbriges Glänzen wahr. Der Kelte schien eine Art Kette um den Hals zu tragen, die jetzt über Rowan baumelte. Als er genauer hinschaute, glaubte er, seinen Augen nicht zu trauen. Der Anhänger glich dem, den Rowan trug, aufs Haar.

Plötzlich verstand er. Die beiden kannten sich, offensichtlich sehr gut sogar. Caius blieb schwankend stehen. Schweigend sah er zu, wie der Krieger Rowans Hand ergriff und sie vorsichtig aufrichtete.

»Ich habe dich gefunden! Ich habe dich endlich gefunden! Die Götter seien gepriesen!« Zärtlich schloss er Rowan in seine Arme.

»Drystan!« Tränen strömten über Rowans Wangen. Schluchzend ließ sie ihren Kopf an seine Schulter sinken. »Du bist gekommen!«

»Ich habe überall nach dir gesucht! Seit Jahren durchkämme ich das ganze Land nach dir! Tief in mir wusste ich immer, dass du noch lebst! Hier drinnen habe ich es gespürt!«

Drystan nahm Rowans Hand und legte sie auf seine linke Brustseite.

Caius wandte den Blick ab. Er konnte den Anblick, der sich ihm bot, nicht ertragen. Der blonde Krieger, der Rowan zärtlich in seinen kräftigen Armen hielt, und ihre Hand auf seinem Herzen. Die beiden sahen sich tief in die Augen und schienen in ihrer eigenen Welt zu versinken. Er wusste in diesem Moment, dass er Rowan niemals besitzen würde, und das brach ihm beinahe das Herz.

Von draußen ertönte auf einmal ein lauter Schrei. Rowans Kopf fuhr von Drystans Schulter hoch.

»Ruf deine Männer sofort zurück!« Beschwörend sah sie in seine blaue Augen.

»Was verlangst du da? Diese Menschen haben dich gefangen gehalten! Sie müssen bestraft werden!« Er musterte Rowan mit ungläubigem Blick.

»Sie sind immer nur gut zu mir gewesen«, erklärte Rowan mit Nachdruck. »Sie sind wie eine Familie für mich geworden. Dieser Mann dort«, sie deutete auf Caius, »hat mir das Leben gerettet. Wenn er nicht gewesen wäre, wärst du zu spät gekommen und Morcant hätte mich mit Gewalt genommen und getötet!«

Drystan musterte den jungen Römer, der seinen Blick auf den Boden gerichtet hielt, mit neu gewecktem Interesse.

»Ich werde tun, was du verlangst, auch wenn ich es nicht ganz verstehen kann. Ich gebe dir bis morgen Zeit, damit du deine Sachen ordnen kannst, aber dann komme ich dich holen!«

Nach diesen eindringlichen Worten erhob sich Drystan und verließ nach einem letzten liebevollen Blick auf Rowan die Kammer. Draußen hörte sie ihn laut rufen, und nach kurzer Zeit war das Donnern von Pferdehufen zu hören.

Caius starrte immer noch auf den Boden, als Aurelia plötzlich, das Bettlaken um sich gewickelt, aus ihrem Bett kletterte und zum Leichnam ihres Vaters stolperte. Dem toten Kelten auf dem Boden gönnte sie keinen Blick.

Sie ließ sich neben dem alten Mann nieder und bettete sein Haupt in ihren Schoß. Zärtlich schloss sie ihm die weit geöffneten Augen. Tränen liefen über ihr Gesicht.

»Du hast mich beschützt, Vater!«

Schluchzend strich sie ihm über die weißen Haare.

»Du hast mich mein Leben lang beschützt, warst immer für mich da. Wie soll ich nur alleine zurechtkommen?« Ihr Schluchzen wurde lauter, und sie drückte seinen Oberkörper an sich und wiegte ihn vor und zurück. Dann beugte sie sich nach vorne und flüsterte ihm ins Ohr. »Du bist bei Mutter im Elysium, und ihr werdet für immer glücklich sein. Eines Tages sehen wir uns dort wieder.«

Sie angelte mit einer Hand eine goldene Münze aus ihrer Truhe und legte sie ihrem toten Vater in den Mund.

»Für Charon, den Fährmann«, flüsterte sie leise. »Ich wünsche dir eine gute Reise.«

Dann streichelte sie liebevoll über den Kopf ihres Vaters und küsste ihn auf die Stirn. Ihre Tränen benetzten das wächserne Gesicht des alten Winzers.

Caius trat neben sie und kniete sich ebenfalls auf den Boden. Sein Kopf tat ihm unglaublich weh. Er hatte daher Schwierigkeiten, alles zu begreifen. Er schaute schweigend auf Quintus. Er hatte seinen väterlichen Freund und Aurelia ihren Vater für immer verloren.

Auf einmal wusste er, was er tun musste. Er nahm die junge Winzertochter in den Arm. Sie sah erstaunt auf, als hätte sie seine Nähe erst jetzt wahrgenommen.

»Ich werde für dich da sein, Aurelia. Das verspreche ich dir und deinem Vater, bei meinem Leben!«, sagte er mit Nachdruck und sah ihr dabei in die Augen.

Aurelia erwiderte seinen Blick fest. »Das weiß ich, Caius.«

Sie drückte ihm die Hand. »Aber nun lass mich nach deinen Verletzungen sehen, bevor du noch verblutest!«

»Ich muss erst draußen nach dem Rechten sehen«, widersprach Caius ernst und stand schwankend auf.

Ihm wurde kurz schwarz vor Augen, weshalb er sich an der Wand abstützen musste.

Aurelia schüttelte den Kopf und erhob sich ebenfalls.

»Wenn du deine Wunden nicht versorgen lässt, wirst du draußen nicht von Nutzen sein. Du hast viel Blut verloren.«

Ihre Stimme duldete keinen Widerspruch.

Caius bewunderte, wie besonnen und überlegt sie vorging. Sie hatte Recht. Er hatte keine Wahl, also setzte er sich auf ihr Bett und ließ zu, dass sie sich seine Verletzungen näher besah.

Vorsichtig tupfte Aurelia das Blut von Caius' Gesicht und bemerkte erleichtert, dass die Schnittwunde über dem Auge nur noch wenig blutete. Eine Narbe würde vermutlich zurückbleiben. Auf dem Hinterkopf prangte eine große Beule, wo ihn die flache Seite der Axt getroffen hatte. Caius würde sicher eine Zeit lang unter Kopfschmerzen leiden. Die Wunde, die der Dolch in seiner Schulter hinterlassen hatte, machte ihr wesentlich mehr Sorgen. Seine blutdurchtränkte Tunika klebte am Körper, und nach wie vor sickerte frisches Blut aus der Wunde. Sie zog vorsichtig an dem Riss, den der Dolch in der Tunika hinterlassen hatte, und legte so die Wunde komplett frei. Caius schien bei der Bewegung einen starken Schmerz zu spüren, da er die Zähne fest zusammenbiss. Aurelia kramte in ihrer Truhe und holte zwei frische Leinenhemden heraus. Eines davon streifte sie sich schnell über den Kopf, dann fing sie an, das andere in Streifen zu reißen. Sie bemerkte, dass sich Rowan zu ihr gesellte.

»Lasst mich Euch helfen, Herrin.«

Aurelia blickte Rowan stumm an und schüttelte den Kopf. Sie wollte sich alleine um Caius kümmern. Jetzt da sie wusste, dass Rowan einem anderen Mann ihr Herz geschenkt hatte, fühlte sie ihren Groll auf die rothaarige Sklavin schwinden. Und hatte Caius nicht gerade eben zu ihr gesagt, dass er immer für sie da wäre? Sie riss die Tunika weiter in lange Streifen. Einen davon tauchte sie schließlich in den Wasserkrug, der auf ihrem Tisch stand, und säuberte vorsichtig Caius' Schulter.

Der konnte diesmal ein lautes Stöhnen nicht unterdrücken. Die Wunde pochte und brannte, wie wenn tausend Nadelstiche hineinführen. Dann faltete Aurelia einen Streifen zu einem kleinen Päckchen und drückte ihn fest auf die Wunde. Anschließend schlang sie einen langen Streifen um Caius' Schulter und fixierte so das Leinenpäckchen.

»Das müsste die Blutung zumindest aufhalten, bis Lucrezia die Verletzung versorgen kann.«

»Ich danke dir, Aurelia.«

Caius legte kurz eine Hand an ihre Wange und sah erstaunt, wie sie die Augen schloss und sich an seine Hand schmiegte. Ihr Gesicht fühlte sich warm und weich an. Dann zwang er sich aufzustehen und ging trotz seiner pochenden Kopfschmerzen eilig zur Tür, um auf dem Gut endlich nach dem Rechten zu sehen. Die Schreie, die er gehört hatte, und der rötliche Feuerschein, der immer noch unheilvoll durch das Fenster drang, ließen darauf schließen, dass Schreckliches passiert war.

Entschlossen trat Caius auf den Gang.

22. Die Rückkehr des Häuptlings

Quintus' Weingut bei Borbetomagus, 95 v. Chr.

Die Morgendämmerung brach an. Das Weingut war in ein rötliches Licht getaucht. Dies kam jedoch nicht von der aufgehenden Sonne, sondern von dem tosenden Feuer, das immer noch im rechten Flügel der Villa wütete. Als Caius aus dem Haus lief, war schon eine lange Menschenkette mit Löscharbeiten beschäftigt. Auch Rowan und Aurelia, die kurze Zeit später hinter ihm aus der Villa kamen, schlossen sich sofort den Helfern an.

Caius beschloss, erst einmal beim Weinlager nach dem Rechten zu sehen. Er hatte lebhaft in Erinnerung, wie sein Vater fast seine gesamte Lebensgrundlage verloren hatte, als sein Weinlager abgebrannt war.

Als er den Weg entlanglief, sah er einen junger Arbeiter in einer Blutlache auf dem Boden liegen. Caius erkannte in ihm den jungen Mann, der mit dem Gesicht in der Suppe eingeschlafen war. Er bückte sich und schloss dessen weit aufgerissenen Augen. Ihm war die Kehle durchgeschnitten worden. Wie weit entfernt ihm der gestrige Abend jetzt erschien, derweil war es erst ein paar Stunden her!

Caius lief weiter und blieb erleichtert stehen, als er um die Ecke bog. Das Weinlager schien unversehrt.

Auf einmal zerriss ein lautes Schluchzen die Stille. Er

rannte sofort in die Richtung, aus der das Weinen kam. Abrupt blieb er stehen. Vor der Sturmglocke lag Flavius auf dem Boden. Veronica hielt seine massige Gestalt in den Armen und weinte herzzerreißend. Sein Schädel war zertrümmert worden, wie Caius mit einem Blick feststellte. Langsam trat er auf Veronica zu und kniete sich neben sie.

»Veronica«, sprach er sie leise an.

Sie sah schluchzend zu ihm auf. Ihre großen Augen schwammen vor Tränen, und ihr verzweifelter Gesichtsausdruck schnürte ihm das Herz ab.

»Veronica«, wiederholte er ihren Namen. »Du kannst nichts mehr für ihn tun. Denk an dich. Denk an euer Kind.«

Sachte löste er ihre Umklammerung und ließ den Leichnam vorsichtig auf den Boden sinken. Dann legte er seine Arme um die junge Frau und erhob sich langsam mit ihr. Ihre Beine wollten sie nicht tragen, doch Caius gab ihr Halt und stützte sie, auch wenn seine Schulter höllisch brannte.

»Ich helfe dir!«

Unendlich erleichtert hörte er die Stimme seines Freundes Tito. Der nahm ihm Veronica ab und hob sie einfach auf seine kräftigen Arme.

»Ich werde sie ins Haus bringen.«

Dankbar nickte Caius und blickte den beiden hinterher. Tito hatte überlebt! Den Göttern sei Dank! Augenblicklich meldete sich schuldbewusst sein Gewissen. Wenn er Flavius nicht angestellt hätte, wäre er jetzt noch am Leben und könnte sich mit Veronica auf sein Kind freuen. Caius erinnerte sich genau an den Stolz in Flavius' Stimme, als er ihm von seinem Nachwuchs berichtet hatte. Der große Söldner und dessen Frau waren ihm im Lauf der Zeit ans Herz gewachsen. Er würde Veronica auf keinen Fall ihrem

Schicksal überlassen! Das schwor er sich. Noch jemand für den er Verantwortung tragen musste. Caius wurde plötzlich bewusst, dass er ab jetzt für viele Menschen sorgen musste. Er würde Quintus' Aufgaben übernehmen müssen und sicherstellen, dass das Leben so weiterging wie bisher. Kurz schien ihn die Last der Verantwortung niederzudrücken. Dann dachte er an Aurelia und ballte entschlossen die Fäuste. Er würde es schaffen!

Nach zwei weiteren langen Stunden beendete Caius erschöpft seinen Rundgang über das Weingut. Fünf der acht Söldner, die Flavius mitgebracht hatte, hatten die Nacht mit ihrem Leben bezahlt. Caius hatte ebenfalls einige tote keltische Krieger gefunden; ein Beweis, wie tapfer die Söldner gekämpft hatten. Außerdem fand er zwei geschändete und erwürgte Arbeiterinnen auf dem Weinberg vor.

Jetzt war es aber an der Zeit, wieder nach dem Feuer zu sehen. Als er vor die Villa trat, sah er zu seiner Erleichterung, dass die Löscharbeiten Erfolg zu haben schienen. Das Feuer flackerte nur noch vereinzelt auf und hatte nicht auf die anderen Gebäudeteile übergegriffen. Rowan und Aurelia waren wie ihre Mitstreiter immer noch dabei, unermüdlich einen Eimer nach dem anderen nach vorne zu reichen. Sie sahen genauso müde und erschöpft aus wie die Menschen um sie herum.

Tito trat in diesem Moment aus der Villa und lief zu seinem Freund. »Ich habe Lucrezia zu Veronica gebracht. Sie hat ihr einen beruhigenden Kräutersud gegeben, dann ist sie vor Erschöpfung eingeschlafen. Sie hat die ganze Zeit über meine Hand gehalten.«

Betroffen verstummte Tito. Er trauerte mit Veronica um deren Mann und nahm großen Anteil an ihrem Schicksal.

Caius konnte Tränen in den Augen seines Freundes sehen. Er legte ihm die Hand auf die Schulter.

»Wir werden für sie sorgen.«

Dieses Versprechen schien Tito zu beruhigen. Er nickte ernst.

Caius berichtete schnell von seinen Erlebnissen. Als er über Quintus' Tod sprach, liefen ihm Tränen über die Wangen. Auch Tito weinte nun offen. Die beiden Männer lagen sich in den Armen und trauerten um ihre toten Freunde. Es dauerte eine ganze Weile, bis sie sich wieder gefangen hatten. Nun berichtete Tito davon, wie er die Ereignisse erlebt hatte. Er hatte sich vor dem Lager positioniert, um die Weinvorräte zu schützen. Es war ihm gelungen, zwei Angreifer, die das Lager offensichtlich anzünden wollten, in die Flucht zu schlagen. Caius war überzeugt, dass Tito mit seiner Umsichtigkeit mit Sicherheit eine finanzielle Katastrophe verhindert hatte.

»Ich werde wieder nach Veronica sehen. Ich möchte da sein, wenn sie aufwacht«, sagte Tito.

Caius nickte verständnisvoll und ging mit seinem Vorarbeiter in die Villa. Lucrezia stieß einen erschrockenen Schrei aus, als sie das Blut auf Caius' Tunika bemerkte. Dann drückte sie ihn energisch auf einen Schemel, öffnete vorsichtig seinen Verband und besah sich die Wunde.

»Die muss genäht werden, Herr.«

Sie nahm ein hölzernes Kästchen aus ihrer Truhe und öffnete es. Dann stand sie auf, goss Wein aus einer Karaffe über ihre Hände und trocknete sie anschließend mit einem sauberen Leinentuch ab. Daraufhin entnahm sie dem Kästchen eine spitze, beinerne Nadel und fädelte eine lange Seidenfaser ein. Entschlossen stellte sie sich vor Caius.

»Das wird jetzt wehtun, Herr.«

Fest stach sie mit der Nadel durch die Wundränder der noch immer leicht blutenden Wunde. Caius stöhnte laut auf. Lucrezia arbeitete zügig weiter. Sie benötigte acht Stiche, um die Wunde zu verschließen. Anschließend goss sie etwas Wein auf ein sauberes Tuch und betupfte die Naht damit. Dann legte sie noch einen festen Verband an.

Caius bedankte sich und verließ die Krankenkammer wieder. Veronica hatte die ganze Prozedur auf dem Bett in der Ecke des Zimmers verschlafen, und Tito, der auf einem Schemel daneben saß, rührte sich nicht von ihrer Seite.

Das Feuer war inzwischen gelöscht. Rauchwolken waren immer noch über dem rechten Flügel der Villa zu sehen, und die geborstenen Marmorsäulen standen anklagend wie mahnend erhobene Zeigefinger in der Ruine. Die kupfernen Umrandungen waren geschmolzen.

Die meisten Menschen, die bei den Löscharbeiten geholfen hatten, saßen erschöpft und rußverschmiert auf dem Boden und ruhten sich aus. Auch Aurelia und Rowan erholten sich schwer atmend nebeneinander auf dem Boden und starrten auf den zerstörten Küchentrakt. Caius lief zu den beiden Frauen und ließ sich neben ihnen nieder. Fragend blickte er Aurelia an.

»Gundula hat es nicht geschafft. Sie ist nicht mehr aus der Küche herausgekommen«, berichtete sie leise mit zitternder Stimme.

Caius starrte sie entsetzt an, bevor er den Kopf hängen ließ. Er hatte die dicke Köchin, wie alle hier, sehr gemocht.

Er bemerkte Aurelias forschenden Blick und wusste, dass sie von ihm wissen wollte, was vorgefallen war. Er berichtete ihr alles, was er wusste. Als er über Flavius' gewaltsamen Tod sprach, liefen Aurelia Tränen über die Wangen. Rowan schlug entsetzt die Hände vors Gesicht und schluchzte laut auf. Flavius war auch ihr Freund gewesen.

»Und Veronica? Was ist mit Veronica?«, fragten sie und Aurelia alarmiert wie aus einem Munde.

»Tito ist bei ihr. Sie ist verständlicherweise sehr aufgewühlt. Aber es geht ihr den Umständen entsprechend gut.«

Erleichtert atmete Rowan tief aus. Auch Aurelia beruhigte sich langsam. Dann hob Rowan ihren Blick und sah Caius direkt in die Augen. »Ich muss Euch wohl Einiges erklären, Dominus.«

Er sah sie ernst an und nickte. »Aber nicht hier. Lasst uns hineingehen. Ihr müsst euch erst einmal ausruhen und stärken.«

Langsam erhoben sich alle drei. An keinem war die Nacht ohne Blessuren vorübergegangen, und dies sah man ihnen deutlich an. Caius führte die beiden Frauen in den linken Flügel und nahm sie kurzerhand mit in seine eigene Kammer. In Aurelias Kammer lagen schließlich immer noch die Leichen ihres Vaters und des brutalen Kelten, der sie alle beinahe umgebracht hätte.

Er bugsierte die beiden auf sein Bett, dann schenkte er Wasser in einen Becher und reichte ihn ihnen. Gierig tranken sie abwechselnd. Caius schenkte nochmal nach, dann ließ er sich selbst auf einen Schemel sinken. Kurz herrschte eine seltsame Stille in der Kammer, dann begann Rowan zu erzählen.

»Die Angreifer waren Kelten von meinem eigenen Stamm«, bekannte sie leise.

»Du kanntest ihren Anführer, nicht wahr?«

Rowan nickte. »Drystan.« Ihr Blick wurde weich. »Er ist der Sohn unseres Häuptlings. Er kam, um mich zu holen. Wir lieben uns.«

Caius musste schlucken. Er fühlte Aurelias forschenden Blick auf sich.

»Der große Krieger, der Quintus getötet hat, war Morcant. Mein Ehemann«, fuhr Rowan fort.

Bei diesem Bekenntnis fuhr Caius erstaunt auf.

»Dein Ehemann? Aber wie ...?« Verwirrt sah er die Keltin an.

Da erzählte Rowan Aurelia und ihm ihre ganze Geschichte. Sie beschönigte nicht, was sie und Johs Morcant angetan hatten, und sagte ebenfalls, dass sie ihn für tot gehalten hatten.

»Darum ist es meine Schuld, was heute Nacht hier passiert ist«, stellte sie zum Schluss mit hängendem Kopf fest. »Wenn ich nicht gewesen wäre, wären Quintus, Flavius, Gundula und all die anderen noch am Leben.«

»Unsinn.« Aurelia legte ihre Hand auf Rowans Schulter. »Du kannst schließlich nichts dafür, dass du als Sklavin verkauft wurdest. Die Schicksalsgötter entscheiden über unser Leben, nicht wir selbst.«

Erstaunt blickte Rowan der jüngeren Römerin in die Augen. Diese lächelte sie warm an.

»Warum ist dieser Drystan abgezogen?«, wollte Caius von Rowan noch wissen.

»Ich habe ihm gesagt, dass ihr für mich wie eine Familie seid und mich immer gut behandelt habt.«

Aurelia drückte ihre Hand.

»Er wird zurückkommen«, gestand Rowan dann leise. »Er will mich holen.«

»Wünschst du das denn? Willst du mit ihm gehen?«

Caius wusste die Antwort auf seine Fragen schon, bevor er sie gestellt hatte.

»Von ganzem Herzen«, antwortete Rowan ehrlich.

Caius sah, dass sie die Wahrheit sprach. Ihr Gesichtsausdruck ließ keinen Zweifel an der Intensität ihrer Gefühle.

»Dann sei es so. Du hast Aurelia und mir heute Nacht das Leben gerettet. Wenn du nicht gewesen wärst, hätten wir den Überfall nicht überlebt. Dafür schenke ich dir die Freiheit. Du kannst gehen, wohin du willst. Deinen Freund Johs kannst du mitnehmen. Ich werde euch nicht aufhalten. Ich stelle euch sofort die benötigten Papiere aus.«

Abrupt stand Caius auf und verließ die Kammer. Er wollte nicht, dass die beiden Frauen sahen, dass Tränen in seinen Augen standen.

Er lief in sein Kontor und ließ sich schwer in den Stuhl vor dem Schreibtisch sinken. Dann nahm er eine Feder und tauchte sie in ein Tintenfass. Schnell erstellte er die Freilassungsbriefe für Rowan und Johs. Anschließend hielt er kurz inne. Seine Gefühle drohten ihn zu überwältigen. Kurzentschlossen tauchte er die Feder noch mal in das Tintenfass und legte sich einen leeren Bogen zurecht. Dann stellte er auch Tito einen Freilassungsbrief aus. Sein Freund hatte es sich mehr als verdient. Wenn er die Villa verlassen wollte, musste Caius mit dem Verlust leben. Er setzte seinen Namen unter die Urkunde und streute Sand über die noch nasse Tinte. Anschließend nahm er einen weiteren Bogen und legte ihn vor sich. Bevor er zu schreiben begann, lehnte er sich zurück und rieb sich mit der Hand über die geschlossenen Augen. Sie brannten vor Anstrengung. Trotzdem wollte er noch eines erledigen.

»Liebe Mara«, begann er seinen Brief. Dann schrieb er sich, ohne einmal innezuhalten, seinen Kummer von der Seele. Er fügte auch einen Abschnitt hinzu, in dem er seinem Vater erklärte, dass er Tito die Freiheit geschenkt hatte. Er war davon überzeugt, sein alter Herr würde es verstehen. Am

Schluss faltete er den Brief zu einem dicken Paket zusammen und verschnürte es. Leise seufzend lehnte er sich zurück und schloss die Augen. Er fühlte sich bedeutend besser.

Einige Stunden später wurde er von einem Geräusch geweckt. Irgendwo war eine Tür zugeschlagen worden. Sein Nacken war steif von seiner ungünstigen Sitzposition, und sein Kopf und seine Schulter schmerzten, aber wenigstens schien seine Wunde nicht mehr zu bluten. Langsam dehnte er seine schmerzenden Glieder und erhob sich vorsichtig.

Sein erster Weg führte ihn in die Krankenkammer. Er fand Veronica aufrecht auf dem Bett sitzend mit einem dicken Kissen im Rücken vor. Tito saß neben ihr und hielt ihre Hand. Die beiden sahen auf, als er ins Zimmer kam. Erleichtert bemerkte Caius, dass Veronica schon wieder etwas Farbe in den Wangen hatte. Hinter ihm betrat Lucrezia mit einem dampfenden Krug die Kammer. Sofort verbreitete sich der Duft nach würziger Kamille.

»Wie geht es Euch, Dominus?«, erkundigte sich Lucrezia besorgt, während sie ihren Krug auf dem Tisch abstellte.

Caius winkte ab, ließ aber zu, dass sie sich die Wunde nochmals besah. Lucrezia wickelte einen frischen Verband um seine Schulter.

»Die Wunde verheilt gut. Ihr werdet trotzdem noch einige Zeit Schmerzen in der Schulter haben.«

»Das wird schon wieder. Doch sag mir, wie geht es unserer Patientin?« Er deutete auf Veronica.

Bevor Lucrezia etwas erwidern konnte, antwortete Veronica. »Uns geht es gut«, sagte sie mit fester Stimme und legte schützend die Hand auf ihren gerundeten Bauch.

»Du wirst immer eine Heimat bei uns haben, Veronica.«

Diese nahm das Versprechen mit einem Lächeln auf.

»Tito hat schon mit mir darüber gesprochen. Wenn ich hierbleibe, möchte ich aber auch im Haushalt mithelfen dürfen.«

»Solange du dich nicht überanstrengst, habe ich nichts dagegen.«

Veronicas Lächeln wurde breiter. Sie drückte Titos Hand und nahm dann den dampfenden Becher von Lucrezia entgegen.

»Trink langsam in kleinen Schlucken«, ermahnte die ihre Patientin.

Caius sah, dass Veronica hervorragend aufgehoben war. Er wandte sich an seinen Vorarbeiter.

»Auf ein Wort, Tito.« Dann verließ er nach einem kurzen Gruß die Krankenkammer.

Als Tito aus der Tür trat und ihn fragend anblickte, zog Caius eine Rolle aus seiner Tunika. Er drückte sie ihm in die Hand.

»Tito, du warst immer mehr als nur ein Sklave. Du warst mein Wegbegleiter und mein Freund. Du bist immer an meiner Seite gewesen, und ich wüsste nicht, wie ich ohne dich zurechtgekommen wäre. Ehrlich gesagt, weiß ich auch nicht, wie ich in Zukunft ohne dich zurechtkommen soll.«

Caius' Stimme brach, und er musste kurz innehalten.

Tito sah seinen Herrn erschrocken an. »Du willst mich wegschicken?«

»Ich will dich nicht wegschicken. Ich schenke dir die Freiheit. Es steht dir frei zu gehen, wohin du willst.«

Er legte eine Hand auf Titos Schulter und drückte sie. Der ehemalige Sklave sah ihn sprachlos an. Caius wollte sich schon umwenden und weiterlaufen, da setzte Tito doch noch zum Sprechen an.

»Hier bin ich zu Hause und nirgendwo sonst. Ich will an

deiner Seite bleiben. Du wirst es wohl noch lange mit mir aushalten müssen!«

Grinsend zog er seinen Freund an seine Brust. Caius atmete erleichtert aus. Tito musste lachen.

»Du hast wirklich geglaubt, dass ich mich gleich davonmache?«

»Geglaubt nicht, aber gewusst habe ich es eben auch nicht.« Caius drückte seinen Freund noch einmal. »Ich bin ehrlich froh, dass du dich so entschieden hast!«

Dann ging hinaus ins Freie und bemerkte, dass etliche Arbeiter mit Aufräumarbeiten beschäftigt waren. Caius war dankbar, dass viele Arbeiter nach den Feierlichkeiten des Vorabends in ihre Häuser in der Nähe der Villa zurückgekehrt waren und nicht, wie während der Weinlese, im Lager übernachtet hatten. So waren sie bei dem Überfall nicht in Gefahr geraten. Natürlich sprachen sich die schrecklichen Ereignisse schnell in der Gegend herum. Die Menschen strömten scharenweise zur Villa, um zu helfen. Alle hatten den alten Weinhändler Quintus gemocht und gern für ihn gearbeitet.

Als Caius am Heulager vorbeikam, bot sich ihm ein schrecklicher Anblick. Die Arbeiter hatten hier alle Toten nebeneinander aufgebahrt. Sie lagen Seite an Seite auf weißen Leinentüchern. Sogar Quintus' Leichnam hatten sie schon aus dem Haus geholt. Er war als Einziger auf einem Tisch aufgebahrt. Alle Leichen waren gewaschen und mit sauberen Tuniken versehen worden. Auch an den üblichen Obolus für den Fährmann war gedacht worden. Dies würde den Toten ihre letzte Reise ins Elysium ermöglichen.

Caius bemerkte Rowan, die gerade einen Eimer mit schmutzigem Wasser aus dem Schuppen schleppte. Er nickte ihr dankbar zu. Ernst erwiderte sie seinen Gruß.

Am Waldrand waren Männer dabei, eine große Grube auszuheben. Schwitzend arbeiteten sie nebeneinander und schaufelten ohne Unterlass. Neben der Gruppe lagen unter einem großen Tuch die getöteten Barbaren.

Caius lief weiter und besah sich den verbrannten Hausflügel. Die Küche und das Speisezimmer waren vollständig zerstört. Auch die Vorratskammer war den Flammen zum Opfer gefallen. Er konnte einige zerborstene Amphoren in der Ruine ausmachen. Kurz schloss er die Augen und stellte sich Gundulas fröhliches Gesicht vor. In Gedanken dankte er ihr für ihre Arbeit und schickte ihr Grüße dahin, wo immer sie sich jetzt befand.

Es würde einige Zeit dauern, den Schaden wiedergutzumachen, doch Caius wusste, dass er es schaffen würde. Allein schon Aurelia zuliebe würde er sein Bestes geben. Das war er Quintus schuldig!

Rowan stand alleine im Schuppen neben den getöteten Römern. Sie spürte eine seltsame Mischung aus Schuld und unbändiger Freude in sich. Drystan war gekommen, um sie zu holen. Sie konnte es immer noch nicht fassen. Wie hatte er sie nur gefunden? Hatte er sie nicht damals auf dem Donnersberg für immer verlassen?

Trotz der vielen Jahre, die vergangen waren, konnte sie sich an den Schmerz erinnern, den sie gefühlt hatte, als ihr Drystan riet, Morcant zu heiraten, als wäre es erst gestern geschehen. Längst hatte sie ihn verheiratet geglaubt, auch wenn sie nie aufgehört hatte, an ihn zu denken und ihn zu lieben.

Ihre Hand umschloss das vertraute Schmuckstück, das um ihren Hals hing. Das Gefühl des kalten Metalls auf ihrer Haut brachte sie in die Wirklichkeit zurück.

Ihr Blick wanderte über die Gesichter der Toten und blieb an Quintus' wächsernem Antlitz hängen. Nein, das hatte er nicht verdient. Keiner, der hier lag, hätte für sie sterben sollen.

Inzwischen waren Angehörige der Toten in den Schuppen gekommen und zu ihren Liebsten getreten, die ihnen für immer genommen worden waren. Rowans Herz zog sich vor Kummer schmerzhaft zusammen. Sie machte Drystan trotzdem keinen Vorwurf. Er hatte sie gesucht, und ihr war natürlich bewusst, dass ihr Volk seit jeher auf Kriegszüge ging, um Beute zu machen. Diese Tatsache hatte sie Caius und Aurelia verschwiegen. Sie selbst machte sich ja auch erst seit dem Überfall auf Lucius' Weingut darüber Gedanken.

Rowan blickte um sich. Drystan hatte gesagt, er würde heute kommen, um sie zu holen. Ihr Herzschlag beschleunigte sich bei dem Gedanken. Plötzlich bemerkte sie Caius, der still an sie herangetreten war.

»Wir werden dich und Drystan ohne Ärger ziehen lassen.«

Seine Stimme klang seltsam belegt und leise.

»Und Johs«, erinnerte Rowan ihn.

»Und Johs. Du hast mein Wort.«

Nachdenklich blickte Caius über die Menschen. Weinende Frauen knieten neben ihren getöteten Männern und betrauerten sie. Auch Veronika hatte sich inzwischen aus der Krankenkammer hierher begeben. Sie kniete neben ihrem Flavius und hielt seine Hand. Tito stand am Eingang des Schuppens und ließ die junge Witwe nicht aus den Augen.

»Es ist wohl besser, wenn er hier nicht auf dem Hof erscheint«, sagte Caius dann seufzend.

Rowan nickte ernst. »Was immer Ihr für richtig haltet, Herr.«

Mit diesen Worten wandte sie sich ab und begab sich zurück ins Haus. In ihrer Kammer packte sie ihre wenigen Habseligkeiten in einen Beutel und verschnürte diesen. Außer einem zweiten Kleid aus Wolle, das sie an kalten Tagen trug, einem hölzernen Kamm sowie ein paar festen Lederstiefeln besaß sie nichts. Auch die beiden Freiheitsbriefe, die Caius für sie und Johs ausgestellt hatte, legte sie sorgfältig zu ihrer Habe. Sie arbeitete mit dem Rücken zur Tür gewandt. Ein leises Geräusch ließ sie aufhorchen, und sie drehte sich um.

Aurelia stand blass, aber hoch erhobenen Hauptes im Türrahmen. In ihren Händen hielt sie einen geflochtenen Korb, in dem ein Laib Brot, ein Weinschlauch, Wurst und Käse lagen. »Ich dachte, du könntest auf der Reise Stärkung gebrauchen.«

Sie stellte den Korb auf den Boden.

Beschämt blickte Rowan Aurelia an. Ihre Stimme klang etwas zittrig, als sie das Wort an ihre ehemalige Herrin richtete. »Es tut mir so unsagbar leid, was letzte Nacht hier passiert ist. Der Tod Eures Vaters durch die Hand Morcants …«

Ihre Stimme brach ab. Sie sank vor der zierlichen Römerin auf die Knie und senkte ihr Haupt.

Aurelia ging zu ihr und legte ihr eine Hand auf den Kopf. »Es war nicht deine Schuld. Das ist mir bewusst. Im Gegenteil! Wärst du nicht gewesen, hätte dieser Wilde Caius und mich ebenfalls getötet.«

Rowan blickte auf und lächelte Aurelia erleichtert an.

»Ihr wart immer gut zu mir, Herrin. Es war nie meine Absicht, Euch oder sonst jemandem hier Leid zuzufügen. Drystan wusste es nicht besser, Herrin. Er meinte, mich aus großer Gefahr zu retten.«

Aurelias Hand strich sanft über Rowans Haar. »Mir ist

bewusst, dass dein Krieger dich retten wollte. So unterschiedlich sind unsere Völker schließlich auch nicht.«

Rowan spürte plötzlich eine große Zuneigung zu der jungen Römerin. Sie hatte trotz ihres zarten Alters eine bemerkenswerte Reife, was Rowan sehr bewunderte.

»Jetzt beeil dich lieber, sonst reitet dein Drystan noch ohne dich weg«, sagte Aurelia und verließ die Kammer.

Rowan erhob sich und blickte ihr noch eine Weile nach. Welche Größe die junge Frau in dieser traurigen Stunde bewies! Sie vergab ihr, obwohl ihr Vater ihretwegen sterben musste. Rowan war natürlich aufgefallen, dass Aurelia eine tiefe Zuneigung zu Caius gefasst hatte, aber erst jetzt wurde ihr klar, wie tief ihre Gefühle in Wirklichkeit sein mussten.

Das Geräusch polternder Schritte ließ sie aus ihren Gedanken fahren. Johs erschien im Türrahmen. Er schnaufte heftig, seine Wangen waren erhitzt, und seine Augen blitzten, als er sie sah.

»Rowan, was geht hier vor? Ich war mit den anderen im zerstörten Küchentrakt und habe geholfen, die verschmorten Holzbalken auf einen Wagen zu laden. Da kam plötzlich Tito zu mir und befahl mir, meine Sachen zu packen und dich aufzusuchen. Dann hat er mich einfach stehen lassen.«

Er blickte Rowan fragend an. Sie trat zu ihm und nahm seine großen, schwieligen Hände in die ihren. Sie bemerkte einen intensiven Rauchgeruch an ihm, der sich bei seiner Arbeit in seiner Tunika festgesetzt hatte. Liebevoll blickte sie ihm in die Augen und lächelte.

»Der junge Herr hat uns gestern Nacht die Freiheit geschenkt. Du und ich, wir sind endlich frei, Johs! Wir dürfen nach Hause gehen!«

Seine Augen wurden bei Rowans Worten immer größer. Er starrte seine Gefährtin mit offenem Mund an.

»Aber ... aber warum?«, war alles, was er hervorbrachte.

Da berichtete ihm Rowan von den Vorfällen der letzten Nacht. Sie ließ keine Einzelheit aus. Als Johs hörte, dass sein Vater Morcant der Krieger gewesen war, der Aurelia überfallen hatte, wurde er kreidebleich. Aber er sagte nichts, sondern lauschte Rowans Ausführungen aufmerksam. Als sie ihre Geschichte beendet hatte, sah er sie lange schweigend an.

»Diese Menschen hier waren gut zu uns, Rowan«, sagte er schließlich. »Selbst heute, am Tag nach dem Tod des Herrn Quintus, sind sie bereit, ihr Wort zu halten und uns ziehen zu lassen.«

Johs' Blick wurde nachdenklich.

»Als wir Kinder waren, haben wir alle möglichen Geschichten über die grausamen Römer gehört. Aber du und ich, Rowan, haben erlebt, dass sie auch ganz anders sein können. Dieses Wissen ist von großem Wert.«

Rowan nickte ernst, als sie seine Worte vernahm. Wie weise ihr Kindheitsfreund sein konnte.

Vorsichtig fragte sie ihn: »Wie geht es dir, Johs, jetzt wo du weißt, dass Drystan deinen Vater getötet hat?«

Er zuckte mit den Schultern. »Vater ist für mich seit dem Tag tot, an dem wir geflohen sind. Dass er überlebt hat und gestern Nacht erst gestorben ist, tut für mich nichts zur Sache. Er hätte sich nie geändert. Er war ein grausamer Mensch, und die Welt wird ein besserer Ort ohne ihn sein.«

Seine Worte klangen hart. Rowan sah ihm an, dass er jedes Einzelne davon ernst meinte.

Plötzlich kam ihr ein Gedanke. »Denkst du, wir können überhaupt in unser Dorf zurückkehren? Werden sie nicht immer noch Gerechtigkeit für die Geschehnisse in der Nacht nach meiner Hochzeit«, dieses Wort spie sie mehr aus, als dass sie es sagte, »fordern wollen?«

Johs wiegte seinen Kopf hin und her. »Ich weiß es nicht, Rowan. Wir werden Drystan fragen müssen, wenn er kommt. Er würde dich nie in Gefahr bringen. Davon bin ich überzeugt.«

Ein warmes Gefühl breitete sich in Rowan aus, wie jedes Mal, wenn sie den Namen Drystan hörte. Nein, er würde sie keiner Gefahr aussetzen. Er würde wissen, was zu tun war. Bald käme er sie holen. Bald würde er sie in seine starken Arme schließen, seine Lippen auf ihre pressen und …

»Hey, Rowan, träumst du?« Johs gab ihr einen liebevollen Stupser mit dem Ellbogen und grinste schief.

Rowan lachte laut auf und schlang ihre Arme um seinen Hals. »Ich bin so unsagbar glücklich, Johs. Ich liebe Drystan seit vielen Jahren. Endlich weiß ich sicher, dass er mich ebenso liebt wie ich ihn.« Ihre Augen strahlten.

Johs strich ihr eine rote Locke aus der Stirn.

»Ich gönne dir dein Glück von ganzem Herzen, Rowan, auch wenn ich zugeben muss, dass ich nie geahnt habe, wie du für Drystan empfindest. Du hast viel durchgemacht, und doch bist du dieselbe alte Rowan geblieben, die du früher warst.«

Als sie das Wort »alt« hörte, kniff sie ihrem Kindheitsfreund zur Strafe leicht ins Ohr. Beide lachten herzlich und hielten sich noch eine Weile in den Armen.

Rowan löste sich schließlich aus der Umarmung ihres Freundes. »Nun aber los, Johs. Pack deine Sachen zusammen und triff mich am Hofbrunnen, wenn du bereit bist.«

Da fiel ihr plötzlich ein, dass die Getöteten nicht unweit des Brunnens im Schuppen aufgebahrt lagen.

»Nein«, warf sie hastig ein. »Wir treffen uns besser hinter der Scheune. So sieht uns keiner.«

Johs verstand sofort, warum Rowan ihren Treffpunkt änderte. Er nickte und wandte sich dann zur Tür.

Als er durch den Türrahmen schritt, drehte er sich ein letztes Mal um. »Wir sind frei, Rowan.«

Sie lächelten einander an, und Johs verschwand in Richtung der Arbeiterhäuser.

Caius wanderte ziellos auf dem Weingut umher. Wie sollte es nur weitergehen? Er wusste, dass eine riesige Verantwortung auf seinen Schultern lastete.

Er erinnerte sich zurück. Quintus hatte ihn vor etwas mehr als einem Jahr in sein Kontor gerufen und ihm mitgeteilt, dass er ihm im Falle seines Todes das Weingut vermachen würde, mit der Auflage, dass Caius sich um Aurelia kümmern sollte. Er hatte ihm für seine harte Arbeit gedankt und ihm gesagt, dass er ihn wie einen Sohn liebte. Caius freute sich über den Vertrauensbeweis sehr und glaubte diesen Moment damals in weiter Ferne. Nun stand er alleine da und konnte den erfahrenen Quintus nicht mehr um Rat bitten.

Plötzlich erblickte er Aurelia. Sie kümmerte sich um die Familien der Getöteten. Er bewunderte ihre Haltung. Sie hatte eben erst ihren Vater verloren und war denkbar knapp einer Vergewaltigung und ihrem eigenen Tod entgangen. Trotz ihres zarten Alters handelte sie wie eine wirkliche Herrin, bewies unglaubliche Stärke und spendete Trost, wo sie nur konnte. Er fühlte unbändigen Stolz auf sie in sich aufwallen. Auf einmal verspürte Caius ein Gefühl großer Zuversicht. Er war gar nicht allein! Er hatte Menschen um sich herum, auf die er sich bedingungslos verlassen konnte – Aurelia, Tito und viele andere. Gemeinsam würden sie es schaffen. Jetzt hatte die junge Frau ihn entdeckt und schenkte ihm ein aufrichtiges Lächeln. Caius wurde warm ums Herz. Er lächelte zurück.

Dann ging er weiter und sah hinter der Scheune Rowan stehen. Sie hielt ein Bündel und einen kleinen Korb mit Lebensmitteln vor sich. Das Herz wurde ihm schwer. Die Zeit des Abschieds war gekommen.

Rowan hörte ihn kommen und wandte sich ihm zu. »Ich danke Euch für meine Freiheit und auch für die von Johs. Ich werde meine Zeit hier immer in meinem Herzen behalten. Möge Rigani Euch schützen. Vielleicht wird sie auch dafür sorgen, dass sich unsere Wege wieder einmal kreuzen.«

Sie knickste ehrerbietig vor ihrem ehemaligen Herrn. Dann trat sie einen Schritt vor und küsste ihn leicht auf die Wange.

Caius fühlte Röte in seinen Wangen steigen. Der Kuss brannte wie Feuer. Er räusperte sich verlegen. »Von einer Rigani weiß ich nichts, aber Nona, Decima und Parca werden gewiss dafür sorgen, dass ihr wohlbehalten heimkehrt.«

Rowan kicherte leicht bei seinen Worten.

»Sollte uns ein Wiedersehen vorherbestimmt sein, würde mich das freuen«, fügte er leise hinzu.

»Ich bin fertig.« Johs tauchte hinter der Scheune auf. Als er Rowan und Caius erblickte, blieb er stehen.

Caius winkte ihn näher heran. »Pass mir gut auf Rowan auf. Ich verlasse mich auf dich.«

Ernst blickte er in Johs' Augen.

»Ihr habt mein Wort«, versicherte ihm der junge Kelte. Sie ergriffen jeweils fest den Unterarm des anderen und besiegelten so den geleisteten Schwur.

Vom Eingang des Hofes her ertönte auf einmal Pferdegetrappel. Rowans Kopf fuhr hoch, und ein glückliches Lächeln breitete sich auf ihrem Gesicht aus. Caius musste nicht einmal hinsehen, um zu wissen, wer eben angekommen war. Er griff an seinen Gürtel und löste einen Lederbeutel. Dann reichte er ihn Rowan.

»Du hast Aurelias und mein Leben gerettet. Dafür stehen wir für immer in deiner Schuld. Möge dir der Inhalt dieses Beutels einen Neuanfang ermöglichen.«

Mit diesen Worten trat er ein paar Schritte zurück und deutete mit dem Kinn stumm in Richtung Hofeingang. Dort stand ein gewaltiges Ross, auf dessen Rücken ein stattlicher Mann saß. Er führte ein zweites Pferd an einem Zügel mit sich.

Caius hätte Drystan nicht wiedererkannt, da er völlig anders aussah als letzte Nacht. Die vormals kalkweiße Haut war sauber geschrubbt. Er trug feine lederne Hosen und ein langärmliges rotes Hemd, das an den Hüften leicht geschlitzt war. Sein blondes Haar lag offen auf seinen Schultern. An seiner Hüfte hing ein großes Schwert in einer schön verzierten ledernen Scheide. Unvermittelt musste Caius daran denken, dass dieses Schwert Aurelia, Rowan und ihm das Leben gerettet hatte.

Drystans gerade und stolze Haltung wies ihn als geborenen Anführer aus. Der junge Kelte hatte sein Pferd am Eingang des Hofes gezügelt. Offensichtlich war ihm bewusst, dass seine Anwesenheit hier nicht erwünscht sein würde. Er saß ruhig auf seinem Pferd und blickte in ihre Richtung.

Rowan sah Caius noch einmal dankbar an, dann befestigte sie den prall gefüllten Beutel an ihrem Gürtel und nahm ihr Gepäck. An Johs' Seite marschierte sie auf Drystan zu.

Aurelia kam um die Scheune herum und gesellte sich stumm zu Caius. Der sah zu, wie Drystan leichtfüßig von seinem Hengst sprang und Rowan fest in die Arme nahm. Danach umarmte er sichtlich überrascht auch Johs, von dem ihm Rowan in der Nacht aufgrund der ganzen Aufregung offenbar nichts gesagt hatte, und deutete auf das zweite Pferd, das er vermutlich für Rowan mitgebracht hatte. Nachdem Johs aufgesessen war, hob Drystan Rowan kurzerhand auf sein eigenes gewaltiges Tier und schwang sich behände hinter sie in den Sattel. Mit einem Arm hielt er die junge Frau vor sich fest. Dann wendete er sein Pferd und ritt langsam davon. Johs' Pferd folgte ihm.

Caius verfolgte die Szene stumm. Der endgültige Abschied von Rowan schmerzte ihn mehr, als er gedacht hatte. Auf einmal spürte er Aurelias schmale Hand in seiner großen.

Als die drei Kelten beinahe aus seinem Blickfeld verschwunden waren, drehte sich Rowan noch einmal um. Sie nickte Caius zu und hob kurz grüßend ihre Hand. Auch er hob seine Hand, dann waren die drei schon um die Wegbiegung verschwunden.

Langsam ließ er die Hand wieder sinken. Er hing noch kurz seinen Gedanken nach, dann drehte er sich entschlossen zu Aurelia um. »Lass uns gehen. Es gibt viel zu tun.«

Er ließ ihre Hand nicht los, als sie sich zusammen auf den Weg machten.

Rowan lehnte sich glücklich an Drystans breite Brust. Sie wusste nicht genau, was auf sie zukommen würde, aber das war ihr in diesem Moment einerlei. Drystan war bei ihr, alles andere würde sich finden.

Schlussbemerkung

Wir hoffen, dass Ihnen die Geschichte unserer beiden Protagonisten Caius und Rowan gefallen hat.

Unser Roman »Keltensonne« ist ein Historienroman und beinhaltet viele historische Wahrheiten. Uns war es wichtig, die Begebenheiten des Alltags der Römer und Kelten wahrheitsgetreu weiterzugeben. Auch der Weg über die Alpen ist in der Zeit vor dem römischen Kaiserreich in etwa so verlaufen, wie wir ihn dargestellt haben, und wurde später zur Via Claudia Augusta ausgebaut. Das Kastell Cannstatt ist erst um 85 n. Chr. errichtet worden und wurde von uns daher zeitlich vorverlegt, um Ihnen einen Einblick in ein römisches Militärlager geben zu können. Die Beschreibung der antiken Weinherstellung ermöglicht Ihnen hoffentlich einen Eindruck, wie man bereits in der Antike den köstlichen Wein, der auch heute noch in der Pfalz angebaut wird, hergestellt hat. Bei Wachenheim in der Pfalz kann man bei Interesse die Überreste einer Villa Rustica besichtigen, die der aus unserem Roman gar nicht mal so unähnlich ist. Wir haben uns dazu entschlossen, lateinische Begriffe zu verwenden, um so originalgetreu wie möglich aus der Antike zu berichten.

Es war damals durchaus üblich, Mädchen schon im Alter von zwölf Jahren zu verheiraten. Wir haben uns aber die Freiheit genommen, Rowan bei ihrer Hochzeit drei Jahre älter zu machen, da eine Heirat mit zwölf Jahren für uns nach heutigen Gesichtspunkten entgegen jeglicher Moralvorstellungen ist.

Nun zu unserem wichtigsten Schauplatz, dem Donnersberg. Er befindet sich beim Ort Dannenfels im rheinland-pfälzischen Donnersbergkreis und ist das höchste Bergmassiv der Pfalz. Auf dem Hochplateau des Donnerberges kann man heute noch die Überreste eines Oppidums, einer von einer Ringwallanlage umgebenen keltischen Siedlung, sehen. Der Keltenwall ist ca. 8,5 km lang, damit war das Oppidum auf dem Donnersberg eine der größten keltischen Siedlungen nördlich der Alpen. Man hat ein kleines Teilstück des Ringwalls, der übrigens an einigen Stellen bis zu vier Meter hoch war, rekonstruiert. Wir können dem interessierten Leser einen Ausflug dorthin nur empfehlen. Es lohnt sich, da am Fuße des Donnersberges in Steinbach eine keltische Siedlung nachgebaut wurde, in der man einen spannenden Einblick in das Leben der keltischen Oppidumsbewohner bekommt. Dort kann man interessante Führungen machen, und für Kinder ist dort ebenfalls viel geboten. Sehen Sie sich doch einfach den Internetauftritt des Keltendorfes an (https://www.keltendorf-steinbach.de/) oder noch besser, fahren Sie selbst einmal dorthin. Ein Ausflug mit der ganzen Familie lohnt sich, wie wir aus eigener Erfahrung berichten können.

Wir sind im Zuge unserer Recherchen gerne über den Donnersberg gewandert und haben uns so in die zauberhafte Atmosphäre der Umgebung einfühlen können. Dort konnten wir, wie Rowan am Anfang des Romans, den Blick über die grüne Umgebung schweifen lassen und haben versucht, Ihnen unsere Eindrücke möglichst detailgetreu weiterzugeben.

Die Idee zu unserem Roman entstand zufällig. Heike Beardsley, die berufsbedingt öfter direkt am Donnersberg vorbeifährt, begann, sich für die Geschichte des Berges zu interessieren. So kam es dazu, dass wir uns mit dem Thema auseinandersetzten. Die Geschichte des keltischen Oppidums auf dem Donnersberg faszinierte uns, und so beschlossen wir, sie als Ausgangspunkt für unseren ersten gemeinsamen Roman zu nehmen. Wir entschieden uns für eine zweigeteilte Erzählstruktur. Eine der Zwillingsschwestern schrieb über die Kelten, die andere über die Römer. Es machte uns sehr viel Spaß, der jeweils anderen über die Fortschritte der Geschichte zu berichten. Oft warteten wir begierig darauf, zu erfahren, wie die Geschichte von der Schwester fortgeführt wurde oder wie sie die eigenen Fortschritte beurteilte.

Wir hoffen, dass wir Sie, liebe Leserinnen und Leser, mit unserem Roman begeistern konnten. Und wer weiß, vielleicht wird es sogar eine Fortsetzung der Geschichte um Rowan, Caius und natürlich Drystan geben?

Viele Grüße derweil aus der Pfalz und aus Bayern,
Heike Beardsley und Uli Vögl

Danksagung

Dieser Roman wäre ohne die Unterstützung vieler wunderbarer Menschen nicht möglich gewesen, deshalb wollen wir die Gelegenheit ergreifen, danke zu sagen.

Tim und Florian, ihr habt uns immer den Rücken freigehalten, sodass wir Zeit zum Schreiben hatten. Ihr seid die besten Ehemänner der Welt! Sammy, Josie, Lilly, Tim und Ida, wir danken euch dafür, dass ihr viele Stunden geduldig auf eure Mütter verzichtet habt, während diese eifrig am Schreiben waren.

Unserer Agentin Alisha Bionda von der Agentur Ashera danken wir ganz herzlich dafür, dass sie an uns geglaubt und eine so schöne Heimat für Keltensonne gefunden hat. Alisha, du bist die Beste! Auch Uschi Zietsch-Jambor von der Agentur Ashera gilt natürlich unser Dank, da sie uns mit Rat und Tat zur Seite stand.

Eliane Wurzer vom Piper Verlag hat uns mit großer Professionalität und Herzlichkeit betreut. Dank ihr haben wir uns bei Piper von Anfang an sehr wohlgefühlt. Eliane hat gemeinsam mit unserer wunderbaren Lektorin Sandra Lode dazu beigetragen, dass Keltensonne den finalen Schliff erhielt. Vielen herzlichen Dank hierfür!

Auch dir, liebe Katrin, gebührt unser Dank für das Probelesen und die wertvollen Tipps.

Last but not least, wollen wir uns herzlich bei Ihnen,

liebe Leserinnen und Leser, für das in uns gelegte Vertrauen bedanken. Wir hoffen sehr, dass wir Ihnen mit Keltensonne einige schöne Stunden bereiten konnten. Wir freuen uns immer über Feedback. Sie finden uns in den üblichen sozialen Netzwerken.

Glossar

A
Actus, lat. – röm. Längenmaß, entspricht etwa 35,5 Metern
Angedair, lat. – heute: Landeck in Tirol
Athesis, lat. – der Fluss Etsch

B
Belenos – keltischer Gott des Heilens
Beltane – keltisches Fest des Lebens, gefeiert in der Nacht zum 1. Mai; markiert den Sommeranfang.
Borbetomagus, lat. – heute: Worms in Rheinland-Pfalz
Bracas, kelt. – lange Hose

C
Calcatores, lat. – Menschen, die Weintrauben mit den Füßen pressen, von calcare, lat., treten
Caligae, lat. – feste braune Sandalen aus Rindsleder, vom Militär als Marschstiefel verwendet; in den Sohlen steckten 80–90 Eisennägel, die dadurch verstärkt wurden; das Gewicht von einem Paar Caligae lag bei ca. 1,3 kg.
Cassiliacum, lat. – heute: Memmingen im Allgäu
Centurio, lat. – Bezeichnung für einen Offizier des römischen Reiches
Cohorte, lat. – den zehnten Teil einer Legion umfassende Einheit des altrömischen Heeres, ca. 480 Soldaten
Cubiculum, lat. – Schlafzimmer

D

Decima – eine der drei Parzen (Schicksalsgöttinnen) aus der römischen Mythologie

Denarius, denarii (pl.), lat. – antikes Zahlungsmittel

Dies saturni, lat. – Samstag, eigentlich: Tag des Saturn, erster Tag der Woche.

Dolium, Dolia (pl.), lat. – Fass, Weinfass, Gärfass

F

Ferentium – alte Römerstadt bei Viterbo in der Toskana

Foetes, lat. – heute: Füssen in Bayern, an der Grenze zu Österreich gelegen

H

Heredium, lat. – röm. Flächenmaß, entspricht in etwa 0,5 Hektar

K

Kastell Cannstatt, lat. – Militärlager bei Stuttgart – Bad Cannstatt

L

Lacus, lat. – Kelterbecken, Trog

Lorica hamata, lat. – Kettenhemd

Lucanicae, lat. – dünne, geräucherte Wurst, die mit vielen Kräutern und Gewürzen versehen wurde.

M

Malabatrum, lat. – Zimt, auch Cinnamomum malabatrum

Meranum, lat. – heute: Meran in Südtirol

Mogontiacum, lat. – heute: Mainz, Landeshauptstadt von Rheinland-Pfalz

N

Neccarus, lat. – der Fluss Neckar

Nona – eine der drei Parzen (Schicksalsgöttinnen) aus der römischen Mythologie

Nundinum, lat. – bezeichnet einen Zeitraum von neun Tagen; Bezeichnung für Markttag

O

Opido Humiste, lat. – heute: Imst in Tirol

P

Paenula, lat. – Umhang mit Kapuze, Überziehmantel, ähnelte in der Form dem heutigen Poncho; seine Grundform war oval, mit einem Kopfschlitz und einer Kapuze in der Mitte.

Palla, lat. – langes Gewand, das viereckig zugeschnitten war und bis zu den Füßen reichte; wurde von Römerinnen über der Tunika getragen

Passus – römisches Längenmaß, ein Passus entspricht ca. 1,48 Metern

Parca – eine der drei Parzen (Schicksalsgöttinnen) aus der römischen Mythologie

Pertica – röm. Längenmaß, entspricht in etwa 3 Metern

Porta praetoria, lat. – Haupttor eines Kastells

Praefurnium, lat. – Heizofen; gehörte zum Hypokaustum (Fußbodenheizung), das aus einem Brennofen (praefurnium) und einem unter dem Fußboden liegenden Heizraum (hypocaustum) bestand

Publica, lat. – Prostituierte

R

Rhenus, lat. – der Fluss Rhein

Rigani – keltische Gottheit, eine Art Muttergottheit, zuständig für das Wohl aller Lebenden

S
Stadium – römisches Längenmaß, entspricht ca. 185 Metern

T
Torcularium, lat. – Kelterraum
Triclinium, lat. – Speisezimmer, aber auch Bezeichnung für die typischen dreiteiligen Speiseliegen (Triclina)
Tridentum, lat. – heute: Trient in Südtirol
Tunika, lat. – langes Gewand, das Römerinnen und Römer über den anderen Kleidern trugen, auch bei den Kelten waren Tuniken gebräuchlich, meist waren sie jedoch kürzer als bei den Römern.

V
Victoria – römische Göttin des Sieges